KINDERWISSEN

444 x schlau gefragt – schnell erklärt

Das wollen Kinder wirklich wissen

Heike Huwald
Isabel Liebers, Elke Schwalm

Compact Verlag

Liebe Leserin, lieber Leser!

Bestimmt hattet ihr auch schon einmal Fragen, die euch einfach kein Erwachsener beantworten konnte. So etwas kommt vor, denn schließlich ist niemand ein wandelndes Lexikon. Deshalb haben wir in diesem spannenden Buch für euch die wichtigsten Fragen zum Nachschlagen zusammengefasst.
Manche Antworten kennt ihr vielleicht schon. Dafür gibt es die Frageseiten, auf denen ihr die richtigen Antworten ankreuzen könnt. So könnt ihr vorab testen, wie viel ihr bereits wisst. Auf den anderen Seiten könnt ihr dann nachlesen, ob eure Vermutungen stimmen. Aber Achtung: Manchmal passen auch zwei Antworten! Macht den Test doch auch einmal mit euren Eltern, Geschwistern oder Freunden. Ihr werdet sehen, dass sie auch noch nicht alles wissen. Und was gibt es Schöneres, als Themen wie unseren Körper, Erde und Himmel, Tiere und Pflanzen, Entdeckungen und Erfindungen oder einfach die Welt, in der wir leben, gemeinsam zu erforschen? Damit aber nicht genug: Neben den Antworten findet ihr auch viele Experimente zum Ausprobieren sowie interessante Zusatzinformationen und Tipps, die ihr im Alltag anwenden könnt.
Im Inhaltsverzeichnis findet ihr übrigens die einzelnen, in Kapitel eingeteilten Themenbereiche mit den entsprechenden Seitenzahlen. Ganz hinten im Buch ist auch ein Register angelegt, in dem die wichtigsten Stichwörter vermerkt sind. So findet ihr ganz leicht die Dinge, die euch am meisten interessieren.
So, dann kann es losgehen – viel Spaß!

Inhalt

1. Was macht eigentlich eine Hebamme?

A Sie kümmert sich um werdende Väter.
B Sie betreut werdende Mütter.
C Sie stillt das Baby anstelle der Mutter.

2. Wie kommt das Baby aus dem Bauch?

A Normalerweise durch die Scheide.
B Zu Fuß.
C Manchmal per Kaiserschnitt.

3. Wie lernen wir sprechen?

A Gar nicht, es ist uns angeboren.
B Durch das Nachahmen von Lauten.
C In der Schule.

4. Was ist ein „Frühchen“?

A Ein Kind, das zu früh auf die Welt kommt.
B Ein Kind, das immer zu früh aufsteht.
C Die Bezeichnung für ein kleines Frühstück.

5. Was geschieht bei einer Adoption?

A Jemand nimmt eine schlechte Angewohnheit an.
B Ein Kind wird von fremden Eltern offiziell angenommen.
C Ein Kind passt sich seiner fremden Umgebung an.

6. Warum schreit ein Baby, wenn es geboren worden ist?

A Damit sich die Lunge weitet und mit Sauerstoff füllt.
B Es will im Bauch bleiben.
C Damit jeder weiß, dass es endlich da ist.

7. Wie viele Kinder kann eine Frau auf einmal bekommen?

A Bis zu zehn, wenn sie schon viel Übung im Kinderkriegen hat.
B Unendlich viele.
C Normalerweise nur eins, manchmal auch Zwillinge und Drillinge.

8. Warum können Babys gleichzeitig atmen und trinken?

A Sie kriegen durch die Ohren Luft.
B Ihr Kehldeckel funktioniert wie ein Ventil.
C In der Milch ist genug Luft zum Atmen.

9. Warum lutschen Babys am Daumen?

A Sie trainieren damit das Saugen.
B Sie wollen ihre Zähne gerade biegen.
C Sie prüfen, ob ihre Geschmacksnerven funktionieren.

10. Warum haben Kinder so große Schneidezähne?

A Damit sie besser beißen können.
B Das sieht nur so aus, weil ihr Gesicht so klein ist.
C Weil die Zähne sich später abnutzen und kleiner werden.

11. Was ist ein Kondom?

A Eine Gummihülle für den Penis.
B Ein Schutz vor Aids.
C Ein kleiner Ring, der verhindert, dass die Frau schwanger wird.

12. Warum bekommen Kinder neue Zähne?

A Die Milchzähne sind schlecht geworden.
B Die neuen Zähne sind stabiler als die Milchzähne.
C Ihr Mund ist am Anfang zu klein für die „richtigen“ Zähne.

1. Was macht eigentlich eine Hebamme?

B Sie betreut werdende Mütter.

→ Eine Hebamme berät und pflegt die Schwangeren, ist bei der Geburt dabei und in den Wochen danach immer zur Stelle, wenn die Mutter Hilfe braucht. Sie überwacht die Geburt, untersucht das Baby und betreut und versorgt die Mutter und das Neugeborene. Die Hebamme informiert bei der Geburtsvorbereitung über den Ablauf der Geburt und die veränderten Lebensumstände und hilft, etwaige Ängste abzubauen. Zu erwähnen ist in diesem Zusammenhang etwa die Schwangerschaftsgymnastik mit Entspannungs- und Atemübungen. Weiterhin kann die Hebamme zum Stillen, zur Neugeborenenversorgung und Wochenbettgymnastik anleiten. Ziel ist eine ganzheitliche Betreuung.

Info:

Was ist der Mutterkuchen?

Der Mutterkuchen wächst im Bauch der Mutter zur selben Zeit, in der das Kind im Bauch wächst. Er ist das Organ, von dem sich das Kind während seiner Zeit im Mutterleib ernährt. Das Kind ist über die Nabelschnur mit diesem Mutterkuchen verbunden. So erhält es Nährstoffe, Vitamine, aber auch schädliche Stoffe, wenn die Mutter Alkohol trinkt oder raucht.

2. Wie kommt das Baby aus dem Bauch?

A Normalerweise durch die Scheide.

C Manchmal per Kaiserschnitt.

→ Es gibt zwei verschiedene Wege, auf denen Babys zur Welt kommen: normalerweise durch die Scheide, aber manchmal auch mit einem Bauchschnitt, dem Kaiserschnitt. Eine Geburt beginnt damit, dass die Mutter Wehen hat. Das sind krampfartige Schmerzen im Bauch. Hier zieht sich die Gebärmutter, in der das Baby liegt, zusammen wie ein Gummiball. Durch dieses Zusammenziehen oder Zusammenpressen wird das Baby nach außen gedrückt. Damit es hindurchpasst, muss sich die Scheide erweitern. Das heißt, der Muttermund geht auf. Er dehnt sich auf neun bis zehn Zentimeter aus, sodass das ganze Baby durchpasst.

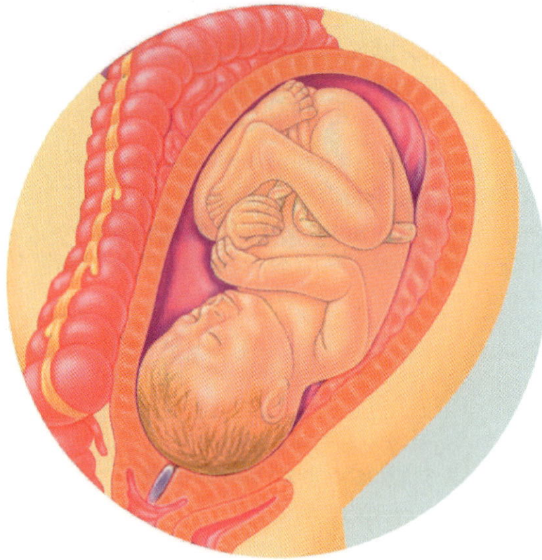

3. Wie lernen wir sprechen?

B Durch das Nachahmen von Lauten.

→ Schon ab der fünften Lebenswoche sind bei den Babys im Bauch der Mutter die ersten Anlagen für Luftröhre, Speiseröhre und Kehlkopf vorhanden. Bis zur Geburt sind diese Organe dann so weit ausgebildet, dass das Sprechen technisch möglich wäre: Die Stimme funktioniert. Bis das Baby dann aber auch sprechen kann, vergehen noch einmal etwa acht bis zwölf Monate: In dieser Zeit entstehen Verknüpfungen im Gehirn und erst damit ist es dem Baby möglich, Laute nachzuahmen, die es hört, und diese Laute immer aufs Neue zu wiederholen. Das ist der Grund, warum die meisten Kinder erst am Ende des ersten Lebensjahres anfangen zu sprechen, obwohl die Voraussetzung dafür bereits sehr viel früher vorhanden ist.

4. Was ist ein „Frühchen“?

A Ein Kind, das zu früh auf die Welt kommt.

→ Einige Neugeborene erblicken zu früh das Licht der Welt, das heißt vor der 37. Schwangerschaftswoche (normal sind 40). Die Zahl der Frühgeborenen nimmt immer mehr zu. Das liegt nicht nur daran, dass die Ärzte heute auch extrem Frühgeborene retten können. Vor allem Stress wird dafür verantwortlich gemacht, dass Babys oft viele Wochen zu früh geboren werden. Aber während ein Baby nach 35 Schwangerschaftswochen zwar auch zu früh kommt, ist es doch noch mehr als zwei

Monate länger in der schützenden Gebärmutter gewachsen als ein Kind, das nach nur 25 Wochen auf die Welt kommt. So extrem früh geborene Kinder konnten noch vor zehn Jahren gar nicht überleben. Heute können die Ärzte aber sogar Frühgeborene mit nur 22 Schwangerschaftswochen noch „durchbringen". Dafür sind sie allerdings auf viel Technik angewiesen. Unerlässlich ist dabei der Brutkasten (Inkubator), der als Ersatz für die Gebärmutter dient.

Info:

Risiko der Frühgeborenen

Für die gesunde psychische Entwicklung des Kindes ist aber auch Wärme und Körperkontakt wichtig. Deswegen gibt es mittlerweile in allen Kliniken das „Känguruhen". Dann dürfen die Frühchen raus aus dem Inkubator und die Wärme von Mutters oder Vaters Brust genießen. Zwar können heute schon extrem früh Geborene überleben, aber oft zahlen sie einen hohen Preis. Vor allem bei den ganz früh Geborenen bleiben Behinderungen nicht aus, oft auch schwere geistige oder körperliche Behinderungen. Geburten sind immer eine sehr spannende Sache: Manche Babys kommen ganz schnell, andere lassen sich sehr viel Zeit, manche Babys liegen quer und drehen sich erst in letzter Sekunde mit dem Kopf nach unten, andere werden per Kaiserschnitt geholt. Fragt mal eure Eltern, wie eure Geburt war!

5. Was geschieht bei einer Adoption?

B Ein Kind wird von fremden Eltern offiziell angenommen.

→ Fast alle Paare wünschen sich sehnsüchtig ein Kind. Aber leider klappt es bei einigen nicht, sie können keine eigenen Kinder bekommen. Trotzdem können sie noch Eltern werden, indem sie ein Kind adoptieren. Das bedeutet, dass sie ein Kind annehmen, das keine Eltern mehr hat oder aus bestimmten Gründen nicht mehr bei den Eltern leben kann. Um ein Kind adoptieren zu können, muss das Paar einigen strengen Regeln entsprechen, so muss das Einkommen gesichert sein und die Eltern dürfen nicht zu alt sein. Viele Paare reisen auch ins Ausland, um dort ein Kind zu adoptieren.

6. Warum schreit ein Baby, wenn es geboren worden ist?

A Damit sich die Lunge weitet und mit Sauerstoff füllt.

→ Ist das Baby auf der Welt, erschreckt es sich in aller Regel, weil es außerhalb des Mutterleibes kälter ist als im Bauch der Mutter. Vor lauter Schreck fängt es an zu atmen. Und es schreit, damit sich die Lunge entfaltet und mit Sauerstoff füllt. Allerdings ist das Schreien dazu nicht unbedingt notwendig. Auch kann man das Schreien schlicht als Laut der Befreiung oder als Vitalitätszeichen ansehen.

7. Wie viele Kinder kann eine Frau auf einmal bekommen?

C Normalerweise nur eins, manchmal auch Zwillinge und Drillinge.

→ Es kommt selten vor, dass ein Ei sich teilt oder dass zwei Eier gleichzeitig befruchtet werden. Dann entstehen Zwillinge. Noch seltener sind Drillinge, bei denen drei Eier gleichzeitig befruchtet werden müssen oder sich eine Eizelle in drei Teile teilt. Die Wahrscheinlichkeit sinkt, je größer die Zahl der möglichen Kinder wird. Die größte Anzahl von Kindern, die eine Frau jemals zur Welt gebracht hat, sind Zehnlinge. Besonders durch künstliche Befruchtung kommen immer häufiger Mehrlinge zur Welt. Auch bei älteren Müttern und Frauen, die schon viele Kinder haben, sind sie häufiger zu beobachten. In Familien, in denen es bereits Zwillinge und Drillinge gibt, ist die Wahrscheinlichkeit, dass eine Frau Mehrlinge bekommt, sehr groß.

8. Warum können Babys gleichzeitig atmen und trinken?

B Ihr Kehldeckel funktioniert wie ein Ventil.

→ Beim Trinken an der Mutterbrust muss das Baby nicht ständig absetzen und Luft holen, es kann also, im Gegensatz zu uns, gleichzeitig trinken und atmen. Das hängt mit der Stellung des Kehldeckels zusammen. Später, wenn es eine aufrechte Körperhaltung bekommt, ändert sich das, der Kehldeckel sinkt nach unten und berührt dann beim Schließen nicht mehr den Gaumen. Das Baby hat also ein eingebautes Ventil, das dafür sorgt, dass die Flüssigkeit um den Kehlkopf herumgeleitet wird, und das ermöglicht, dass die Luftröhre offen bleibt.

9. Warum lutschen Babys am Daumen?

A Sie trainieren damit das Saugen.

➔ Die meisten Babys beginnen schon im Mutterleib mit dem Nuckeln und trainieren auf diese Weise das Saugen – manche von ihnen so heftig, dass sie mit regelrechten „Schwielen" am Däumchen geboren werden. Babys kommen mit einem angeborenen Saugbedürfnis und der Fähigkeit zu saugen auf die Welt. Saugen ist ein Reflex, der es ihnen ermöglicht, in den ersten Lebensmonaten satt zu werden. Babys sind im wahrsten Sinn des Wortes „Säuglinge". Saugen stillt nicht nur den Hunger. Es tröstet auch bei Angst, verschafft Entspannung vor dem Einschlafen, vertreibt die Langeweile und hilft, die Zeit bis zur nächsten Mahlzeit zu überbrücken.

10. Warum haben Kinder so große Schneidezähne?

B Das sieht nur so aus, weil ihr Gesicht so klein ist.

➔ Wenn man ein sechs- bis siebenjähriges Kind sieht, ist man oft erstaunt, welch riesige Zähne es hat. Aber das ist nur eine Täuschung, denn die Zähne sind nicht zu groß, sondern das Gesicht ist noch zu klein. Denn die zweiten Zähne, die nach den Milchzähnen wachsen, haben schon die Größe, die später ins erwachsene Gesicht passt. Im Lauf der Jahre wächst der Kinderkopf und die Zähne passen wieder zum Gesicht.

11. Was ist ein Kondom?

A Eine Gummihülle für den Penis.

B Ein Schutz vor Aids.

➔ Ein Kondom ist eine Hülle aus Gummi, die der Mann über seinen Penis stülpen kann, wenn er gerade keine Babys zeugen möchte. Ein Baby kann entstehen, wenn ein Mann seinen Penis in die Vagina einer Frau steckt. Dann kommt aus seinem Penis eine weißliche Flüssigkeit, in der ganz viele winzige Spermien schwimmen. Falls so ein Sperma auf ein weibliches Ei stößt, entsteht ein Baby. Doch nicht immer möchten Paare gleich ein Baby bekommen. Deshalb zieht der Mann sich das Kondom über seinen Penis und so wird die weiße Flüssigkeit aufgefangen und gelangt nicht in den Körper der Frau. Das Kondom hat vorne eine kleine Spitze, das sogenannte Reservoir, in dem die Samenflüssigkeit Platz hat. Weil mit der Samenflüssigkeit auch Krankheiten übertragen werden können, bietet das Kondom auch hiervor einen guten Schutz. Ein Virus, das häufig auf diesem Weg übertragen wird, ist das HI-Virus. Es verursacht die Krankheit Aids. Deshalb werden überall auf der Welt die Menschen aufgefordert, beim Sex Kondome zu benutzen, damit die HI-Viren nicht weiter übertragen werden können.

12. Warum bekommen Kinder neue Zähne?

C Ihr Mund ist am Anfang zu klein für die „richtigen" Zähne.

➔ Wenn ein Baby zur Welt kommt, dann ist sein Mund sehr klein. Deshalb hätten die „richtigen" Zähne noch gar keinen Platz darin. Darum bekommt das Baby erst mal ein paar vorläufige Zähne, die sogenannten Milchzähne. Im Alter von sechs Jahren etwa wachsen unter den Milchzähnen die größeren Zähne. Schließlich ist im Kiefer mittlerweile ja auch mehr Platz vorhanden. Wenn die „richtigen" Zähne wachsen, drücken sie die Milchzähne heraus und die fallen aus. Leider wachsen nach den neuen Zähnen keine mehr nach. Sie bleiben ein ganzes Leben lang – deshalb sollte man sie auch besonders gut pflegen.

13. Sind Kaugummis gut für die Zähne?

A Nein, sie nutzen die Zähne ab.
B Ja, aber nur ohne Zucker!
C Nur, wenn man dicke Blasen macht.

14. Warum brauchen manche Kinder eine Zahnspange?

A Damit schiefe Zähne wieder gerade werden.
B Damit die Zähne sauber bleiben.
C Damit die Zähne nicht ausfallen.

15. Warum gibt es verschiedene Arten von Zähnen?

A Um auf unterschiedliche Weise kauen und beißen zu können.
B Weil jeder einen anderen Mund hat.
C Für die verschiedenen Zahnpastasorten.

16. Was haben unsere Haare und Nägel gemeinsam?

A Die gleiche Farbe.
B Sie sind beide überflüssig.
C Sie bestehen aus Keratin.

17. Warum gibt es verschiedene Haarfarben?

A Weil es verschiedene Farbzellen gibt.
B Die Haarfarbe hängt vom Geburtstag ab.
C Die Haare waren ursprünglich zur Tarnung gedacht.

18. Müssen sich Männer jeden Tag rasieren?

A Nein, aber die meisten tun es.
B Ja, weil sonst das Gesicht zuwachsen würde.
C Ja, das ist gesund.

19. Haben alle Männer Bartwuchs?

A Nein, in manchen Völkern nicht.
B Ja, durch das Hormon Testosteron.
C Nicht, wenn sie sich frühzeitig rasieren.

20. Warum tut Haareschneiden nicht weh?

A Weil die Zellen der Haare verhornt sind.
B Weil das Haar keine Zellen hat.
C Weil Haare künstlich sind.

21. Wieso sind Haare glatt oder lockig?

A Das liegt am Aufbau jedes einzelnen Haares.
B Damit alle Menschen verschieden aussehen.
C Das liegt an der Ernährung des Babys.

22. Warum werden Haare grau?

A Weil graue Haare einfacher zu pflegen sind.
B Damit man sieht, dass der Mensch alt ist.
C Die Farbzellen stellen keine Farbe mehr her.

13. Sind Kaugummis gut für die Zähne?

B Ja, aber nur ohne Zucker!

→ Wenn du dir nach dem Essen mal nicht die Zähne putzen kannst, dann kann ein Kaugummi helfen. Dabei musst du aber beachten, dass nur ein Kaugummi ohne Zucker sinnvoll ist! Man schätzt, dass Kaugummis den Zeitraum, in der die Säuren den Zahnschmelz schädigen, um die Hälfte verringern. Nach einer Hauptmahlzeit verkürzt ein Kaugummi also zum Beispiel die für die Zähne gefährliche Zeitspanne ungefähr von 20 auf zehn Minuten. Das kennst du wahrscheinlich schon aus der Werbung, und die hat in diesem Fall also gar nicht einmal unrecht. Wichtig ist, dass du auf das Zahnmännchen achtest: Das Zahnmännchen weist nämlich auf zuckerfreie Kaugummis hin.

Info:

Wer hat den Kaugummi erfunden?
Wer hätte das gedacht: Die Amerikaner haben den Kaugummi nicht erfunden, sondern nur in der ganzen Welt verbreitet. Bereits 2000 Jahre vor Christus haben die Mayas Chicle (eine Pflanze aus Südamerika) gekaut. Noch heute werden Kaugummis aus dem milchig weißen Saft des südamerikanischen Sapotill-Baumes hergestellt. Aber das Naturprodukt wird inzwischen immer mehr durch künstliche Grundstoffe wie Polyäthylen ersetzt. Kaugummi ist seit rund 100 Jahren in aller Munde. Es geht die Legende, dass um 1850 der arbeitslose Amerikaner Thomas Adams auf die Idee kam, das klebrige Chicle mit Kautschuk zu verrühren. Eigentlich wollte er damit nur die Räder von Kutschen dämpfen. Das Unternehmen war aber kein Erfolg. Also würzte Adams seine Gummiklumpen mit Aromastoffen, zerschnitt sie und schenkte sie einem Krämer, der die Dinger als Süßigkeiten verkaufte. 1886 wurde der New Yorker William Wrigley auf den Kaugummi aufmerksam und verschenkte ihn tatsächlich an seine Kunden. Und schon nach kurzer Zeit lief das Geschäft wie geschmiert. Auch ins Guinnessbuch hat es der Kaugummi schon geschafft: Auf knapp einen halben Meter Durchmesser bringt es die größte Bubble-Gum-Blase der Welt.

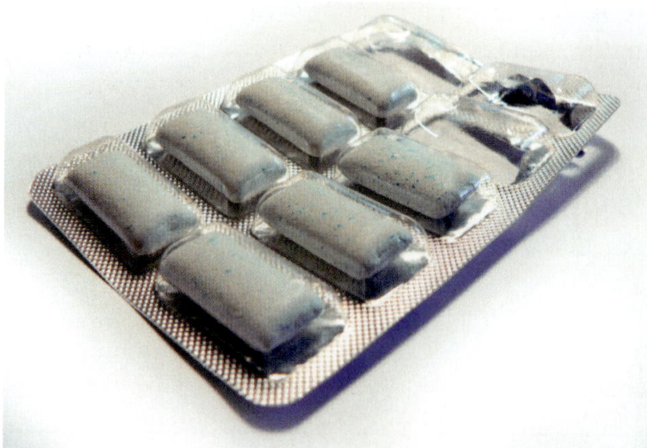

14. Warum brauchen manche Kinder eine Zahnspange?

A Damit schiefe Zähne wieder gerade werden.

→ Mit einer Zahnspange kann man schiefe Zähne in die richtige Position schieben und sie wieder schön gerade und gleichmäßig machen. Eine Zahnspange kann aber auch unsichtbare Fehler beheben. Nicht immer sind nämlich die schiefen Zähne das Problem. Tatsächlich sitzt bei vielen Menschen der eigentliche Fehler im Kiefer, sie beißen falsch, und das verursacht auf Dauer Schmerzen und kaputte Zähne. Die Spange kann solche Fehler beheben und dir für dein ganzes Leben schöne und gerade Zähne verschaffen.

15. Warum gibt es verschiedene Arten von Zähnen?

A Um auf unterschiedliche Weise kauen und beißen zu können.

→ Kinder haben zuerst ein sogenanntes Milchgebiss mit kleineren Zähnen, weil sie selbst auch noch klein sind. Diese fallen dann mit etwa sechs bis acht Jahren aus und machen Platz für die zweiten Zähne. Das zweite Gebiss umfasst 28 bis 32 Zähne. Im menschlichen Gebiss gibt es vier Arten von Zähnen: Die acht Schneidezähne sind meißel- und schaufelförmig. Sie dienen zum Abbeißen und Zerschneiden der Nahrung. Die vier Eckzähne haben eine Kauspitze und besitzen von allen Zähnen die längste Wurzel. Sie sind zum Zerreißen zäher Nahrungsstücke gut geeignet. Die 16 Backenzähne werden auch als Mahlzähne bezeichnet. Mit ihnen kann die Nahrung ganz zerkaut und zerkleinert werden. Die vier

Weisheitszähne sind noch ein Überbleibsel aus der menschlichen Entwicklungsgeschichte, eigentlich brauchen wir sie nicht. Deshalb werden sie oft gezogen.

Tipp:

Nimm eine mittelharte Zahnbürste mit Kunststoffborsten und geradem Bürstenkopf. Verwende Zahncreme, die Fluorid enthält. Reinige deine Zähne morgens, nach dem Frühstück, auch nach dem Naschen und abends vor dem Zubettgehen mindestens drei Minuten lang!

16. Was haben unsere Haare und Nägel gemeinsam?

C Sie bestehen aus Keratin.

→ Haare, Finger- und Zehennägel bestehen aus einer Hornsubstanz, dem Keratin. Keratin ist ein Eiweiß, das für Stabilität und Form der Zellen verantwortlich ist. Haare sind zum größten Teil totes Material, das mit widerstandsfähigem Keratin gefüllt ist. Nur die Haarwurzel ist lebendig und sorgt für Wachstum. Entsprechend sind auch die Finger- und Zehennägel aufgebaut: Auch sie sind mit Keratin gefüllt und auch bei ihnen ist nur die Wurzel lebendig. In der Haut ist Keratin hauptsächlich in der äußeren Schicht (Epidermis) gelagert und schützt vor Umwelteinflüssen. Keratin ist übrigens auch der Hauptbestandteil von Reptilienschuppen, Federn, Fell, Hufen, Klauen, Hörnern und Geweihen.

17. Warum gibt es verschiedene Haarfarben?

A Weil es verschiedene Farbzellen gibt.

→ Jedes Haar wächst aus einem sogenannten Haarsack. In dem Haarsack sind neben der Haarwurzel noch zwei andere Dinge: kleine Talgdrüsen, die das Haar fetten und es geschmeidig halten, und die Farbzellen. Das aus der Haut hinauswachsende Haar kommt an den Farbzellen vorbei und färbt sich. Bei blonden Menschen sind die Farbzellen blond, bei schwarzhaarigen schwarz, bei rothaarigen rot. Je älter ein Mensch wird, desto mehr geht seinen Farbzellen die Farbe aus. Sie stellen einfach keine neue Farbe mehr her, sodass die Haare grau werden.

18. Müssen sich Männer jeden Tag rasieren?

A Nein, aber die meisten tun es.

→ Im Durchschnitt wächst ein männliches Barthaar 0,2 Millimeter pro Tag. Die Mehrheit der Männer rasiert sich täglich. Wachstum und Stärke des Barthaares sind auch erblich bedingt. Das Wachstum der Barthaare wird durch die männlichen Hormone, das Testosteron, gefördert. Manche Männer haben einen sehr schwachen Bartwuchs. Bei ihnen kann es genügen, wenn sie sich nur einmal in der Woche rasieren. Ob ein Mann viel oder wenig Bart hat, hängt auf jeden Fall nicht davon ab, wie oft er sich rasiert.

19. Haben alle Männer Bartwuchs?

B Ja, durch das Hormon Testosteron.

→ Grundsätzlich haben alle Männer Bartwuchs, denn der Bart wird durch das Erbmaterial, nämlich die Gene, und das männliche Hormon Testosteron bestimmt. Testosteron ist das wichtigste männliche Geschlechtshormon. In wesentlich geringeren Mengen ist es auch im Körper von Frauen enthalten. Aber nur sehr wenige Frauen bekommen einen sogenannten Damenbart auf der Oberlippe. Der männliche Bartwuchs beginnt in der Pubertät relativ spät, etwa im Alter zwischen 14 und 18 Jahren. Anfangs sind die Barthaare weich. Das wird dann als Flaum bezeichnet. Erst im Laufe der Zeit wird der Bart stärker. Wachstum und Stärke des Barthaares sind dabei erblich bedingt.

20. Warum tut Haareschneiden nicht weh?

A Weil die Zellen der Haare verhornt sind.

→ Was hat ein Haar mit einer Blume gemeinsam? Die Zwiebel, aus der beide herauswachsen. Und so wie die Blumenzwiebel in der Erde steckt, steckt die Haarzwiebel in unserem Kopf, in der Kopfhaut. In dieser Zwiebel liegt das Geheimnis, warum es überhaupt nicht wehtut, wenn mir jemand die Haare schneidet. Die Haarzwiebel hat nämlich einen tollen Trick auf Lager: Sie kann ihre Zellen verhornen, das heißt, ganz hart machen. Die Zellen sind winzig kleine Bausteine, aus denen unser Körper zusammengesetzt ist. Die Haarzwiebel verwandelt diese weichen, empfindlichen Zellen in Horn und schiebt dann einen dünnen Hornfaden durch die Kopfhaut: ein Haar. Diese Zellen sind jetzt ganz hart und glatt. Und deswegen spürt man auch keinen Schmerz, wenn das Haar abgeschnitten wird.

Info:

Was ist mit den Fingernägeln?
Mit unseren Fingernägeln, mit dem Fell von Tieren, ihren Hufen, Krallen und natürlich den Hörnern ist das genauso wie mit unseren Haaren: Sie sind schmerzunempfindlich. Daher können Pferde mit glühenden Hufeisen und Nägeln beschlagen werden, ohne dass es ihnen wehtut.

21. Wieso sind Haare glatt oder lockig?

A Das liegt am Aufbau jedes einzelnen Haares.

→ Wenn man ein Haar sehr genau unter dem Mikroskop betrachtet, dann kann man Folgendes feststellen: Der Querschnitt eines Haares sieht bei lockigen Haaren oval aus. Bei glatten Haaren ist er rund und bei sehr krausen Haaren ist der Durchschnitt des einzelnen Haares platt wie ein Geschenkband. Übrigens gibt es auch einen Grund, warum die Menschen in Afrika meistens krause Haare haben: Diese Lockenpracht hält die Luft über dem Kopf besser fest und bietet somit einen Schutz gegen die Hitze in diesen Ländern.

22. Warum werden Haare grau?

C Die Farbzellen stellen keine Farbe mehr her.

→ In der Haarwurzel stellen Zellen den Farbstoff für die Haare her, das sogenannte Melatonin. Dadurch werden die Haare schwarz, rot, blond oder braun. Wenn der Mensch älter wird, dann produzieren diese Zellen immer weniger Farbe. Deshalb werden die Haare dann farblos. Weil bei alten Menschen in den Haaren winzige Luftbläschen zwischen den Zellen gelagert werden, schimmern die Haare oft silbergrau.

23. Wie laden sich Haare elektrisch auf?

A Durch Reibungselektrizität.
B Beim Trockenrubbeln mit dem Handtuch.
C Das warme Wasser vom Haarewaschen lädt die Haare auf.

24. Warum sind unsere Augen immer feucht?

A Damit die Augen schön glänzen.
B Weil wir immer viel Wasser trinken.
C Aufgrund der Tränenflüssigkeit.

25. Warum schmecken Tränen salzig?

A Weil wir Salz essen.
B Damit die Tränen im Winter nicht einfrieren.
C Weil sich in unserem Blut Salze befinden.

26. Schadet es den Augen, wenn wir bei schlechtem Licht lesen?

A Ja, weil die Augen zu sehr angestrengt werden.
B Nein, es verursacht nur manchmal Kopfschmerzen.
C Ja, weil die Augen dann helles Licht nicht mehr vertragen.

27. Was sind Kontaktlinsen?

A Linsen, die besonders lecker sind.
B Kleine Plastiklinsen, die auf den Augapfel gesetzt werden.
C Künstliche Augenlinsen, die auf die Augen operiert werden.

28. Was sind Tränensäcke?

A Hautpolster unter den Augen.
B Ein Beutel, in dem die Tränenflüssigkeit gesammelt wird.
C Kummersäcke unter den Augen.

29. Warum ist Lärm schädlich?

A Lärm ist gar nicht schädlich.
B Zu starker Lärm kann Gehörschäden verursachen.
C Die Ohren werden immer größer und platzen irgendwann.

30. Warum sehen wir manchmal Sternchen?

A Weil manche Sterne auch am Tag zu sehen sind.
B Weil wir uns die Sternchen einbilden.
C Weil die Sinneszellen zu stark gereizt sind.

31. Wie entsteht Schwerhörigkeit?

A Zu viel Lärm schädigt die Härchen im Innenohr.
B Wenn man zu viel Musik hört.
C Wenn man zu leise spricht.

32. Warum ist Strom für den Körper gefährlich?

A Strom kitzelt.
B Strom bringt das Blut zum Kochen.
C Ab einer bestimmten Stromstärke versagen die Organe.

33. Schlägt unser Herz immer gleich schnell?

A Nein, bei Anstrengung schlägt es schneller.
B Ja, damit der Mensch immer ausgeglichen ist.
C Ja, weil es sich sonst überanstrengt.

34. Was sind die Sinne des Menschen?

A Damit kann der Mensch die Umwelt wahrnehmen.
B Die Gründe dafür, dass er auf der Welt ist.
C Nervenbahnen, die verschiedene Eindrücke verbinden.

23. Wie laden sich Haare elektrisch auf?

A Durch Reibungselektrizität.

→ Jeder Gegenstand und jedes Material hat zu unterschiedlichen Anteilen positive und negative Ladung. Ist ein Gegenstand elektrisch positiv geladen, fehlen ihm Elektronen. Ist er negativ geladen, hat er zu viele Elektronen. Jeder Gegenstand möchte jedoch elektrisch neutral sein. Wenn man nun zwei Körper aus unterschiedlichen nicht leitenden Materialien aneinanderreibt, entreißt der eine Körper dem anderen Elektronen. Danach ist einer der Körper positiv, der andere negativ geladen. Wenn Haare mit einem anderen Material, zum Beispiel der Bürste, in Kontakt waren, sind dem Haar mit der Reibung Elektronen entrissen worden. Die nun positiv geladenen Haare stoßen sich gegenseitig ab, da gleiche Ladungen sich immer abstoßen. Die Haare stehen also wortwörtlich zu Berge.

Info:

Reibt man einen Ballon am Pulli oder an den Haaren, kann man ihn danach an die Wand „kleben". Warum? Die Wand besteht aus positiven und negativen Ladungen. Ein durch Reibung negativ aufgeladener Ballon sorgt dafür, dass sich die negativen Teilchen des Wandmaterials weg von der Wandoberfläche bewegen, weil sich gleiche Ladungen immer gegenseitig abstoßen. So bleiben an der Wandoberfläche nur die positiven Teilchen zurück, die sich mit den negativ geladenen Teilchen des Ballons anziehen. Denn positive und negative Ladungen ziehen sich immer an!

24. Warum sind unsere Augen immer feucht?

C Aufgrund der Tränenflüssigkeit.

→ Dass die Augen immer feucht sind, liegt an der Tränenflüssigkeit. Diese stammt aus einer Drüse, die direkt hinter der Augenhöhle liegt. Wenn die Hornhaut, die auf dem Auge ist, anfängt auszutrocknen, dann erfolgt eine Meldung an das entsprechende Gehirnzentrum und ein Reflex wird ausgelöst: Das Oberlid klappt rasch nach unten, verteilt eine geringe Menge Tränenflüssigkeit über die Hornhaut und befeuchtet diese damit.

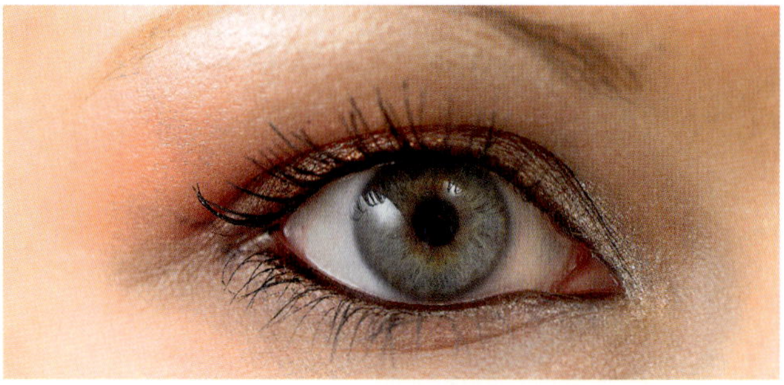

25. Warum schmecken Tränen salzig?

C Weil sich in unserem Blut Salze befinden.

→ Wenn das mit Salzen angereicherte Blut nun durch die Tränendrüsen fließt, wird das Salz an diese abgegeben. So gelangt das Salz dann auch in die Tränenflüssigkeit. Tränen bestehen zu knapp einem Prozent aus Salz und die meisten Menschen sagen sogar, unsere Tränen würden wie sauberes Meerwasser schmecken.

26. Schadet es den Augen, wenn wir bei schlechtem Licht lesen?

B Nein, es verursacht nur manchmal Kopfschmerzen.

→ Wenn wir bei schummrigen Lichtverhältnissen lesen, müssen sich unsere Augen mehr anstrengen, um etwas zu erkennen. Davon bekommt man dann manchmal Kopfschmerzen. Die Augen gehen aber davon weder kaputt noch werden sie schlechter.

27. Was sind Kontaktlinsen?

B Kleine Plastiklinsen, die auf den Augapfel gesetzt werden.

→ Viele Menschen müssen eine Brille tragen, weil ihre Augen nicht so gut funktionieren. Meistens sind sie kurz- oder weitsichtig. In manchen Situationen kann es sehr nervig sein, eine Brille auf der Nase zu haben. Zum Beispiel beim Fußballspielen oder beim Schwimmen. Deshalb gibt es sogenannte Kontaktlinsen. Dabei handelt es sich um kleine Linsen aus Plastik, die direkt auf den Augapfel gesetzt werden. Im Prinzip funktionieren sie wie eine Brille, die nur nicht auf der Nase, sondern direkt auf dem Auge getragen wird. Weil sie dort von selber kleben bleiben, heißen Kontaktlinsen auch Haftschalen. Die dünnen Linsen haben die Form eines Uhrglases und einen geschliffenen Rand. Sie schwimmen quasi auf dem Auge und sind für andere Menschen kaum sichtbar. Der Kontaktlinsenträger kann mit den Linsen im Auge genauso gut sehen wie jemand, der keine Sehschwäche hat.

Info:

Normalerweise sind Kontaktlinsen aus farblosem Kunststoff und dienen dazu, Fehlsichtigkeit auszubessern. Es gibt aber auch farbig bedruckte Linsen. Damit kann man seine Augenfarbe ändern. Jemand mit blauen Augen kann mit einer Spezialkontaktlinse braune oder grüne Augen bekommen. Es gibt auch ganz verrückte Aufdrucke, mit denen die Augen aussehen wie Katzenaugen oder sogar wie kleine Smileys.

28. Was sind Tränensäcke?

A Hautpolster unter den Augen.

→ Das ist ein umgangssprachlicher Ausdruck für dicke, schwammige Polster unter den Augen. Die entstehen, wenn die Haut im Alter weniger elastisch wird und Falten kriegt. So kann sich unter der Haut Fett ablagern und ist dann als „Beutel" sichtbar. Tränensäcke haben nichts mit den eigentlichen Tränen zu tun oder damit, dass man zu viel Kummer hat und weint. Sie sind Veranlagung und daher eine ganz normale Alterserscheinung.

29. Warum ist Lärm schädlich?

B Zu starker Lärm kann Gehörschäden verursachen.

→ Diese Situation kennst du vielleicht: Du machst Hausaufgaben und brütest über einer schwierigen Matheaufgabe. Aus dem Nebenzimmer kommt plötzlich ein fürchterlicher Krach: Deine kleine Schwester übt Blockflöte. Und hört nicht mehr auf. Schaffst du es, die Aufgabe fehlerfrei zu lösen? Wohl kaum. Wahrscheinlicher ist, dass du genervt zu ihr rübergehst und sie anmeckerst. Aber für jeden ist Lärm etwas anderes. Das sieht man schon am unterschiedlichen Musikgeschmack: Für den einen ist es tolle Rockmusik, der andere bekommt davon Kopfschmerzen. Jetzt kannst du dir auch vorstellen, wie es Menschen geht, die ständig durch Lärm gestört werden, wie zum Beispiel durch den Verkehr vor dem Fenster oder durch den bellenden Nachbarshund. Sie leiden oft unter Kopfschmerzen, Stress, Nervosität, Konzentrationsschwäche, Schlaflosigkeit und übler Laune. Besonders starker Lärm kann aber auch dein Gehör schädigen.

30. Warum sehen wir manchmal Sternchen?

C Weil die Sinneszellen zu stark gereizt sind.

→ Die Sinneszellen des Auges reagieren zwar in erster Linie auf Lichteinfall, können aber auch durch andere Reize erregt werden – wenn sie intensiv genug sind. Bei einem Schlag auf den Kopf oder das Auge reagieren die Sinneszellen der Netzhaut, was sich durch Lichterscheinungen, besagte Sternchen, bemerkbar macht.

31. Wie entsteht Schwerhörigkeit?

A Zu viel Lärm schädigt die Härchen im Innenohr.

→ Hast du auf einer Party schon einmal zu dicht an der Lautsprecherbox gestanden? Dann hast du danach die Stimmen deiner Freunde bestimmt nur ganz entfernt gehört, so als hättest du Watte in den Ohren. Was ist da passiert? Ganz einfach: Die Zilien, die feinen Härchen im Innenohr, sind wegen der hohen Lärmbelästigung erschlafft und geben die Geräusche nicht mehr richtig an den Hörnerv weiter. Kommt so etwas selten vor, erholen sich die Zilien wieder, und nach einer Weile hörst du wieder so gut wie vorher. Anders ist das aber, wenn

Info:

Lärm erzeugt nicht nur Schwerhörigkeit, sondern kann auch äußerst unangenehme Ohrgeräusche hervorrufen. Das lästige Piepen, Pfeifen, Summen und Brummen im Ohr nennt man Tinnitus. Die Geräusche kommen von innen und können sogar so stark werden, dass sie einem den Schlaf rauben. Ganz wichtig: Jedes Ohrgeräusch, das länger als einen Tag andauert, muss so schnell wie möglich von einem Arzt behandelt werden. Sonst kann es ein lebenslanger Begleiter werden.

die Zilien zu oft mit Lärm gequält werden. Dann schmelzen die Zilien und verklumpen, was kein Arzt mehr heilen kann. Die zerstörten Zilien können nichts mehr an den Hörnerv weitergeben und dieser nichts ans Gehirn. Und so wird dein Gehör nach und nach immer schlechter. Auch sehr laute, plötzliche Geräusche, wie zum Beispiel der Knall eines Silvesterkrachers, können die Zilien zerstören. Da reicht manchmal schon ein einziger Knall direkt neben deinem Ohr, um dein Gehör für immer zu schädigen.

32. Warum ist Strom für den Körper gefährlich?

C Ab einer bestimmten Stromstärke versagen die Organe.

→ Der Körper selbst steuert seine Funktionen durch elektrische Ströme, die in den Nervenbahnen fließen. Diese Ströme sind jedoch sehr schwach. Wenn ein stärkerer Strom von außen die Körperströme überlagert, kommt es zu Fehlfunktionen zahlreicher Organe, zum Beispiel zur Verkrampfung der Muskeln. Der Herzmuskel schlägt nicht mehr weiter oder kommt aus dem Takt. Der Blutkreislauf bricht deshalb zusammen. Das Gehirn als empfindlichstes Organ wird ohne Blutversorgung innerhalb kürzester Zeit dauerhaft geschädigt. Schon bei einem Stromdurchfluss des Körpers von nur 0,03 Ampere während 0,2 Sekunden kommt es zu den genannten Erscheinungen. Außerdem wird durch Strom eine große Menge an Energie in den Körper geleitet. Bei starken Strömen kommt es zu Verbrennungen, die als Stromaustrittslöcher sichtbar werden.

33. Schlägt unser Herz immer gleich schnell?

A Nein, bei Anstrengung schlägt es schneller.

→ Das Herz pumpt Blut durch unseren Körper, damit es ihn vor allem mit Zucker und Sauerstoff versorgen kann. Befindet sich der Körper in Ruhe, schlägt es etwa 40- bis 70-mal in der Minute. In 24 Stunden schlägt es rund 100.000-mal. Wenn der Körper sportlich aktiv ist, liegt die Schlagzahl (der Puls) wesentlich höher. In einer Minute werden dann statt der sonst durchschnittlichen Menge von einem Liter bis zu 60 Litern Blut weitergepumpt. Das Herz ist ein hohler Muskel, der sich zusammenzieht und dabei das Blut aus seinem Inneren in die Arterien presst. Es ist etwa faustgroß und wiegt zwischen 300 und 350 Gramm. Wie alle Muskeln kann das Herz durch regelmäßige Bewegung trainiert werden und damit die Lebensdauer des Menschen verlängern. Nachts um drei Uhr sind Herzschlag und Körpertemperatur am niedrigsten. Daher passieren um die Zeit auch die meisten Not- und sogar Todesfälle.

34. Was sind die Sinne des Menschen?

A Damit kann der Mensch die Umwelt wahrnehmen.

→ Der Mensch besitzt wohl circa zehn Sinne. Über die genaue Anzahl ist sich die Forschung nämlich nicht einig. Auf jeden Fall kann der Mensch mithilfe der Sinne vieles, was um ihn herum passiert, wahrnehmen. Am bekanntesten sind Sehen, Hören, Riechen und Schmecken. Der Hörsinn, der Drehsinn und der Lagesinn befinden sich im Ohr. Unsere Haut ist ebenfalls ein Sinnesorgan. Sie ist ein richtiges Multitalent: Sie kann Kälte und Wärme unterscheiden, Schwingungen wahrnehmen sowie glatte und raue Oberflächen ertasten. In unserem Gehirn gibt es daneben noch einige recht unbekannte Sinnesorgane. Mit einem von ihnen kann der Körper zum Beispiel feststellen, ob genug Zucker im Blut ist – wenn nicht, hat man Hunger. Das Wichtigste an allen Sinnesorganen sind die sogenannten Rezeptoren. Das sind Zellen, die eine Nachricht an das Gehirn senden können. Auf der Zunge gibt es mindestens fünf verschiedene Rezeptoren: für Süßes, Saures, Bitteres, Salziges und Geschmacksverstärker, vielleicht auch für Scharfes, Metallisches und Lakritze.

Info:

Das wichtigste Sinnesorgan des Menschen ist das Auge, das für etwa 70 Prozent der Wahrnehmungen verantwortlich ist. Nach dem Vorbild dieses Organs wurde auch die Technik des Fotografierens entwickelt: Eine Linse bündelt Licht. Die Krümmung der Linse bewirkt, dass die Lichtstrahlen gebrochen werden. Auf diese Weise wird das Bild „scharf" gestellt. Ein Loch in der Regenbogenhaut, die Pupille, der beim Fotoapparat die Blende entspricht, kann sich unterschiedlich weit öffnen und dadurch die Intensität eines einfallenden Lichtstrahls regulieren. Rezeptorzellen auf der Netzhaut wandeln das Licht in elektrische Nervenimpulse um, die schließlich im Gehirn das Bild erzeugen, das wir als Ausschnitt der Realität betrachten.

35. Was ist Höhenangst?

A Die Angst, in die Höhe zu schauen.
B Die Angst vor zu großer Höhe, zum Beispiel auf einem Hochhaus.
C Die Angst vor großen Erfolgen.

36. Was ist Gänsehaut?

A Wenn wir frieren, richten sich Haut und Härchen auf.
B Haut, die durch den Kontakt mit Gänsen ganz kalt wird.
C Die braune Haut auf dem Gänsebraten.

37. Warum werden wir braun?

A Weil die Haut sich vor zu viel Sonne schützen will.
B Die Wärme bräunt die Haut wie einen Braten.
C Um im Sommer gut auszusehen.

38. Warum ist ein Sonnenbrand so gefährlich?

A Weil davon die Haut geschädigt wird.
B Weil man davon Sommersprossen bekommt.
C Weil es hässlich aussieht.

39. Warum werden wir rot, wenn wir schwitzen?

A Weil Rot die Farbe der Wärme ist.
B Die Blutgefäße unter der Haut werden durch Hitze erweitert.
C Weil uns der Schweiß peinlich ist.

40. Warum gibt es verschiedene Rassen von Menschen?

A Sie sind in einem jahrtausendelangen Prozess entstanden.
B Damit man sie besser unterscheiden kann.
C Weil das Wesen der Menschen verschieden ist.

41. Warum bekomme ich einen roten Kopf?

A Das Herz schlägt schneller und die Blutgefäße weiten sich.
B Damit alle sehen, dass mir etwas peinlich ist.
C Weil dadurch Stress abgebaut wird.

42. Was ist Akupunktur?

A Eine chinesische Heilmethode durch Nadelstiche.
B Eine indische Fastenmethode durch Nadelstiche.
C Eine Beschwörungsmethode durch Nadelstiche in eine Puppe.

43. Warum haben alte Menschen Falten?

A Die Haut verliert an Feuchtigkeit und trocknet aus.
B Die Haut vermehrt sich und schlägt Falten.
C Die Zellen in der Haut werden müde.

44. Was ist Alzheimer?

A Ein komplizierter Knochenbruch.
B Eine Krankheit, die immer vergesslicher macht.
C Eine Allergie gegen Pollen.

35. Was ist Höhenangst?

B Die Angst vor zu großer Höhe, zum Beispiel auf einem Hochhaus.

→ Höhenangst ist eine Phobie. Wer unter einer Phobie leidet, versucht, bestimmte Situationen zu vermeiden. Viele Menschen, die Höhenangst haben, stehen zum Beispiel nicht gern auf einer Brücke, haben Angst, in einem Hochhaus auf einen Balkon zu gehen, klettern nicht auf Leitern oder gehen nicht auf einen Berg. Bei manchen Menschen tritt Höhenangst nur im Freien auf und nicht, wenn sie zum Beispiel in einem Hochhaus hinter einer Glasscheibe stehen. Die Höhenangst ist meist von vielfältigen körperlichen Symptomen begleitet, die sich innerhalb weniger Sekunden oder Minuten zu einem Höhepunkt steigern können. Die häufigsten körperlichen Symptome sind Herzklopfen, Herzrasen, Atemnot, Schwindel, Benommenheit, Schwitzen, Brustschmerzen sowie Druck- oder Engegefühl in der Brust. Dabei bekommen viele Menschen Angst, die Kontrolle zu verlieren oder sogar zu sterben.

Info:

Höhenangst ist zu unterscheiden vom normalen Höhenschwindel, der immer dann auftritt, wenn der Mensch sich in größerer Höhe befindet. Höhenschwindel ist ein Entfernungsschwindel, der auf natürlichen, biologischen Grundlagen basiert. Wenn die Entfernung zwischen dem nächsten sichtbaren feststehenden Objekt zu groß wird, kann dieses Objekt nur mit beiden Augen scharf gesehen werden, wenn der Kopf leicht hin und her pendelt. Dies geschieht automatisch und unmerklich.

36. Was ist Gänsehaut?

A Wenn wir frieren, richten sich Haut und Härchen auf.

→ Auf unserem Körper befinden sich viele kleine Härchen. Jedes einzelne dieser Haare sitzt auf einem kleinen Muskel. Wenn es kalt wird, ziehen sich diese Muskeln zusammen. Deshalb entstehen winzige Beulen auf der Haut und das Haar richtet sich auf. Wir bekommen eine „Gänsehaut". Bei Tieren funktioniert das übrigens ähnlich: Wenn ein Vogel friert, dann stellen sich seine Federn auf, damit sich sein Gefieder mit Luft füllt. Diese Luft wird von seinem Körper gewärmt. Auch bei Hunden oder Katzen stellen sich die Haare auf, wenn sie frieren.

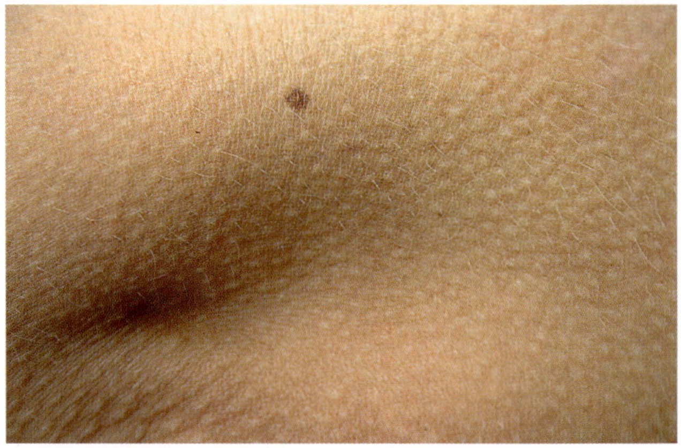

37. Warum werden wir braun?

A Weil die Haut sich vor zu viel Sonne schützen will.

→ Unsere Haut weiß, dass zu viel Sonneneinstrahlung ungesund ist. Dagegen schützt sich die Haut, indem sie sich durch Pigmentzellen dunkler färbt und die Hautschicht dicker macht. Die Bräune beim Sonnenbaden ist somit ein Eigenschutz der Haut. Dieser eigene Schutz der Haut reicht jedoch häufig leider nicht aus, dann bekommst du einen Sonnenbrand. Darum ist es so wichtig, bei längeren Aufenthalten in der Sonne der Haut zu helfen: in den Schatten gehen, anziehen und eincremen nie vergessen!

38. Warum ist ein Sonnenbrand so gefährlich?

A Weil davon die Haut geschädigt wird.

→ Wer sich nicht vor den Sonnenstrahlen schützt, kann sich sehr schnell einen Sonnenbrand oder manchmal sogar eine Bindehautentzündung zuziehen. Dann brennt die Haut oder es jucken die Augen. Beides sind Folgen, die sehr schnell eintreten, darum nennen Ärzte dies „akute Wirkungen". Andere Folgen des ungeschützten Sonnenbadens und zu häufiger Besuche in Sonnenstudios merkt man erst viele Jahre später. Darum nennt man diese dann „chronische Wirkungen". Wenn man oft einen Sonnenbrand hatte, wird die Haut zum Beispiel viel schneller alt. Eine viel schlimmere Folge kann Hautkrebs sein. Deshalb gilt für jedes Sonnenbad: sorgfältig eincremen!

Info:

Das Risiko kann steigen
Die Wahl des Hautschutzes sollte von der Stärke der Strahlung abhängig gemacht werden. Wasser, Sand oder Schnee reflektieren die Sonne wie ein Spiegel. Dadurch wird die Einstrahlung auf die Haut verstärkt. Auch mit der Höhe, also in den Bergen, nimmt die Strahlung zu. Ebenso spielt der Ort, an dem man sich befindet, eine Rolle. Denn je näher man dem Äquator kommt, zum Beispiel im Urlaub in Afrika oder Mittelamerika, desto stärker wird die Strahlung.

39. Warum werden wir rot, wenn wir schwitzen?

B Die Blutgefäße unter der Haut werden durch Hitze erweitert.

→ Der Körper versucht, überschüssige Wärme über die Haut nach außen abzugeben. Dazu erhöht er nicht nur die Schweißproduktion, sondern erweitert auch die äußeren, unmittelbar unter der Hautoberfläche gelegenen Blutgefäße. Die werden dann von viel Blut durchströmt, das die rote Farbe erzeugt.

Tipp:

Damit du gut vor einem Sonnenbrand geschützt bist, solltest du immer Sonnenmilch mit hohem Schutzfaktor benutzen und mittags von elf bis 15 Uhr die Sonne meiden, denn den besten Schutz bietet der Schatten.

40. Warum gibt es verschiedene Rassen von Menschen?

A Sie sind in einem jahrtausendelangen Prozess entstanden.

→ Die Unterschiede zwischen den Menschen sind ganz langsam entstanden, man vermutet, dass die Menschen ursprünglich alle braun waren. Wahrscheinlich verloren die Menschen, die in den Norden zogen, allmählich die braune Haut, weil die Sonne dort nicht mehr so stark war. Aber nicht nur durch die Hautfarbe unterscheiden sich die Menschen. So haben zum Beispiel die Asiaten mandelförmige Augen und meist glattes schwarzes Haar, die Afrikaner haben oft ganz dunkle Augen und schwarzes krauses Haar und wir Europäer haben helle Augen und blondes bis braunes Haar. Diese unterschiedlichen Menschengruppen nennt man auch Rassen, wobei die Rasse nichts über das Wesen des jeweiligen Menschen aussagt, denn alle Menschen sind im Prinzip gleich.

41. Warum bekomme ich einen roten Kopf?

A Das Herz schlägt schneller und die Blutgefäße weiten sich.

→ Die Haut ist unser größtes Sinnesorgan und misst bei einem Zwölfjährigen ungefähr 1,3 Quadratmeter. Neben dem Tastsinn, dem Schmerzempfinden und der Schutzfunktion ist die Haut auch noch eine „ehrliche" Haut. Sie zeigt deiner Umgebung, wie du dich gerade fühlst. Wenn dir schlecht wird, zeigt sie es deinen Freunden, indem du schnell blass wirst. Wenn dir etwas peinlich ist, wirst du rot, sodass du dieses Gefühl nicht verbergen kannst. Das Gleiche passiert übrigens bei vielen Menschen auch, wenn sie lügen. Die rote Farbe kommt daher, dass sich die Blutgefäße erweitern, also mehr Blut durch das Gesicht fließt.

42. Was ist Akupunktur?

A Eine chinesische Heilmethode durch Nadelstiche.

→ Akupunktur stammt aus China und ist ein Teilbereich der Medizin, die dort angewendet wird. Das Wort „Akupunktur" bedeutet auf Chinesisch so viel wie „Einstechen von Nadeln in Akupunkturpunkte und die Erwärmung dieser Punkte". Bei einer Akupunktur werden ganz feine Gold- oder Silbernadeln in verschiedene, genau ausgesuchte Stellen des Körpers gepiekst und dort für einen gewissen Zeitraum – meistens eine halbe Stunde – stecken gelassen. Anschließend werden sie wieder herausgezogen. Es gibt rund 360 solcher Punkte auf dem Körper. Durch diese Punkte fließt, ähnlich wie ein Fluss durch das Land fließt, der „Strom der Lebensenergie". Wenn dieser Strom nicht richtig fließen kann, werden Menschen krank. Durch die Akupunktur kann die Lebensenergie wieder besser fließen. Die Chinesen glauben, dass man auf diese Weise Krankheiten heilen und Schmerzen lindern kann.

43. Warum haben alte Menschen Falten?

A Die Haut verliert an Feuchtigkeit und trocknet aus.

→ Die Haut beginnt bereits zu altern, wenn man 25 Jahre alt ist. Das heißt, sie hat weniger Feuchtigkeit als die Haut von Kindern und kann die Feuchtigkeit nicht mehr so gut speichern. Deshalb wird die Haut immer trockener und es entstehen Falten, die mit zunehmendem Alter immer stärker und tiefer werden. Im Prinzip ist das dasselbe, was mit einem Pfirsich oder Apfel passiert, wenn man ihn zu lange in der Obstschale liegen lässt. Falten bei Menschen entstehen zusätzlich, wenn jemand ständig ein verkrampftes Gesicht macht. Auch das Rauchen entzieht der Haut Feuchtigkeit. Deshalb werden Raucher schneller faltig. Gerade um die Augen oder den Mund herum entstehen Falten, wenn man sehr viel lacht. Diese Falten machen ein Gesicht allerdings eher schöner – denn Menschen, die viel lachen, mag man einfach lieber.

44. Was ist Alzheimer?

B Eine Krankheit, die immer vergesslicher macht.

→ Die Alzheimerkrankheit ist eine sich schleichend entwickelnde Erkrankung des Gehirns. Im Verlauf der Krankheit nimmt die Hirnmasse ständig ab. Die Folge ist, dass die Wahrnehmungsfähigkeit, die Sprechfähigkeit und das Gedächtnis bis zur völligen Orientierungslosigkeit nachlassen. Die Krankheit ist nach dem deutschen Nervenarzt Alois Alzheimer (1864–1915) benannt, der 1906 als Erster die Symptome und die typischen Gehirnveränderungen beschrieben hat. Zu Beginn bemerken Betroffene und ihre Angehörigen oft Schwierigkeiten mit dem Gedächtnis. Nach und nach treten zusätzliche Probleme hinzu, wie das Nichterkennen von Gegenständen und Personen sowie Orientierungslosigkeit. Die Auswirkungen können so schwerwiegend werden, dass der Kranke völlig von anderen abhängig wird. Er weiß dann zum Beispiel nicht mehr, wo er sich befindet, zu welcher Zeit er lebt oder wer er ist.

45. Wie heißt der kleinste Knochen im menschlichen Körper?

A Der Sattelknochen in der Nase.
B Der Steigbügel im Ohr.
C Die Trense im kleinen Zeh.

46. Was ist Akne?

A Schlimme Pickel in der Pubertät.
B Verbrennungen auf der Haut.
C Das Hautwachstum.

47. Wachsen bei Fußpilz wirklich Pilze auf dem Fuß?

A Ja, aber sie sehen nicht aus wie Champignons oder Fliegenpilze.
B Nein, das sieht nur so aus.
C Nein, das ist ein umgangssprachlicher Ausdruck.

48. Was sind Glasknochen?

A Glasartige, besonders dünne Knochen.
B Künstliche Knochen aus Glas.
C Glas, das aus Knochen hergestellt wird.

49. Warum wird einer Eiskunstläuferin bei einer Pirouette nicht schwindelig?

A Ihr fehlt das Schwindelig-Gen.
B Sie ist darin so geübt.
C Sie neigt ihren Kopf auf eine Seite.

50. Was ist ein Sonnenstich?

A Die Sonne verursacht Stiche auf der Haut.
B Die Überhitzung des Körpers durch zu starke Sonneneinstrahlung.
C Ein leckerer Kuchen.

51. Können Löcher für Ohrringe wieder zuwachsen?

A Nein.
B Ja, nach kurzer Zeit wächst es immer wieder zu.
C Bei dauerhaftem Tragen von Ohrringen bleibt das Loch.

52. Warum ist Sport so wichtig?

A Sport ist gesund und macht gute Laune.
B Weil man Medaillen gewinnen kann.
C Weil Sportler berühmt sind und ins Fernsehen kommen.

53. Warum kratzen Pullis manchmal?

A Weil unsere Haut zu empfindlich ist.
B Weil das Wollhaar zu rau ist.
C Weil nicht genug Weichspüler benutzt wurde.

54. Warum werden wir krank?

A Es gibt mehrere Gründe, wie zum Beispiel Viren oder Bakterien.
B Unser Körper erholt sich auf diese Weise.
C Wettereinflüsse machen uns krank.

55. Was ist das Immunsystem?

A Ein anderer Name für Blutkreislauf.
B Ein Teil des Nervensystems.
C Ein Schutzsystem des Körpers vor Krankheiten.

56. Wie entsteht eine Narbe?

A Bei der Heilung tiefer Wunden.
B Weil oberflächliche Schürfwunden nicht richtig verheilen können.
C Wenn eine Wunde genäht werden muss.

45. Wie heißt der kleinste Knochen im menschlichen Körper?

B Der Steigbügel im Ohr.

→ Der „Steigbügel", ein Gehörknöchelchen im Mittelohr, ist der kleinste Knochen. Er ist nur 2,6 bis 3,4 Millimeter lang und 2 bis 4,3 Milligramm leicht. Seinen Namen hat das Knöchelchen aufgrund seiner Form, die an den Steigbügel eines Pferdesattels erinnert: Von der Fußplatte gehen zwei Schenkel aus, die sich im oberen Bereich wieder zusammenfügen. Der Steigbügel hat mit den anderen beiden Gehörknöchelchen namens Hammer und Amboss die Aufgabe, eine Verbindung zwischen dem Trommelfell und dem Innenohr herzustellen. Das Trommelfell wird von den Schallwellen zum Schwingen gebracht und die Gehörknöchelchen leiten diese Schwingungen dann weiter.

46. Was ist Akne?

A Schlimme Pickel in der Pubertät.

→ In der Pubertät fangen bei Jungen und Mädchen die Geschlechtshormone an zu arbeiten. Dabei kann es passieren, dass einfach zu viele ausgeschüttet werden. Für die Akne verantwortlich ist das männliche Geschlechtshormon Testosteron, wobei Mädchen und Jungen normalerweise gleich viele weibliche und männliche Hormone haben. Aber in der Pubertät gerät so einiges aus dem Gleichgewicht. Gemeinerweise in einem Alter, wo man anfängt, sich für das andere Geschlecht zu interessieren. Helfen kann da auf jeden Fall ein Hautarzt.

47. Wachsen bei Fußpilz wirklich Pilze auf dem Fuß?

A Ja, aber sie sehen nicht aus wie Champignons oder Fliegenpilze.

→ Diese Pilze sind so klein, dass man sie mit bloßem Auge nicht erkennen kann. Zunächst beginnt der Fußpilz mit kleinen weißen Bläschen, die sich auf der obersten Hautschicht ansiedeln. Danach wird die Haut sehr trocken, schuppig und rissig. Das juckt, tut weh und entzündet sich. Fußpilz breitet sich rasend schnell aus – und wenn man nichts gegen ihn unternimmt, dann verliert man mit jedem Schritt ungefähr 50 Hautschuppen. Jede einzelne dieser Schuppen kann bei einem gesunden Menschen wieder Fußpilz auslösen. Besonders schnell steckt man sich an, wenn die Haut feucht ist, zum Beispiel zwischen den Zehen. Oder durch kleine Verletzungen am Nagelbett oder an den Nägeln. Weil Pilze sich besonders gerne bei Feuchtigkeit ausbreiten, steckt man sich besonders häufig in Schwimmbädern oder Saunen an. Auch in Turnschuhen gedeihen die Pilze prächtig. Gegen den Fußpilz gibt es natürlich Arzneimittel, die ganz schnell dafür sorgen, dass er wieder verschwindet. Aber man kann auch vorbeugen!

Tipp:

Vorbeugende Maßnahmen gegen Fußpilz

- **Füße immer gut abtrocknen, besonders zwischen den Zehen.**
- **Immer ein eigenes Handtuch verwenden.**
- **Keine Schuhe von anderen anziehen.**
- **Möglichst nicht barfuß über feuchte Fußmatten oder Teppiche laufen.**
- **Im Schwimmbad Badeschuhe tragen.**

48. Was sind Glasknochen?

A Glasartige, besonders dünne Knochen.

→ „Glasknochen" sind Knochen, die überdurchschnittlich leicht sind und deswegen auch sehr häufig brechen. Auf Röntgenbildern erscheinen diese Knochen dünn und glasartig. Ursache der Glasknochenkrankheit ist ein Defekt eines Kollagens. Kollagen ist der Stoff, der für die Elastizität und mechanische Widerstandskraft der Knochen verantwortlich ist. Glasknochen resultieren also aus einer unvollkommenen Knochenbildung. Die Glasknochenkrankheit ist eine seltene erbliche Krankheit. Je stärker die Krankheit ausgeprägt ist, umso leichter und häufiger brechen die Knochen. Die Betroffenen müssen bei allen Bewegungen, also im gesamten alltäglichen Leben, sehr aufpassen, damit ihre Knochen nicht ständig brechen.

49. Warum wird einer Eiskunstläuferin bei einer Pirouette nicht schwindelig?

C Sie neigt ihren Kopf auf eine Seite.

→ Die Eiskunstläuferin legt beim schnellen Drehen automatisch den Kopf zur Seite. Dadurch kommen die empfindlichen Gleichgewichtsorgane im Ohr ziemlich nahe an ihre eigene Drehachse. So können sich die störenden Fliehkräfte, die den Schwindel erzeugen, nicht so stark auswirken. Außerdem schließt die Eiskunstläuferin noch ihre Augen, sodass sie nicht sieht, wie schnell sich alles dreht.

50. Was ist ein Sonnenstich?

B Die Überhitzung des Körpers durch zu starke Sonneneinstrahlung.

→ Wenn man sich zu lange in der prallen Sonne aufhält, kann man einen Sonnenstich bekommen. Das heißt, dass der Körper überhitzt und zu heiß wird. Meist bekommt man dann Kopfschmerzen und fühlt sich sehr erschöpft, in ganz schlimmen Fällen kann es einem auch übel werden. Die beste Medizin gegen einen Sonnenstich ist, viel Wasser zu trinken und sich in einem kühlen Raum aufzuhalten. Einen Sonnenstich kann man aber auch im Winter bekommen, wenn man zum Beispiel beim Skifahren keine Kopfbedeckung trägt. Dann brennt die Sonne, die auf dem Berg besonders intensiv ist, auf den Kopf und man kann sehr leicht Kopfschmerzen bekommen.

51. Können Löcher für Ohrringe wieder zuwachsen?

C Bei dauerhaftem Tragen von Ohrringen bleibt das Loch.

→ Ob die gestochenen Löcher in den Ohrläppchen wieder zusammenwachsen, hängt hauptsächlich davon ab, wie lange die Ohrringe getragen wurden. Ein Ohrloch ist eine kleine Wunde, die wieder verheilt, solange das Gewebe noch offen ist. Hat man jedoch schon einige Zeit dauerhaft Ohrschmuck getragen, bleibt der durchgestochene Kanal meist bestehen. Er ist dann auch nach Jahren noch als kleiner Narbenpunkt im Ohrläppchen zu erkennen.

52. Warum ist Sport so wichtig?

A Sport ist gesund und macht gute Laune.

→ Wer sich bewegt, fühlt sich wohler und ist gesünder. Außerdem bekommt man gute Laune durch Sport. Das liegt an den sogenannten Glückshormonen, die der Körper ausschüttet und die die Stimmung anheben. Auch Stress wird dabei abgebaut. Die Bewegung regt ebenso den Stoffwechsel an, was bedeutet, dass Fett schneller abgebaut wird und man nicht so leicht dick wird. Regelmäßiger Sport baut auch die Muskeln auf, und das ist gut, weil Muskeln mehr Energie verbrauchen als Fett. Zusätzlich hat man auch noch weniger Hunger, ein weiterer Grund, der verhindert, dass man zu dick wird. Und was noch sehr wichtig ist: Durch regelmäßiges Training bekommst du mehr Abwehrkräfte und wirst nicht so schnell krank. Die Blutzufuhr ins Gehirn wird außerdem gesteigert, und das bedeutet, dass mehr Blut durch den Kopf fließt, was wiederum sehr gut für das Denken ist.

Tipp:

Man muss kein Profisportler sein – auch im Alltag kannst du fit werden:

1. Meide Rolltreppen und Fahrstühle. Treppensteigen ist gut für die Kondition.
2. Falls du öfter mit dem Bus fährst: Steig doch einfach mal eine Station früher aus, als du musst, und laufe den Rest zu Fuß.
3. Hast du Langeweile? Überrede doch mal deine ganze Familie zu einer lustigen Kissenschlacht oder zu einem Fahrradausflug ins Grüne.
4. Fordere deine Freunde zu Wettkämpfen heraus, zum Beispiel beim Schwimmen.

53. Warum kratzen Pullis manchmal?

B Weil das Wollhaar zu rau ist.

→ Manche Pullover aus Wolle kratzen sehr unangenehm auf der Haut. Das liegt daran, dass ein Wollhaar genauso aufgebaut ist wie ein menschliches Haar. Es wird umhüllt von einer Schuppenschicht. Wenn diese Schuppen nicht anliegen, sondern wegstehen, dann kratzen sie auf der Haut. Natürlich bemühen sich die Hersteller von Wolle, nur Tierhaare zu verwenden, bei denen die Schuppen glatt anliegen. Je glatter die Haarstruktur der Wolle ist, desto teurer sind die Pullover meistens. Dafür kratzen sie dann auch nicht.

54. Warum werden wir krank?

A Es gibt mehrere Gründe, wie zum Beispiel Viren oder Bakterien.

→ Krankheiten sind Funktionsstörungen oder Funktionsbeeinträchtigungen des Körpers. Sehr viele Krankheiten werden durch Bakterien oder Viren ausgelöst und sind ansteckend. Diese Erkrankungen nennt man Infektionskrankheiten. In diesen Fällen hat die körpereigene Abwehr die feindlichen Organismen nicht aufhalten können. Andere Krankheiten sind nicht ansteckend und meist Alterserscheinungen oder Schäden, die aus Giften, Rauchen, Strahlung oder falscher Ernährung resultieren. Dazu gehören beispielsweise Kreislauferkrankungen, Herzinfarkt, Diabetes oder Krebs. Es gibt auch Krankheiten, die durch Schäden am Erbgut hervorgerufen werden. Sie sind aber selten. Am bekanntesten ist wohl das Down-Syndrom. Oft gibt es aber nicht nur eine Ursache als Auslöser einer Krankheit, sondern mehrere ungünstige Faktoren.

55. Was ist das Immunsystem?

C Ein Schutzsystem des Körpers vor Krankheiten.

→ In der Umwelt befindet sich eine Vielzahl von Bakterien, Viren, Pilzen und Parasiten, die unseren Körper angreifen. Deshalb ist ein Abwehrsystem notwendig, das Krankheitserreger, körperfremde Stoffe und entartete körpereigene Zellen sofort erkennt und bekämpft: das Immunsystem. Es ist der Sammelbegriff für eine Reihe verschiedener Mechanismen, die uns vor Erkrankungen schützen sollen. Die Hauptrolle spielen die weißen Blutkörperchen. Das Immunsystem wehrt wie die Hand eines Boxers alle Krankheitserreger ab.

56. Wie entsteht eine Narbe?

A Bei der Heilung tiefer Wunden.

→ Immer wenn du dir eine kleine Verletzung zuziehst, versucht der Organismus, die Wunde so schnell wie möglich zu schließen. Doch nur, wenn allein die obersten Hautschichten betroffen sind, wie bei einer Schürfwunde, kann er das beschädigte Gewebe durch gleichwertiges ersetzen. Bei tieferen Wunden ist das nicht möglich, da versucht der Organismus, den Schaden bestmöglich zu beheben, was dann aber nicht perfekt ist. Zuerst beginnt bei einer Wunde die Gefäßneubildung, dann wächst neues Bindegewebe darüber. Das hat allerdings eine andere Struktur, sieht deshalb anders aus als das ursprüngliche Gewebe. Dazu kommt noch, dass in der neu gewachsenen Haut keine Haare und keine Pigmente, also Farbstoffe, enthalten sind. Ist die Wunde dann abgeheilt und der Schorf abgefallen, sieht diese Stelle heller aus als die restliche Haut.

57. Warum haben wir Durst?

A Damit der Körper nicht austrocknet.
B Weil viele Getränke lecker schmecken.
C Damit der Körper nicht zu dünn wird.

58. Warum bekommt man Hunger vom Kaugummikauen?

A Weil Kaugummis so appetitlich aussehen.
B Kauen signalisiert dem Magen, dass es Essen gibt.
C Kaugummis enthalten appetitanregende Stoffe.

59. Was ist ein Reflex?

A Eine automatische Reaktion des Körpers.
B Die Spiegelung von Licht in den Augen.
C Eine Handlung, die wir gut überlegt haben.

60. Warum sieht ein Boxer Sternchen beim K. o.?

A Die Sternchen kündigen seinen Sieg an.
B Weil die Nerven in seinem Gehirn durcheinander geraten.
C Die Sehsensoren der Netzhaut werden überreizt.

61. Warum stinken unsere Füße manchmal?

A Weil sie einen käseähnlichen Stoff absondern.
B Weil sich der ganze Körpergeruch in den Schuhen sammelt.
C Der Fußschweiß kann in den Schuhen nicht verdunsten.

62. Ersticken wir, wenn wir lange die Luft anhalten?

A Ja.
B Nein, das Gehirn gibt automatisch den Befehl, wieder zu atmen.
C Nur wenn man zu tief im Wasser taucht.

63. Warum bekommt man eine ulkige Stimme, wenn man Luftballongas einatmet?

A Die Schallwellen der Stimme werden schneller übertragen.
B Weil wir keine Luft mehr bekommen.
C Das Gas drückt den Kehlkopf zusammen.

64. Warum müssen Taucher langsam auftauchen?

A Um keinen Kälteschock zu bekommen.
B Um den Druck zwischen Tiefe und Oberfläche auszugleichen.
C Damit der Sauerstoff nicht ausgeht.

65. Was ist ein Tiefenrausch?

A Beim Tauchen eingeatmete Gase erzeugen einen Rausch.
B Wenn ein Taucher vor Begeisterung in einen Rauschzustand gerät.
C Die Unterwasserwelt hat eine bewusstseinsverändernde Wirkung.

66. Warum ist Chlor im Schwimmbad?

A Damit das Wasser schön blau aussieht.
B Chlor tötet die Bakterien im Wasser.
C Chlor schützt die Haut.

57. Warum haben wir Durst?

A Damit der Körper nicht austrocknet.

➜ Im Zwischenhirn gibt es einen Bereich, der für die Regulierung des Wasserhaushalts im Körper zuständig ist. Dieser Bereich heißt Hypothalamus. Wenn wir zu wenig trinken, besteht die Gefahr, dass wir zu wenig Wasser im Körper haben und austrocknen. Oder der Salzgehalt im Körper ist zu gering. Deshalb besitzt der Körper zwei Messfühler. Einer davon sagt dem Hirn ständig, wie hoch der Salzgehalt im Körper ist. Der andere misst die Spannung der Herzwand und prüft dadurch, ob ausreichend Blut vorhanden ist und ob dies dünnflüssig genug ist. Wenn zu viel Salz oder zu wenig Wasser gemessen wird, dann gibt uns das Gehirn das Signal: „Trinken!" Nach stark gesalzenem Essen bekommen wir also Durst, weil der Salzgehalt zu hoch ist, und nach anstrengender körperlicher Betätigung bekommen wir Durst, weil wir durch das Schwitzen zu viel Wasser verloren haben. Kinder haben viel mehr Durst als Erwachsene, weil ihr Körper zu 80 Prozent aus Wasser besteht. Bei Erwachsenen macht das Wasser nur etwas mehr als die Hälfte des Körpergewichts aus. Außerdem bewegen sich Kinder in der Regel mehr.

58. Warum bekommt man Hunger vom Kaugummikauen?

B Kauen signalisiert dem Magen, dass es Essen gibt.

➜ Schiebt man sich einen Kaugummi in den Mund, wird durch das Kauen die Speichelproduktion angeregt. Der Magen erhält das Signal: „Achtung, fertig machen zum Verdauen", und produziert mehr Magensäure. Dadurch werden die „Restbestände" im Magen schneller verarbeitet. Weil aber kein Essen nachkommt, sondern dem Magen nur etwas vorgegaukelt wird, bekommt man schneller wieder Hunger.

59. Was ist ein Reflex?

A Eine automatische Reaktion des Körpers.

➜ Reflexe sind unkontrollierbare automatische Reaktionen unseres Körpers. Sie dienen hauptsächlich dazu, uns bei Gefahr schnell zu schützen. Der schnellste Reflex ist der, mit dem wir uns vor dem Verbrennen schützen, indem wir den gefährdeten Körperteil blitzartig zurückziehen. Wenn du mit deiner Hand einer glühenden Herdplatte zu nahe kommst, ziehst du sie schon weg, bevor du dir der Gefahr überhaupt bewusst wirst. Der Schmerz entsteht erst einige Tausendstelsekunden später.

60. Warum sieht ein Boxer Sternchen beim K. o.?

C Die Sehsensoren der Netzhaut werden überreizt.

➜ Bei einem Boxkampf versetzen sich die beiden Gegner heftige Schläge – doch meistens dauert es ein paar Runden, bis einer von ihnen zu Boden geht und nicht mehr aufsteht. Das ist dann der „Knock-out". Auch wenn viele Schläge sehr wehtun, so gibt es nur wenige Stellen am Körper, die einen Boxer tatsächlich umwerfen: der Kehlkopf, das Kinn, die Leber, die Schläfe, die Schlagadern am Hals und in der Nähe des Herzens oder am Solarplexus. Am häufigsten landet der entscheidende Treffer am Kopf. Wenn man einen Schlag auf den Kopf bekommt, dann wird er normalerweise von der Hirnflüssigkeit, dem Liquor, abgefedert. Die Schläge von trainierten Boxern sind jedoch nicht zu vergleichen mit einem normalen Schlag. Sie erreichen eine ähnliche Wucht wie ein Auto, das mit 15 Stundenkilometern gegen eine Mauer fährt. Die Druckwelle presst ganze Hirnregionen zusammen, zum Beispiel das Gleichgewichtszentrum. Dann torkelt der Getroffene. Zusätzlich verengen sich durch den Druck die Blutgefäße und das Hirn bekommt zu wenig Sauerstoff. Dann wird dem Boxer schwindelig und er fällt zu Boden. Besonders heftige Schläge können auch die Nerven im Mittelhirn erschüttern. Dort wird über Schlafen und Wachen entschieden. Bei einem Treffer wird der Boxer sofort bewusstlos.

Boxer ist ein sehr gefährlicher Beruf, denn jeder Knockout bedeutet eine enorme Belastung für den Körper. Boxer, die mehr als 30-mal durch einen Schlag auf den Kopf ausgeknockt wurden, müssen mit bleibenden Hirnschäden rechnen. Sie bekommen manchmal Sprachstörungen oder können ihre Bewegungen nicht mehr so gut ausführen. Manchmal sehen Boxer bei Kopftreffern sogar die sprichwörtlichen Sterne, nämlich dann, wenn die Druckwelle die empfindlichen Sehsensoren der Netzhaut überreizt.

61. Warum stinken unsere Füße manchmal?

C Der Fußschweiß kann in den Schuhen nicht verdunsten.

➔ Manche Menschen leiden unter einem unangenehmen Fußgeruch. Der kommt daher, dass die Füße einfach zu wenig Luft abbekommen. Außerdem schwitzt man an den Füßen besonders viel, genauso wie unter den Achseln, auf der Innenseite der Hände und an der Stirn. Dort kann der Schweiß einfach verdunsten, doch die Füße sind die meiste Zeit des Tages eingepackt in Schuhe und Strümpfe. Dazu kommt, dass manche Menschen die Füße nicht oft genug waschen. So sammelt sich der Schweiß an den Füßen und es kommt zusammen mit den Bakterien, die aus Hautschuppen entstehen, zu einer Reaktion: Die Füße stinken.

62. Ersticken wir, wenn wir lange die Luft anhalten?

B Nein, das Gehirn gibt automatisch den Befehl, wieder zu atmen.

➔ Das Atemzentrum im Gehirn misst nämlich ständig den Kohlendioxidgehalt unseres Blutes. Das ist der Stoff, den wir ausstoßen, wenn wir ausatmen, der sozusagen verbraucht ist und raus muss. Wenn der Gehalt dieses Stoffes im Blut zu hoch wird, gibt das Gehirn den Befehl, die Lungentätigkeit zu verstärken. Diesen Mechanismus können wir zwar kurzfristig anhalten, zum Beispiel wenn wir tauchen, aber ganz aufhalten können wir ihn nicht.

63. Warum bekommt man eine ulkige Stimme, wenn man Luftballongas einatmet?

A Die Schallwellen der Stimme werden schneller übertragen.

➔ Viele Luftballons sind mit Helium gefüllt. Helium ist ein Gas, das leichter ist als Luft. Deshalb können Luftballons, die mit Helium gefüllt sind, fliegen. Wenn wir sprechen, dann erzeugen wir Schallwellen, die sich mit einer bestimmten Geschwindigkeit durch die Luft bewegen. Atmet man nun Helium ein, dann bewegen sich die Schallwellen in dieser Heliumwolke schneller fort, weil Helium leichter ist als Luft und weniger Widerstand bietet. Unsere Stimme klingt, als würden wir ein Tonbandgerät schneller laufen lassen. Das hört sich dann an, als hätten wir eine Stimme wie Micky Maus oder Donald Duck.

64. Warum müssen Taucher langsam auftauchen?

B Um den Druck zwischen Tiefe und Oberfläche auszugleichen.

➔ Wenn ein Taucher mit einer Sauerstoffflasche in die Tiefe taucht, dann entsteht durch das Wasser ein großer Druck. Wenn man zu schnell auftaucht, entstehen im

Körper lauter kleine Bläschen. Das passiert, weil der Druck nachlässt. Das ist ein ähnlicher Effekt, wie wenn man eine Flasche mit blubberndem Mineralwasser öffnet – auch hier entstehen durch den nachlassenden Druck viele Blasen, die manchmal oben aus dem Flaschenhals herausblubbern. Die Bläschen beim Taucher bestehen aus Gasen, die durch den Druck aus dem Körpergewebe gelöst werden. Sie verursachen Hautjucken oder können sogar das zentrale Nervensystem schädigen. Das nennt man Dekompressionskrankheit. Damit die Bläschen wieder aus dem Körper weichen, muss der Taucher langsam wieder auftauchen und in bestimmten Tiefen einen sogenannten Deko-Stopp einlegen. Die Zeit zum Auftauchen muss der Taucher unbedingt mit einberechnen, damit die Luft in der Flasche reicht.

65. Was ist ein Tiefenrausch?

A Beim Tauchen eingeatmete Gase erzeugen einen Rausch.

→ Ein Tiefenrausch fühlt sich tatsächlich an wie ein „richtiger" Rausch. Nur braucht man dafür keinen Alkohol. In der Atemluft sind außer Sauerstoff auch noch Stickstoff und Edelgase enthalten. Über Wasser spielt das keine Rolle. Ab einer bestimmten Tiefe – so etwa ab 30 Metern – werden Stickstoff und Edelgase unter einem hohen Druck eingeatmet und gelangen so in den Blutkreislauf. Die Auswirkungen können sehr gefährlich sein und sind bei jedem Taucher verschieden. Manche fühlen sich nur leicht benommen, andere halten sich plötzlich für einen Fisch oder fühlen sich magisch vom Meeresgrund angezogen. Weil der Taucher sein Verhalten bei einem Tiefenrausch nicht mehr so richtig kontrollieren kann, ist es wichtig, dass er immer einen zuverlässigen Tauchpartner dabeihat. Der Tiefenrausch hört sofort auf, sobald man einige Meter nach oben taucht und der Druck nachlässt. Ob und in welcher Tiefe ein Taucher den Rausch bekommt, das ist bei jedem Menschen verschieden.

66. Warum ist Chlor im Schwimmbad?

B Chlor tötet die Bakterien im Wasser.

→ Wo viele Menschen sind, siedeln sich auch Keime (Bakterien) an. Im feuchtwarmen Klima von Schwimmbädern fühlen sie sich wie im Paradies. Um sie in Schach zu halten, gibt man Chlor ins Wasser. Es tötet zwar die Krankheitserreger, kann aber in großen Mengen auch unsere Gesundheit belasten. Chlor brennt in den Augen, trocknet die Haut aus und hat einen beißenden Geruch. Deshalb wird in deutschen Schwimmbädern nur sehr wenig Chlor eingesetzt. Oft werden dem Wasser im Schwimmbad noch andere Mittel beigemischt, sodass man weniger Chlor braucht.

67. Warum hat unser Körper immer dieselbe Temperatur – egal, ob es kalt oder warm ist?

A Aufgrund von wärmeproduzierenden Körperzellen.
B Das Herz funktioniert wie ein Thermostat.
C Das Gehirn setzt die Temperaturregulierung in Gang.

68. Warum haben Jungen Stimmbruch und Mädchen nicht?

A Bei Jungen wächst der Kehlkopf schneller.
B Weil der Adamsapfel auf die Stimmbänder drückt.
C Weil sich der Kehlkopf senkt.

69. Was haben Menschen und Affen gemeinsam?

A Sie können beide mathematische Aufgaben lösen.
B Sie bauen Häuser, um darin zu leben.
C Sie haben gemeinsame Wurzeln.

70. Wieso sehen Jungen anders aus als Mädchen?

A Sie haben verschiedene Geschlechtsteile.
B Damit man sie besser unterscheiden kann.
C Weil Jungen anders erzogen werden als Mädchen.

71. Was ist Magersucht?

A Eine Krankheit, bei der man immer weniger isst.
B Eine gesunde Diät.
C Eine Sucht nach magerem Essen.

72. Warum haben unterernährte Kinder einen dicken Bauch?

A Das wenige Essen wird im Bauch gespeichert.
B Durch den Nahrungsmangel sammelt sich Wasser im Bauch.
C Der Nahrungsmangel erzeugt Luft im Bauch.

73. Warum sollen wir nach dem Essen nicht ins kalte Wasser springen?

A Weil uns schwindelig werden kann.
B Weil das kalte Wasser das Essen verklumpt.
C Weil wir durch das kalte Wasser aufs Klo müssen.

74. Warum kann man auch im Kopfstand essen und trinken?

A Die Spucke spült alles in den Magen.
B Der Schluckreflex befördert die Nahrung in den Magen.
C Der Körper merkt nicht, dass er auf dem Kopf steht.

75. Was ist schizophren?

A Wenn jemand in einer Fantasiewelt lebt.
B Zwischen Fantasie und Realität nicht unterscheiden zu können.
C Wenn jemand ständig einschläft.

76. Warum müssen wir uns räuspern?

A Wegen Schmutzpartikeln am Kehlkopf.
B Wenn Fremdkörper in die Luftröhre geraten.
C Früher diente das Räuspern der Verständigung.

77. Was ist ein Albino?

A Ein Bewohner des Landes Albanien.
B Ein Lebewesen, das kaum Farbpigmente besitzt.
C Ein Mensch, der sehr albern ist.

78. Wieso schlafen uns die Hände und Füße ein?

A Weil Hände und Füße zu lange beansprucht worden sind.
B Weil die Nerven müde sind.
C Weil Nerven eingeklemmt werden.

67. Warum hat unser Körper immer dieselbe Temperatur – egal, ob es kalt oder warm ist?

A Aufgrund von wärmeproduzierenden Körperzellen.

C Das Gehirn setzt die Temperaturregulierung in Gang.

➔ Der Körper hat eine eigene Heizung, die ihn immer auf einer Temperatur von 36 bis 37 Grad Celsius hält: Jede einzelne Zelle produziert durch ihren Stoffwechsel Wärme, das heißt, die Körperzellen zerlegen die Nahrungsbestandteile. Das Gehirn besitzt eine Art Temperaturfühler. Sobald die Normaltemperatur unter- oder überschritten wird, werden körperliche Reaktionen in Gang gesetzt. Ist der Körper zu heiß, sondert er Schweiß ab, um die Temperatur auszugleichen. Wenn wir frieren, dann produzieren die Zellen mehr Wärme.

68. Warum haben Jungen Stimmbruch und Mädchen nicht?

A Bei Jungen wächst der Kehlkopf schneller.

➔ Männer haben einen größeren Kehlkopf als Frauen. Bis zum Alter von etwa 13 Jahren sprechen Jungen und Mädchen gleich. Dann wächst der Kehlkopf des Jungen kräftig. Dadurch werden die Stimmbänder länger. Weil die Stimmbänder so ähnlich funktionieren wie die Saiten bei einem Klavier, erzeugen sie tiefere Töne. Die Stimme sinkt bei Jungen. In der Wachstumsphase zwischen zwölf und 15 Jahren, der Pubertät, überschlägt sich die Stimme von Jungen oft. Das liegt daran, dass die Stimmbänder nicht völlig gleichmäßig wachsen und deshalb unterschiedlich straff gespannt sind. Auch ein Klavier würde komisch klingen, wenn man die Saiten unterschiedlich straff spannt.

69. Was haben Menschen und Affen gemeinsam?

C Sie haben gemeinsame Wurzeln.

➔ Du kannst dir das wie einen Busch vorstellen, aus dem viele verschiedene Zweige wachsen. Viele dieser Zweige sind im Laufe der Millionen Jahre wieder ausgestorben und nur wenige reichen bis in unsere Zeit. Auch alle direkten Vorfahren der Menschen sind ausgestorben, nur durch die Entdeckung ihrer Knochen wissen wir von ihnen. Wo genau nun die Grenze zwischen Affen und Menschen zu ziehen ist, kann keiner genau sagen, weil die Entwicklung über Millionen von Jahren vonstattenging. Der älteste Vorfahr des Menschen wurde in Afrika gefunden, doch er unterschied sich schon sehr von den Affen, weil er ein viel größeres Gehirn hatte und aufrecht gehen konnte. Trotzdem sind die Affen unsere nächsten Verwandten, einige von ihnen, wie die Schimpansen und Gorillas, nennt man deshalb auch Menschenaffen.

Info:

Wie unterscheidet sich der Mensch vom Affen?

Die Gene von Menschen und Menschenaffen stimmen zu 96 bis 98 Prozent überein. Der Hauptunterschied besteht darin, dass die Menschen die komplizierte Sprache entwickelt haben und dass sie über Vergangenheit, Zukunft und sich selbst nachdenken können.

70. Wieso sehen Jungen anders aus als Mädchen?

A Sie haben verschiedene Geschlechtsteile.

→ Mädchen haben eine Scheide und Jungen einen Penis. Von Anfang an unterscheiden sich so die beiden Geschlechter. Diese sind für die Fortpflanzung nötig. Bei Babys und kleinen Kindern sieht man den Unterschied nur, wenn sie nackt sind. Doch in der Pubertät beginnt sich der Körper zu verändern, die Unterschiede nehmen zu. Bei Erwachsenen siehst du die Unterschiede auch dann sofort, wenn sie angezogen sind.

71. Was ist Magersucht?

A Eine Krankheit, bei der man immer weniger isst.

→ Viele Mädchen möchten so aussehen wie ein Model. Durch die Medien bekommen sie den Eindruck, dass sie nur durch eiserne Diäten schlank werden können. Wenn sie nun ganz streng auf Essen verzichten, dadurch dünner werden und von anderen dafür gelobt werden, freuen sie sich. Deshalb machen sie immer so weiter, bis sich der normale biologische Vorgang umkehrt: Wenn das Mädchen dann Hunger verspürt, denkt es, dass es der Versuchung widerstehen muss. Irgendwann wird es vielleicht vernünftig und merkt, dass es schon viel zu dünn geworden ist. Manchmal ist es dann schon zu spät, weil es sich inzwischen vor dem Essen ekelt und gar nichts mehr zu sich nehmen kann. Oft kann nur noch ein Klinikaufenthalt helfen. In seltenen Fällen sind auch Jungen von Magersucht betroffen.

Info:

Bulimie
Das Wort „Bulimie" bedeutet Heißhunger. Dabei handelt es sich um eine Essstörung, bei der überwiegend Mädchen und Frauen Riesenmengen von Nahrung auf einmal in sich hineinschlingen und anschließend aus Angst vor dem Dickwerden wieder erbrechen. Sie werden nicht so extrem dünn wie Magersüchtige, aber durch ihr Verhalten fühlen sie sich schlecht und können ernsthaft seelisch krank werden. Auch ihnen können am besten gute Ärzte helfen.

72. Warum haben unterernährte Kinder einen dicken Bauch?

B Durch den Nahrungsmangel sammelt sich Wasser im Bauch.

→ Wenn man im Fernsehen hungernde Kinder in Afrika sieht, haben die oft einen dicken Bauch, obwohl sie gar nichts zu essen haben. Das kommt daher, dass der Bauch „aufgetrieben" ist (das wird auch Hungerödem genannt). Durch den lang anhaltenden Nahrungsentzug fehlen dem Körper wichtige Eiweißstoffe, die normalerweise im Blut das Wasser an sich binden. Dieses Wasser ist dann frei im Körper und sammelt sich beispielsweise im Bauch und erzeugt so die Schwellung.

73. Warum sollen wir nach dem Essen nicht ins kalte Wasser springen?

A Weil uns schwindelig werden kann.

→ Nach dem Essen strömt ein Großteil des Bluts in die Verdauungsorgane. Wenn wir dann plötzlich ins kalte Wasser springen, zwingen wir den Körper zur Wärmeregulation durch Muskelzittern, kurz Frieren genannt. Dazu benötigen nun auch die Muskeln viel Blut – das Gehirn wird nicht mehr genug versorgt. Schwindelgefühl und sogar Ohnmacht können die Folgen sein.

74. Warum kann man auch im Kopfstand essen und trinken?

B Der Schluckreflex befördert die Nahrung in den Magen.

→ Es mag zwar etwas unbequem sein – aber der Mensch ist durchaus in der Lage, auch im Kopfstand zu essen und zu trinken. Das erscheint unlogisch, da das Essen ja eigentlich aufgrund der Schwerkraft auf den Boden fallen müsste. Dass es trotzdem funktioniert, dafür sorgt der Schluckreflex. Wir können ihn selbst gar nicht beeinflussen – er läuft automatisch ab, sobald die Zunge den zerkauten Bissen an den Gaumen und in den Rachen drückt. Die Muskeln der Speiseröhre schieben ihn dann in Richtung Magen. Das macht die Speiseröhre, indem sie ihren Durchmesser vor dem Bissen kurz erweitert und danach wieder verengt, sodass der Bissen nicht wieder zurückrutschen kann. Die Nahrung fällt nicht einfach die Speiseröhre hinunter, sondern wird aktiv in den Magen transportiert – und das funktioniert in jeder Körperhaltung.

75. Was ist schizophren?

B Zwischen Fantasie und Realität nicht unterscheiden zu können.

→ Kein Mensch weiß genau, wie viel von seinen Wahrnehmungen der Wirklichkeit entspringt und wie viel davon das Produkt seiner Vorstellungskraft ist. Dennoch sind wir uns fast immer sicher, dass wir Realität und Fantasie unterscheiden können. Menschen, die an Schizophrenie leiden, haben Schwierigkeiten mit dieser Unterscheidung. Grund dafür ist eine fehlerhafte Verarbeitung von Informationen und Wahrnehmungen im Gehirn. Die Betroffenen müssen sich also ständig fragen, ob die Stimmen, die sie hören, wirklich sind oder laut gewordenen eigenen Gedanken entsprechen. Solche Stimmen beschimpfen die Kranken häufig und geben zu allem, was diese tun, einen Kommentar ab. Die Betroffenen haben daher große Schwierigkeiten mit sozialen Beziehungen, geregelter Arbeit und Selbstversorgung.

76. Warum müssen wir uns räuspern?

A Wegen Schmutzpartikeln am Kehlkopf.

→ In unserer Luftröhre befinden sich kleine Drüsen, die eine schleimige Flüssigkeit abgeben, die unsere Luftwege befeuchtet und reinigt. Wenn wir atmen, nehmen wir auch Schmutzteilchen aus der Luft auf. Der Schleim nimmt die Schmutzteilchen auf und wird von den feinen Härchen in der Luftröhre zum Rachen und Mund befördert. Sobald er den Kehlkopf erreicht hat, löst dort ein Reflex den Räusperreiz aus. Dadurch wird der Schmutz in den Rachenraum geblasen und anschließend meist verschluckt. Da bei Erkältungen mehr Schleim produziert wird, müssen wir uns häufiger räuspern.

77. Was ist ein Albino?

B Ein Lebewesen, das kaum Farbpigmente besitzt.

→ Pigmente sind Stoffe, die der Haut, den Augen und den Haaren die Farbe geben. Beim Menschen äußern sich fehlende Pigmente in sehr heller Haut, hellen bis weißen Haaren und meist graublauen Augen. Die Betroffenen können meist schlechter sehen und werden von der Sonne leicht geblendet. Tiere haben meistens ein weißes Fell und rote Augen, weil bei ihnen der stark durchblutete Augenhintergrund durch die farblose Linse zu sehen ist.

78. Wieso schlafen uns die Hände und Füße ein?

C Weil Nerven eingeklemmt werden.

→ Fuß oder Hand schlafen ein, wenn ein Nerv oder mehrere Nerven, die in den Fuß oder die Hand führen, so eingeklemmt werden, dass sie Reize nicht mehr weiterleiten können. Oft passiert das, wenn Fuß oder Hand lange Zeit in einer unbequemen Haltung verharren müssen, zum Beispiel im Schneidersitz oder beim Sitzen mit überschlagenen Beinen. Das abgeklemmte Nervenbündel kann die Reize aus dem Fuß nur noch verzerrt an das Gehirn weitergeben: So entsteht der „eingeschlafene Fuß". Die meisten Menschen reagieren auf das unangenehme und manchmal auch schmerzhafte Gefühl gleich: Sie schütteln den Fuß aus und reiben ihn. Manchmal können sogar das ganze Bein oder der Arm „einschlafen". Bis zu einer Stunde kann es dauern, bis sich der Nerv wieder erholt hat und das Gefühl verschwindet. Meistens sind es aber nur wenige Minuten.

79. Warum finden wir 25 Grad Lufttemperatur warm, 25 Grad im Wasser aber kalt?

A Wasser leitet die Wärme vom Körper weg.
B Wir bilden uns das nur ein.
C Wassertemperatur ist etwas anderes als Lufttemperatur.

80. Wieso kribbelt es so, wenn Hand oder Fuß einschlafen?

A Das Blut wird wärmer und kitzelt die Nerven wach.
B Die eingeklemmten Nerven senden ein Warnsignal aus.
C Das Kribbeln verhindert, dass Hand oder Fuß absterben.

81. Wie wirkt eine Schmerztablette?

A Sie repariert den Schaden des schmerzenden Körperteils.
B Sie bekämpft das Gefühl des Schmerzes.
C Sie beschleunigt die Heilung einer Verletzung.

82. Was geschieht bei einer Operation?

A Dem Körper wird etwas entfernt, das ihn krank macht.
B Der Körper wird durchleuchtet.
C Der Körper wird eingegipst.

83. Was ist ein Knutschfleck?

A Eine allergische Reaktion.
B Ein Fleck, der aussieht wie ein Kussmund.
C Ein kleiner blauer Fleck nach einem heftigen Kuss.

84. Wieso muss ich beim Lachen manchmal weinen?

A Weil zu langes Lachen manchmal wehtut.
B Weil das Gehirn einen Befehl an die Tränendrüse gibt.
C Weil die Gesichtsmuskeln auf die Tränendrüse drücken.

85. Ist Lachen wirklich gesund?

A Nein, das ist nur ein Sprichwort.
B Ja, weil Herz und Verdauung angeregt werden.
C Ja, weil Glückshormone ausgeschüttet werden.

86. Wieso kriegen wir eine Beule, wenn wir uns stoßen?

A Weil das Gewebe durch den Stoß hart wird.
B Der Stoß regt die Hautzellen zum Wachstum an.
C Aus dem Unterhautzellgewebe fließt Blut in das umliegende Gewebe.

87. Warum lernen wir manche Dinge leichter als andere?

A Man lernt leichter, wenn man es im Fernsehen sieht.
B Man lernt leichter, wenn man sich für die Dinge interessiert.
C Man lernt leichter, wenn man dazu gezwungen wird.

88. Warum werden Kinder oft größer als ihre Eltern?

A Die Menschen werden insgesamt immer größer.
B Weil die Eltern schrumpfen.
C Das ist ein Naturgesetz.

79. Warum finden wir 25 Grad Lufttemperatur warm, 25 Grad im Wasser aber kalt?

A Wasser leitet die Wärme vom Körper weg.

→ Für unser Wohlbefinden ist nicht unbedingt die wirkliche Temperatur wichtig, sondern die, bei der wir uns wohl fühlen. Das ist die sogenannte Wohlfühltemperatur. Diese wird von der Windstärke, der Luftfeuchtigkeit und der Temperatur der Sonnenstrahlen beeinflusst. Der Wind zum Beispiel vertreibt den Wärmeschutzmantel, den wir ständig um uns herum aufbauen. Deshalb frieren einige, obwohl es eigentlich schön warm ist. Eine ähnliche Wirkung hat das Wasser: Es leitet die Wärme vom Körper weg. In der Luft beträgt die Wohlfühltemperatur 25 Grad Celsius, im Wasser ist sie aber höher und liegt bei 31 bis 36 Grad Celsius. Deshalb finden wir 25 Grad Celsius in der Luft warm, im Wasser aber nicht.

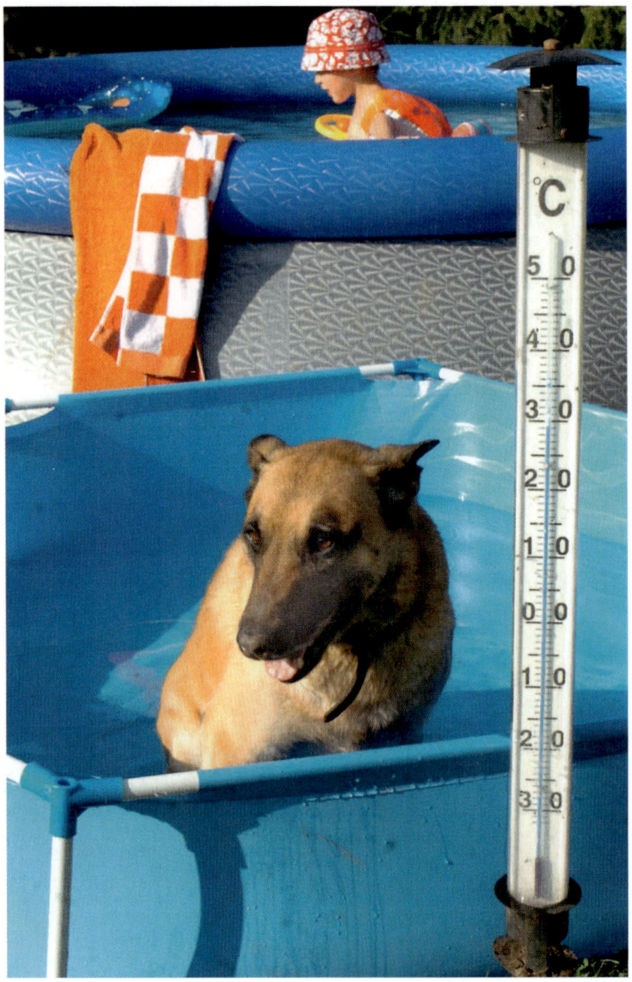

80. Wieso kribbelt es so, wenn Hand oder Fuß einschlafen?

B Die eingeklemmten Nerven senden ein Warnsignal aus.

→ Das Kribbeln entsteht durch eine Irritation der Fasern eines Nervs, die das Gefühl, die Schmerzleitung oder etwa den Temperatursinn zur Verarbeitung in das Gehirn leiten. Normalerweise werden Nerven nicht gequetscht und funktionieren einwandfrei. Liegt nun ein Bein zu lange über dem anderen, werden die Nerven irritiert und senden ein Warnsignal aus: das ominöse Kribbeln. Wenn man nun im Schlaf nicht merkt, dass man durch seine Lage auf einen Nerv drückt, kann einem das Warnsymptom des Kribbelns entgehen. Am nächsten Morgen wacht man dann auf und die Hand scheint nicht mehr zum Körper zu gehören. Wenn ein Nerv Druck bekommt, schläft er im ersten Stadium ein. Besteht dieser Druck länger, dann stellt der Nerv seine Funktion ein und im schlimmsten Fall tritt eine Lähmung ein. Das Kribbeln ist also ein durchaus ernst zu nehmendes Signal.

81. Wie wirkt eine Schmerztablette?

B Sie bekämpft das Gefühl des Schmerzes.

→ Schmerz ist immer ein Signal des Körpers dafür, dass etwas nicht in Ordnung ist. Deshalb sollte man zunächst immer die Ursache für den Schmerz herausfinden. Schmerztabletten bekämpfen in der Regel nur das Gefühl des Schmerzes. Dieses unangenehme Gefühl entsteht in den Nervenbahnen oder im Gehirn. Eine Schmerztablette schaltet durch eine chemische Reaktion einfach das Empfinden für den Schmerz ab. Die Verletzung tut also im Grunde genauso weh und ist auch noch genauso vorhanden – nur merken wir es nicht mehr.

82. Was geschieht bei einer Operation?

A Dem Körper wird etwas entfernt, das ihn krank macht.

→ Manchmal ist ein Mensch so krank, dass er operiert werden muss. Dabei wird das, was ihn krank macht, entfernt. So werden zum Beispiel die Mandeln herausgeschnitten, wenn man öfter als fünfmal im Jahr eine schlimme Mandelentzündung hat. Damit der Kranke keine Schmerzen dabei empfindet, wird er vorher betäubt, das nennt man Narkose. Es gibt zum einen die Vollnarkose, bei der man einfach einschläft, und zum anderen die Teilnarkose, bei der einfach ein Körperteil betäubt wird. Bei einer Mandeloperation werden dann die Mandeln entfernt und schon nach einer kurzen Zeit im Krankenhaus kann man wieder nach Hause und wird nicht mehr so oft krank.

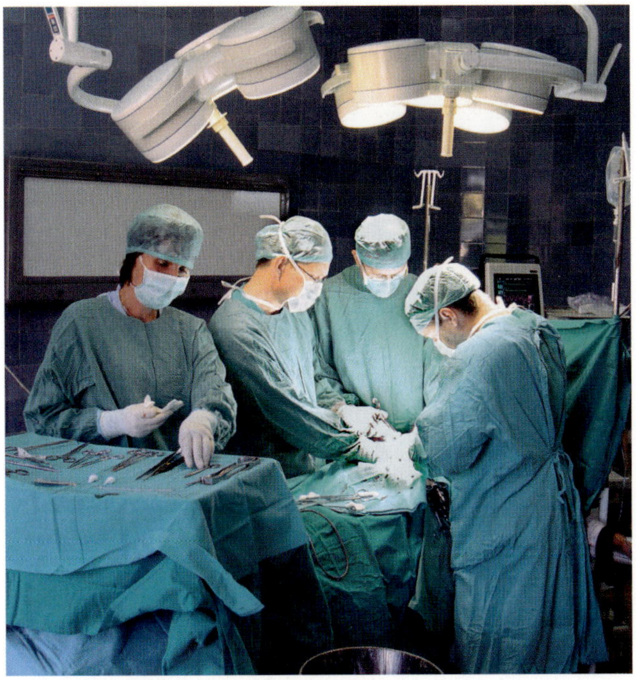

83. Was ist ein Knutschfleck?

C Ein kleiner blauer Fleck nach einem heftigen Kuss.

→ Ein Knutschfleck entsteht, wenn man seinen Partner oder seine Partnerin zu heftig auf die Haut küsst. Ein Knutschfleck ist im Prinzip ein kleiner blauer Fleck. Dadurch, dass der Kuss mit heftigem Saugen ausgeführt wird, entsteht eine Quetschung der Haut und es platzen kleine Blutgefäße in der Haut. Dadurch fließt wiederum Blut in das Gewebe. Da dieses vom Körper mit der Zeit über verschiedene Stufen abgebaut wird, wechselt der Knutschfleck – wie auch der blaue Fleck – mehrmals die Farbe, bis er nach einiger Zeit wieder verschwindet.

Info:

Was passiert beim Lachen?

Wenn wir lachen, geht mit dem Körper Folgendes vor sich: Brustkorb und Zwerchfell schütteln sich, Blutdruck und Puls beginnen zu rasen, das Gesicht wird puterrot, der Oberkörper krümmt sich und aus den Lungen kommt ein Atemstoß mit einer Geschwindigkeit von rund 100 Kilometern pro Stunde. Dabei wird die Atmung angetrieben, Stress abgebaut, die Durchblutung verbessert, die Verdauung angeregt und die Immunabwehr gestärkt. Darüber hinaus werden Schmerzen gelindert und Glückshormone – sogenannte Endorphine – ausgeschüttet. Deshalb ist Lachen so gesund!

84. Wieso muss ich beim Lachen manchmal weinen?

B Weil das Gehirn einen Befehl an die Tränendrüse gibt.

→ „Ich bin zu Tränen gerührt." Fast jeder kennt diesen Ausdruck, mit dem wir sagen, wie sehr uns etwas besonders Trauriges oder auch Lustiges nahegeht. So gesehen werden Tränen durch psychische Ausnahmezustände erzeugt. Genau wie Schmerz und Trauer wirkt sich auch Freude auf den Teil unseres Gehirns aus, der unsere Körperfunktionen steuert. Es kommt zu Befehlen an die

Tränendrüse, die dann Flüssigkeit abgibt: Wir weinen. Warum das so ist, weiß niemand. Wissenschaftler nehmen an, dass wir Tränen vergießen, um anderen Menschen zu zeigen, wie wir uns fühlen. Tränen wirken also als eine Art Signal der Gefühle.

85. Ist Lachen wirklich gesund?

B Ja, weil Herz und Verdauung angeregt werden.

C Ja, weil Glückshormone ausgeschüttet werden.

→ Wissenschaftler haben vor kurzem herausgefunden, dass herzhaftes Lachen viele Stoffwechselvorgänge in unserem Körper günstig beeinflusst. Beispielsweise aktiviert Lachen die Atmung, bringt das Herz in Schwung, fördert die Durchblutung, regt die Verdauung an, stärkt die körpereigene Abwehr und – ganz wichtig – regt die Ausschüttung von Glückshormonen an. Lachen kann sogar Schmerzen lindern! Das funktioniert allerdings nur mit richtigem Lachen, das von Herzen kommt.

86. Wieso kriegen wir eine Beule, wenn wir uns stoßen?

C Aus dem Unterhautzellgewebe fließt Blut in das umliegende Gewebe.

→ Stößt du dich heftig an einer harten Kante, entsteht oft eine Schwellung, eine Beule. Das kommt daher, dass bei Gewalteinwirkung Blutgefäße im Unterhautzellgewebe zerreißen, aus denen dann Blut ins umliegende Gewebe fließt. Im Grunde genommen ist eine Beule nichts anderes als ein Bluterguss – also ein großer blauer Fleck.

87. Warum lernen wir manche Dinge leichter als andere?

B Man lernt leichter, wenn man sich für die Dinge interessiert.

→ Das Lernen ist ein wahnsinnig komplizierter und noch nicht ganz erforschter Vorgang. Aber eines ist sicher, wenn man etwas gerade gut gebrauchen kann, lernt man schneller, weil man sich dafür nämlich auch interessiert. Deshalb lernt man fremde Sprachen am besten in dem Land, wo sie gesprochen werden, weil man sie dort für das tägliche Leben braucht.

88. Warum werden Kinder oft größer als ihre Eltern?

A Die Menschen werden insgesamt immer größer.

→ Die durchschnittliche Größe hat in den letzten 200 Jahren um zehn Zentimeter zugenommen. Wie das kommt? Vermutlich liegt das an der besseren Ernährung. Von besonderer Bedeutung scheint die ständige Versorgung mit tierischem Eiweiß zu sein, das unser Wachstum anregt. Außerdem essen Kinder heutzutage viel mehr Zucker, was das Längenwachstum fördert. Ein anderer Einfluss sind die Schutzimpfungen, die Kinder davor bewahren, schlimme Krankheiten zu bekommen, die das Wachstum verlangsamen. Und natürlich müssen Kinder heute nicht mehr arbeiten und so kann der Körper die ganze Energie auf das Wachstum konzentrieren.

89. Warum muss man beim Arzt „A“ sagen?

A Die Zunge vibriert dabei und erleichtert die Untersuchung.
B Am „A“ erkennt man, ob die Stimme belegt ist.
C Der Arzt kann dabei besser in den Rachen schauen.

90. Warum ist Gähnen ansteckend?

A Ursprünglich war dies das Zeichen für alle, schlafen zu gehen.
B Das dabei entstehende Geräusch schläfert ein.
C Weil wir einen Mangel an Sauerstoff haben.

91. Warum sind die meisten Menschen Rechtshänder?

A Wir lernen in der Schule, mit rechts zu schreiben.
B Die rechte Hand ist von Natur aus die stärkere.
C Die rechte Hand wird vom Sprachzentrum im Gehirn kontrolliert.

92. Warum kann ich mich nach dem Essen schlecht konzentrieren?

A Weil ich eigentlich lieber spielen will.
B Weil ich immer noch ans Essen denke.
C Weil das Blut in den Magen fließt.

93. Warum erkälten wir uns?

A Durch Kälte vermehren sich die Bakterien.
B Der Körper kühlt ab und die Abwehr wird geschwächt.
C Der Körper heizt auf und entzündet sich.

94. Was macht denn alles allergisch?

A Fast alles kann allergische Reaktionen hervorrufen.
B Nur chemische Stoffe.
C Alle natürlichen Stoffe.

95. Was ist Heuschnupfen?

A Eine überempfindliche Reaktion des Körpers.
B Ein Schnupfen, wenn man zu lange im Heu ist.
C Das Heu enthält krank machende Viren.

96. Warum haben wir Albträume?

A Wegen eines bedrückenden Erlebnisses.
B Weil wir zu spät gegessen haben.
C Weil wir uns am Tag zu wenig bewegt haben.

97. Warum können wir uns nur manchmal an unsere Träume erinnern?

A Wir träumen nicht jede Nacht.
B Wir haben zu viele Träume.
C Man erinnert sich nur an einen Traum, währenddessen man aufwacht.

98. Warum gibt es Schlafwandler?

A Das ist eine Form der Traumverarbeitung.
B Das Gehirn merkt nicht, dass der Körper schläft.
C Schlafwandler ist eine Bezeichnung für langsame Menschen.

99. Was ist Migräne?

A Eine Ausrede.
B Besonders heftige Kopfschmerzen.
C Leichte Kopfschmerzen.

100. Warum tragen Ärzte einen Mundschutz?

A Damit die Mundbakterien nicht in offene Wunden geraten.
B Damit der Arzt unerkannt bleibt.
C Damit der Arzt sich nicht ansteckt.

89. Warum muss man beim Arzt „A“ sagen?

C Der Arzt kann dabei besser in den Rachen schauen.

→ Wenn man einfach so den Mund aufmacht, ist die Zunge so stark gewölbt, dass der Arzt nicht in den Hals sehen kann. Wenn er dich untersucht, muss er aber gerade dorthin sehen können und deshalb bittet er dich, „Aaa“ zu sagen. Dabei geht der hintere Teil der Zunge nach unten und öffnet so den Zugang zum Rachen. Mit anderen Buchstaben funktioniert das nicht.

90. Warum ist Gähnen ansteckend?

A Ursprünglich war dies das Zeichen für alle, schlafen zu gehen.

→ Das kennst du bestimmt: Einer deiner Freunde fängt an zu gähnen und ganz plötzlich fangen die anderen auch damit an. Denn das Gähnen wirkt sehr ansteckend. Das liegt nicht daran, dass du auf einmal mehr Sauerstoff brauchst, wie oft erzählt wird. Das Gähnen ist vielmehr ein Überbleibsel aus der Vergangenheit des Menschen. Wenn bei den Affen einer anfängt zu gähnen, tun es ihm die anderen nach und alle gehen nach Hause zum Schlafen. So ähnlich funktioniert es wohl auch noch heute bei uns.

91. Warum sind die meisten Menschen Rechtshänder?

C Die rechte Hand wird vom Sprachzentrum im Gehirn kontrolliert.

→ Ob wir Rechts- oder Linkshänder werden, wird schon bei der Geburt in unserem Gehirn festgelegt. Die Leitungen vom Gehirn zum Körper verlaufen über Kreuz. Das bedeutet, die linke Körperseite wird von der rechten Gehirnhälfte kontrolliert, die rechte Körperseite von der linken Gehirnhälfte. In der linken Hirnhälfte, die also die rechte Hand lenkt, befinden sich wichtige Sprachzentren. Auch das logische Denken hat hier seinen Platz. Diese Hirnhälfte ist die dominierende, das heißt die bestimmende. Fast 90 Prozent der Menschen sind Rechtshänder, es gibt aber auch Leute, die für einige Tätigkeiten die linke, für andere die rechte benutzen. Warum genau das so ist, weiß bis heute keiner. Aus Untersuchungen mit Zwillingen weiß man aber, dass Rechts- oder Linkshändigkeit nicht vererbbar ist.

92. Warum kann ich mich nach dem Essen schlecht konzentrieren?

C Weil das Blut in den Magen fließt.

→ Das Blut ist im menschlichen Körper nie gleichmäßig verteilt, sondern fließt immer dorthin, wo es am dringendsten benötigt wird. Wenn du also viel gegessen hast, fließt es natürlich in den Magen, wo es die Verdauungsarbeit unterstützen muss. Dadurch entsteht in den anderen Organen, also auch im Gehirn, kurzfristig ein Mangel, wir werden für einige Zeit schläfrig und können uns nicht so gut konzentrieren.

93. Warum erkälten wir uns?

B Der Körper kühlt ab und die Abwehr wird geschwächt.

→ Das Wort „erkälten“ kann man sogar wortwörtlich nehmen: Der Körper wird zu kalt, er kühlt ab. Und das schwächt die körpereigene Abwehr, sodass Viren und Bakterien, die uns sonst gar nichts ausmachen, krank werden lassen. Dazu kommt noch, dass wir in der kalten Jahreszeit ganz oft mit vielen anderen Menschen in geschlossenen Räumen sind, sodass die Ansteckungsgefahr steigt. Die Krankheitserreger setzen sich dann im Hals fest, was sich durch Schnupfen oder Husten bemerkbar macht.

Info:

Nicht verwechseln darf man die zwar äußerst unangenehme, aber im Grunde harmlose Erkältung mit einer richtigen Grippe, die durch Viren hervorgerufen wird. Das ist eine Infektionskrankheit, die durchaus gefährlich werden kann und einen Arztbesuch notwendig macht.

94. Was macht denn alles allergisch?

A Fast alles kann allergische Reaktionen hervorrufen.

→ Stoffe, die Allergien auslösen und Haut oder Atmungsorgane reizen, nennt man Allergene. Es gibt Hunderte von Allergenen, von A wie Apfel bis Z wie Zwiebel. Das können Stoffe sein, die wir durch Nase und Mund einatmen, wie zum Beispiel Pflanzenpollen und Schimmelpilzsporen. Das können aber auch Stoffe in unserer Nahrung sein, beispielsweise in Milchprodukten oder Hühnereiern. Oder Produkte, mit denen unsere Haut äußerlich in Berührung kommt, wie etwa Kosmetika, Katzenhaare, Modeschmuck oder Kleidung.

Tipp:

Am besten geht man zum Hautarzt, der dann einen Allergietest macht. Je nachdem, wie stark die Allergie ist, wird er dich behandeln oder dir vielleicht sagen, dass du bestimmte Lebensmittel nicht mehr essen sollst.

95. Was ist Heuschnupfen?

A Eine überempfindliche Reaktion des Körpers.

→ Heuschnupfen hat jemand, dessen Körper überempfindlich auf bestimmte Pollen reagiert. Das muss nicht unbedingt das Heu sein, vielmehr sind es die Pollen von Gräsern oder Bäumen, die dazu führen, dass die Nase läuft, die Augen jucken und die Atemwege gestört werden. Viele Menschen reagieren aber auch empfindlich auf Schimmelpilze oder Hausstaub. Heuschnupfen ist meistens angeboren und kann sogar vererbt werden. Die Pollen enthalten bestimmte Eiweißbausteine. Wenn diese Bausteine sich mit bestimmten weißen Blutkörperchen verbinden, dann entsteht eine Reaktion. Es bilden sich sogenannte Histamine und die lösen die lästigen und unangenehmen Beschwerden aus. Etwa 16 bis 20 Prozent der Bevölkerung leiden unter Heuschnupfen.

96. Warum haben wir Albträume?

A Wegen eines bedrückenden Erlebnisses.

→ Wenn wir etwas Bedrückendes, wie etwa einen Unfall, gesehen haben, können Albträume entstehen. Sie können manchmal so schlimm sein, dass der Träumende schweißgebadet und mit wild klopfendem Herzen, ja sogar manchmal mit einem Schrei aufwacht. Meistens verfliegt die Angst, wenn das Licht an ist und man weiß, dass man sicher zu Hause im Bett liegt. Albträume können uns manchmal auf ein schweres Problem hinweisen. Wenn sie ständig wiederkehren, sollte ärztliche Hilfe aufgesucht werden.

97. Warum können wir uns nur manchmal an unsere Träume erinnern?

C Man erinnert sich nur an einen Traum, währenddessen man aufwacht.

→ Manche Menschen behaupten, dass sie nie träumen würden, aber das stimmt nicht. Jeder Mensch träumt jede Nacht, und das ist wichtig, sonst würde man krank werden. Erinnern können wir uns an den Traum nur, wenn wir dabei wach werden. Warum wir das, was uns im

Traum so beschäftigt, so schnell vergessen, kann man nur vermuten. Eine mögliche Erklärung ist, dass das Gehirn im Traum nicht in der Lage ist, Erinnerungen zu speichern. Deshalb weiß man nur, was man geträumt hat, wenn man während des Traums geweckt wird.

98. Warum gibt es Schlafwandler?

B Das Gehirn merkt nicht, dass der Körper schläft.

→ Auch wenn wir schlafen, ist unser Gehirn aktiv. Wir können es niemals völlig abschalten, es arbeitet nur langsamer. Auch wenn wir während der Nacht durchschlafen, so durchläuft unser Schlaf verschiedene Phasen. In den sogenannten Tiefschlafphasen arbeitet das Hirn langsamer, in Phasen, in denen wir leicht schlafen, arbeitet es mehr. Dann kann es passieren, dass wir träumen. Manchmal weiß unser Gehirn aber nicht, ob wir nun wach sind oder schlafen. Dann kann es passieren, dass jemand aufsteht und umherwandelt – ohne es zu merken. Am nächsten Morgen kann ein Schlafwandler sich nicht daran erinnern, dass er unterwegs war. Weil sich Schlafwandler ja im Schlaf bewegen, sollte man sie besser nicht erschrecken. Sonst könnten sie hinfallen oder sich wehtun.

Info:

Schlafwandeln kommt vor allem bei Kindern und Jugendlichen vor und verliert sich zumeist mit der Pubertät. Manchmal können auch Erwachsene betroffen sein. Beim Schlafwandeln verlässt der Betroffene sein Bett. Er wandelt umher, geht dabei meistens geradeaus und redet auch manchmal. Wissenschaftler erklären sich den Grund für das Schlafwandeln so: Im Schlaf spiegeln die Bewegungen der Schlafwandler häufig Ereignisse wider, die den Betroffenen im Wachzustand sehr beschäftigt haben. Häufig wurde zum Beispiel die Suche nach verlorenen Gegenständen beobachtet. Das Schlafwandeln selbst kann von wenigen Minuten bis zu einer halben Stunde andauern. Glücklicherweise kommt es bei den während des Schlafwandelns ausgeführten Handlungen selten zu Verletzungen. Übrigens kommt das Schlafwandeln wohl nur beim Menschen vor. Zumindest wurde noch kein Tier beim Schlafwandeln beobachtet.

99. Was ist Migräne?

B Besonders heftige Kopfschmerzen.

→ Wenn jemand immer wieder unter sehr heftigen Schmerzen im Kopf, oft auch mit Übelkeit und Erbrechen verbunden, leidet, dann hat er möglicherweise Migräne. Die Ursachen der Migräne sind sehr verschieden. Bei manchen Betroffenen können bestimmte Nahrungsmittel eine Migräneattacke auslösen, bei anderen ist Stress dafür verantwortlich. Auch ein Wetterumschwung kann einen Migräneanfall zur Folge haben. Wenn Vater oder Mutter unter Migräne leiden, dann ist die Wahrscheinlichkeit recht hoch, dass auch ihre Kinder Migräne bekommen. Frauen leiden häufiger unter Migräne als Männer. Wer immer wieder Kopfschmerzen hat, sollte unbedingt zum Arzt gehen, um die Ursache herauszufinden.

100. Warum tragen Ärzte einen Mundschutz?

A Damit die Mundbakterien nicht in offene Wunden geraten.

→ In der Mundhöhle befinden sich viele Bakterien. Es gibt viele Krankheiten, die mit dem Speichel übertragen werden, zum Beispiel eine Erkältung oder die Grippe. Besonders gefährlich wird es, wenn solche Bakterien aus dem Speichel direkt ins Blut oder in eine offene Stelle des Körpers geraten. Damit das verhindert wird, tragen Ärzte einen Mundschutz. So kann kein Speichel in offene Wunden geraten. Weil es manchmal auch passiert, dass der Arzt während des Operierens spricht und dadurch einige winzige Tröpfchen des Speichels aus dem Mund in die Wunde tropfen könnten, ist ein solcher Mundschutz sinnvoll und notwendig.

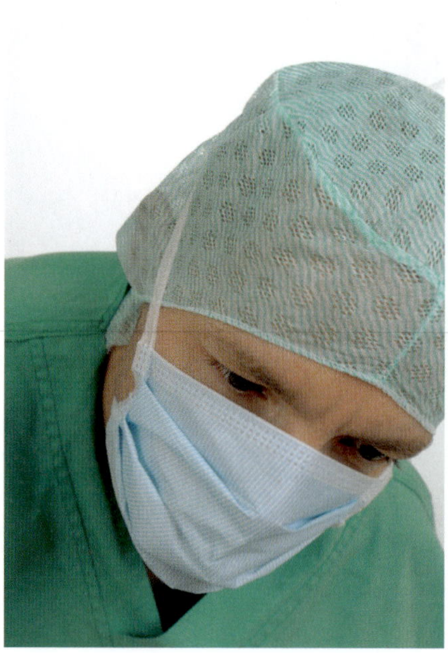

101. Was ist eigentlich Soja?

A Die gesunden Körner im Brot.
B Eine Milchsorte.
C Eine Pflanze, aus der man Nahrungsmittel herstellen kann.

102. Warum sind die Bakterien im Joghurt nicht schädlich?

A Der Joghurt wurde abgekocht.
B Es handelt sich dabei um nützliche Bakterien.
C Sie werden durch Konservierungsstoffe unschädlich gemacht.

103. Wozu braucht man eigentlich Kalzium?

A Kalzium ist wichtig für den Aufbau von Knochen und Zähnen.
B Davon werden die Augen besser.
C Kalzium macht unseren Körper leistungsfähiger.

104. Was ist „Öko"?

A Der Name eines Fertigprodukts.
B Die Bezeichnung für natürlich hergestellte Nahrungsmittel.
C Künstlich gezüchtetes Obst und Gemüse.

105. Warum wird Milch mit der Zeit „dick"?

A Die Fettklümpchen steigen nach oben und werden zu Sahne.
B Die Kälte im Kühlschrank lässt die Milch hart werden.
C Die Milch verdirbt, man sagt auch, sie wird „sauer".

106. Warum wird Brot hart?

A Das Brot ist sauer, weil es liegen gelassen wurde.
B Zum Schutz vor Schimmel bildet das Brot eine harte Kruste.
C Der Brotlaib trocknet aus.

107. Wie wachsen Erdnüsse?

A Sie wachsen auf den Erdnussbäumen.
B In der Erde.
C Sie sind eine Art Rankgewächs.

108. Warum ist man hungrig oder satt?

A Das Gehirn erhält vom Magen Informationen über den Füllungszustand.
B Das Hungergefühl entsteht im Gehirn.
C Die Werbung im Fernsehen macht hungrig.

109. Was passiert, wenn man keine Vitamine isst?

A Nicht viel, man fühlt sich nur ein bisschen schlapp.
B Man kann richtig krank werden.
C Man überlebt nur wenige Tage.

110. Warum sind Hamburger eigentlich Fast Food?

A Weil man darauf schnell Appetit bekommt.
B Weil sie so billig sind.
C Weil man sie schnell bekommt und schnell isst.

111. Was sind Salmonellen?

A Kleine Würmer auf verschimmelten Lebensmitteln.
B Bakterien in Nahrungsmitteln.
C Eine Fischart.

112. Warum ist Reis so gesund?

A Er enthält viele Vitamine, Kohlenhydrate und Ballaststoffe.
B Weil er in Wasser gekocht wird.
C Weil er in Kochbeuteln verpackt ist.

101. Was ist eigentlich Soja?

C Eine Pflanze, aus der man Nahrungsmittel herstellen kann.

→ Sojamilch, Sojasoße oder Tofu werden aus der Sojapflanze hergestellt. Besonders bekannt ist der Tofu. Er lässt sich sehr vielfältig verarbeiten: Man kann ihn frittieren oder grillen und Schnitzel oder Burger daraus machen, als Brotaufstrich und im Salat verwenden oder als süße Nachspeise. Keine Pflanze ist so reich an Mineralstoffen, Vitaminen und Eiweiß wie Soja, deshalb sind alle Produkte sehr gesund und außerdem kalorienarm.

102. Warum sind die Bakterien im Joghurt nicht schädlich?

B Es handelt sich dabei um nützliche Bakterien.

→ Bakterien können dich zwar krank machen, aber es gibt auch welche, die nützlich sind. Bei uns Menschen gibt es Bakterien auf der Haut, auf der Schleimhaut und im Magen-Darm-Trakt. Einige dieser nützlichen Bakterien benötigt man bei der Säuerung der Milch für die Herstellung von Milchprodukten wie Joghurt und Käse. Joghurt gibt es schon sehr lange und seine Herstellung wurde zufällig durch die Säuerung von Milch entdeckt. Mit der Entdeckung der Milchsäurebakterien begann man, die Säuerung der Milch gezielt einzusetzen.

103. Wozu braucht man eigentlich Kalzium?

A Kalzium ist wichtig für den Aufbau von Knochen und Zähnen.

→ Kalzium ist ein Mineralstoff. Unser Körper braucht Mineralstoffe und Spurenelemente, die er selbst nicht herstellen kann. Deshalb müssen wir sie mit dem Essen aufnehmen. Zu den Mineralien gehören außer Kalzium noch Magnesium und Natrium, zu den Spurenelementen gehören Jod und Eisen. Mineralstoffe sind zum Glück in fast allen Lebensmitteln enthalten, besonders viele davon sind in Obst und Gemüse. Kalzium ist einer der wichtigsten Mineralstoffe. Es dient zur Bildung und Erhaltung von Knochen und Zähnen. Außerdem ist es wichtig für die Blutgerinnung und für die Muskeln und Nerven. Kinder und Jugendliche brauchen besonders viel Kalzium, weil sie ja noch wachsen. Um Kalzium aufnehmen zu können, braucht der Körper Vitamin D. Das kann unser Körper mittels Sonnenlicht herstellen. Also raus an die frische Luft! Kalzium ist vor allem in Milch und Milchprodukten wie Käse und Joghurt enthalten, aber auch in Gemüse wie Brokkoli, Grünkohl, Lauch und in Kräutern und Sesam.

104. Was ist „Öko"?

B Die Bezeichnung für natürlich hergestellte Nahrungsmittel.

→ In der letzten Zeit ist immer wieder von Bioprodukten und Ökolandbau die Rede. Wegen der vielen Skandale in der Nahrungsmittelindustrie machen sich immer mehr Menschen darüber Gedanken, was sie essen. Auch die Supermärkte haben reagiert und bieten viele Ökoprodukte an. Doch was ist eigentlich Öko? Ein ökologischer Bauernhof arbeitet im Einklang mit der Natur. Er legt mehr Wert auf den Schutz der Umwelt als auf absolute Höchsterträge. Deshalb sind im ökologischen Landbau Tierhaltung und Ackerbau eng miteinander verbunden. Ein Teil der angebauten Pflanzen dient als Viehfutter und der Mist der Tiere liefert Nährstoffe für die Pflanzen auf dem Acker. Alle Höfe, die nach den Prinzipien des ökologischen Landbaus arbeiten, verzichten auf chemischen Dünger und Pflanzenschutzmittel. Damit unterscheiden sie sich klar von anderen Bau-

Experiment:

Joghurt selbst gemacht

Du brauchst einen Naturjoghurt und abgekochte H-Milch oder Vollmilch. Fülle dann drei Esslöffel Joghurt in verschließbare Gläser und rühre die Milch ein. Stell die Gläser an einen warmen Ort. Dann vermehren sich die Milchsäurebakterien besonders schnell und du kannst schon nach zehn bis zwölf Stunden einen festen Joghurt vorfinden. Den Joghurt kannst du essen oder bis zu einer Woche im Kühlschrank aufbewahren.

ernhöfen. Alle Bauernhöfe im ökologischen Landbau werden stets streng auf die Einhaltung der Vorschriften kontrolliert.

105. Warum wird Milch mit der Zeit „dick"?

A Die Fettklümpchen steigen nach oben und werden zu Sahne.

➔ Chemisch betrachtet ist Milch eine Emulsion aus Butterfettklümpchen in einer Lösung aus Milchzucker, Proteinen sowie Kalzium-, Chlor-, Phosphor-, Schwefel- und Kaliumsalzen. Und zu 80 bis 90 Prozent besteht Milch aus Wasser. Da die Fettklümpchen eine geringere Dichte haben als die Lösung, steigen sie an die Oberfläche. Dort setzen sie sich als Sahne ab, wenn man die Milch längere Zeit stehen lässt. Die Milch ist dann „dick". Die Sahne wird auch Rahm genannt. Die Sahne, die man auf diese Weise gewinnt, setzt sich genauso zusammen wie Milch, hat aber einen höheren Fettgehalt. Sie bildet die Grundlage der Butterherstellung. Außerdem wird sie auch zur Verfeinerung bestimmter Käsesorten, wie zum Beispiel dem Schmelzkäse, verwendet.

Info:

Durch spezielle Verfahren, die zusammenfassend „Homogenisierung" genannt werden, wird der Gerinnungsprozess des Milcheiweißes verhindert und die Milch haltbar gemacht. Dabei wird die Größe der Fetttröpfchen reduziert, also der Größe der Wassertropfen gleichgemacht (homogen = gleichmachen). Es gibt dazu unterschiedliche Methoden. Allen gemeinsam ist die Erhitzung. Bei der Ultrahocherhitzung beispielsweise wird die Milch zwei bis acht Sekunden auf mindestens 135 Grad Celsius erhitzt. So entsteht die sogenannte H-Milch, die ungeöffnet bei Zimmertemperatur mindestens drei Monate haltbar ist.

106. Warum wird Brot hart?

C Der Brotlaib trocknet aus.

➔ Brot besteht zu etwa 40 Prozent aus Feuchtigkeit. Indem es den Feuchtigkeitsgehalt der Luft übernimmt, verliert es mit der Zeit rund 14 Prozent seiner Feuchtigkeit. Die Feuchtigkeit des Brotlaibs wandert nach außen in die Kruste, die dadurch weicher wird. Gleichzeitig trocknet das Brot innen aus. In einem luftdicht verschließbaren Gefäß aus Kunststoff bleibt Brot länger frisch, es kann darin aber auch leicht schimmeln.

107. Wie wachsen Erdnüsse?

B In der Erde.

➔ Erdnüsse wachsen hauptsächlich in Südamerika, vor allem in Brasilien. Wenn der Erdnussstrauch verwelkt, dann senken sich seine Zweige nach unten. In der Erde bilden sich dann die Erdnusssamen. Und das sind die Erdnüsse. Man kann sie entweder selbst aus der Schale lösen oder schon geschält, gesalzen oder geröstet in der Dose kaufen. Weil Erdnüsse zur Hälfte aus Öl bestehen, wird aus ihnen auch Speiseöl oder Margarine hergestellt.

108. Warum ist man hungrig oder satt?

A Das Gehirn erhält vom Magen Informationen über den Füllungszustand.

B Das Hungergefühl entsteht im Gehirn.

➔ Hunger empfinden Menschen und Tiere dann, wenn ein niedriger Zuckerspiegel im Blut besteht. Das Gefühl selbst entsteht im Gehirn, in den sogenannten Hunger- und Sättigungszentren. In diesen wird ständig der Zuckerspiegel gemessen. Gegen Hunger hilft kurzfristig auch, ein Bonbon zu lutschen, denn dann steigt der Zuckerspiegel wieder nach oben. Das Gehirn erhält außerdem ständig Informationen über den Füllungszustand von Magen, Darm und Fettspeichern. Ist der Magen nur wenig gefüllt, dann erzeugt das Hungerzentrum ein Hungergefühl. Gibt es dort genug Inhalt, sorgt das Sättigungszentrum dafür, dass man sich satt fühlt. Dabei wird uns dann der Eindruck vermittelt, dass diese Gefühle im Magen entstehen.

109. Was passiert, wenn man keine Vitamine isst?

B Man kann richtig krank werden.

➔ Wenn die Seeleute früher bei ihren langen Fahrten kein frisches Obst und Gemüse gegessen haben, dann sind sie manchmal richtig krank geworden: Ihnen fielen die Zähne aus, sie bekamen Zahnfleischbluten und wenn sie sich verletzten, dann heilten ihre Wunden nur sehr schlecht. Diese Krankheit heißt Skorbut und man kann daran erkranken, wenn man zu wenig Vitamin C im Körper hat. Deshalb solltest du bei der Auswahl deiner Lebensmittel auf eine ausgewogene und vitaminreiche Ernährung achten.

110. Warum sind Hamburger eigentlich Fast Food?

C Weil man sie schnell bekommt und schnell isst.

➔ Fast Food kommt aus dem Englischen und heißt ganz einfach „schnelles Essen" oder „schnell Essen". Beides trifft auf Burger, Pommes, Currywurst und Pizza zu, denn man bekommt sie schnell und isst sie auch schnell. Vielleicht isst man sie sogar im Stehen, an der Straßenecke oder beim Fernsehen. Dass Fast Food nicht allzu gesund ist, weiß inzwischen wohl jeder, denn es enthält wenige wichtige Nährstoffe, dafür aber viel Fett und Zucker. Allerdings ist es auch nicht schlimm, wenn man dem Fast Food ab und zu mal nicht widerstehen kann. Denn wie bei jedem Essen gilt auch bei Fast Food: Ungesund wird es erst dann, wenn man sich einseitig ernährt.

111. Was sind Salmonellen?

B Bakterien in Nahrungsmitteln.

➔ Salmonellen sind Bakterien, die Durchfall auslösen. Salmonellen sind nicht die gefährlichsten Bakterien für den Menschen, denn das Immunsystem gesunder Erwachsener kann sie gut bekämpfen. Für Menschen mit einem geschwächten Immunsystem, für ältere Menschen oder für Kinder sieht die Sache aber anders aus. Für sie können Salmonellen lebensbedrohlich werden. Deswegen gilt: Für diese Personen sind Speisen mit rohen Eiern absolut tabu, weil in rohen Eiern Salmonellen sein können. Nur durch Braten oder Backen sterben sie ab und sind nicht mehr gefährlich. Wichtig ist auch die Sauberkeit im Haushalt. Das gilt besonders deshalb, weil Salmonellen in vielen Lebensmitteln enthalten sind. In bis zu 80 Prozent der tiefgefrorenen Hähnchen kommen diese Bakterien vor. Du brauchst allerdings keine Angst zu haben, denn wenn man gewisse Regeln beachtet und die Speisen abkocht und gut durchbrät, kann nichts passieren.

112. Warum ist Reis so gesund?

A Er enthält viele Vitamine, Kohlenhydrate und Ballaststoffe.

➔ Reis ist ein Getreide mit vielen gesundheitsfördernden Eigenschaften: Reis enthält so gut wie kein ungesundes Fett, aber jede Menge Vitamine und Mineralstoffe. Reis enthält vor allem B-Vitamine wie B1 und B6. Vitamin B1 stärkt die Nerven und ist wichtig für den Stoffwechsel im Körper. Vitamin B6 ist gut für die Haut und an der Blutbildung beteiligt. Ebenfalls enthalten sind Biotin, Kalium und Zink. Biotin sorgt für gesunde Haare und Nägel, Kalium wirkt sich günstig auf den Blutdruck aus. Zink ist besonders in der kalten Jahreszeit wichtig, denn es stärkt das Immunsystem. Außerdem stecken im Reis viele Kohlenhydrate und – je nach Reissorte – auch viele Ballaststoffe, die lange satt halten und die Verdauung fördern. Reis ist leicht verdaulich und deshalb für magen- und darmkranke Menschen besonders empfehlenswert. Reis fördert darüber hinaus auch die Ausschwemmung von Wasser aus dem Körper. So werden Giftstoffe über die Nieren ausgespült. Reis enthält also wichtige Fette, Proteine, Ballaststoffe, Kohlenhydrate, Mineralien und Vitamine.

113. Wofür braucht unser Körper Mineralstoffe?

A Ohne sie kommt es zu Mangelerscheinungen.
B Sie sind bedeutungslos.
C Damit die Fettverbrennung reibungslos verläuft.

114. Was ist der Unterschied zwischen Butter und Margarine?

A Die Margarine ist gesünder als Butter.
B Butter wird aus Milch oder Sahne, Margarine aus Pflanzenölen hergestellt.
C Butter macht dicker als Margarine.

115. Können Kartoffeln mit den Augen sehen?

A Nein, das sind kleine Stellen, aus denen die Keime wachsen.
B Ja, aber nur, wenn die Kartoffel über der Erde wächst.
C Nein, die Anzahl der Augen zeigt, wie alt die Kartoffel ist.

116. Warum blubbert Wasser, wenn es kocht?

A Wasserdampfblasen steigen von unten nach oben und zerplatzen.
B An der Oberfläche bilden sich Wasserdampfblasen.
C Das Wasser gerät durch die Hitze in einen Strudel.

117. Warum soll man Tee mit heißem Wasser aufgießen?

A Um die Bakterien im Teebeutel abzutöten.
B Die Teewirkstoffe werden schneller aus dem Beutel gelöst.
C Weil Tee kalt ungenießbar ist.

118. Warum wird man dick?

A Durch zu wenig Bewegung.
B Durch ungesundes, kalorienreiches Essen.
C Man kommt dick zur Welt.

119. Warum werden manche eher dick als andere?

A Weil sie dafür eine Veranlagung haben.
B Weil sie ein Gen besitzen, das das Dicksein vererbt.
C Weil sie krank sind.

120. Was sind Konservierungsstoffe?

A Nahrung aus der Konservendose.
B Zusatzstoffe, die die Nahrung haltbar machen.
C Stoffe, die das Essen schmackhafter machen.

121. Was ist ein Vegetarier?

A Ein Mensch, der wie eine Pflanze lebt.
B Ein Pflanzenliebhaber und -züchter.
C Jemand, der kein Fleisch, Fisch und Geflügel isst.

122. Woraus besteht Eis?

A Hauptsächlich aus Milch, Milchprodukten und Zucker.
B Aus Schnee und Sahne.
C Aus Wasser und Lebensmittelfarbe.

123. Wie wird Zuckerwatte gemacht?

A Watte wird mit Zuckerwasser essbar gemacht.
B Zucker wird verflüssigt und gesponnen.
C Zucker wird mit Milch zu einer zähen Masse verrührt.

124. Wie entstanden die ersten Kekse?

A Ein deutscher Fabrikant entwickelte das Rezept für Butterkekse.
B Ein deutscher Fabrikant erfand das Wort „Keks".
C Es ist ein altes deutsches Wort für „kleiner Kuchen".

113. Wofür braucht unser Körper Mineralstoffe?

A Ohne sie kommt es zu Mangelerscheinungen.

→ Mineralstoffe, auch Mineralien genannt, sind lebenswichtige Nährstoffe, die der Körper nicht selbst herstellen kann. Wir müssen sie deshalb mit der Nahrung in Form von Salzen aufnehmen. Mineralien sind nicht nur in Fleisch und Fisch enthalten, sondern vor allem auch in Obst, Gemüse und Wasser. Kalzium, Magnesium, Phosphor, Natrium, Chlor, Kalium und Schwefel werden Makromineralien (makro = groß) genannt, weil der Körper davon eine erhebliche Menge benötigt – mindestens 100 Milligramm täglich. Die übrigen Mineralien nennt man Spurenelemente. Von den Spurenelementen benötigt man nur sehr kleine Mengen. Wenn in der Nahrung Mineralstoffe fehlen, kommt es zu Mangelerscheinungen. Wer beispielsweise unter Eisenmangel leidet, ist oft müde und kann sich nur schlecht konzentrieren. Um solchen Mangelerscheinungen vorzubeugen und gesund zu bleiben, ist es wichtig, regelmäßig viel frisches Obst und Gemüse zu essen.

114. Was ist der Unterschied zwischen Butter und Margarine?

B Butter wird aus Milch oder Sahne, Margarine aus Pflanzenölen hergestellt.

→ Beim Butterungsvorgang zerreißen durch das Schlagen der Milch die Hüllen der Fettkügelchen. Dadurch ballt sich das Fett zusammen. Als Nebenprodukt fällt Buttermilch ab. Margarine besteht dagegen hauptsächlich aus pflanzlichen Ölen wie Rapsöl, Erdnussöl, Maisöl, Sojabohnenöl oder Sonnenblumenkernöl. Ob Margarine tatsächlich gesünder ist als Butter, darüber sind sich die Forscher mittlerweile nicht mehr einig.

115. Können Kartoffeln mit den Augen sehen?

A Nein, das sind kleine Stellen, aus denen die Keime wachsen.

→ Kartoffeln können natürlich überhaupt nicht sehen. Als Augen bezeichnet man die kleinen dunklen Stellen in der Kartoffel. Betrachtet man so ein Auge ganz genau, stellt man fest, dass dort ein kleines Blatt entsteht. Lässt man die Kartoffel nun längere Zeit liegen, dann wächst ihr aus den Augen eine Knospe, die zu einem langen weißen Stängel wird. Die Kartoffel keimt also und bildet eine neue Pflanze. Dieser neue Keim ernährt sich von der alten Kartoffel, die deshalb immer schrumpeliger wird. Je länger man eine Kartoffel herumliegen lässt, umso mehr Augen bilden sich. Pflanzt man eine gekeimte Kartoffel in den Boden ein, so wächst eine neue Kartoffelpflanze.

116. Warum blubbert Wasser, wenn es kocht?

A Wasserdampfblasen steigen von unten nach oben und zerplatzen.

→ Die Wasserblasen bei kochendem Wasser bilden sich am Boden des Topfes, weil es dort am heißesten ist. Die Dampfblasen steigen nach oben, wo es noch kälter ist. Deshalb fallen sie wieder zusammen. Das nennt man kondensieren. Dadurch entsteht auch das zischende Geräusch beim Kochen. Die Wasserdampfblasen werden auf ihrem Weg vom Topfboden nach oben immer größer. Das liegt daran, dass der Druck nach oben hin nachlässt.

117. Warum soll man Tee mit heißem Wasser aufgießen?

B Die Teewirkstoffe werden schneller aus dem Beutel gelöst.

→ Wasser besteht aus vielen kleinen Teilchen, den sogenannten Wassermolekülen. Sie bewegen sich hin und her, stoßen sich gegenseitig ab und ziehen sich wieder an. Je mehr Energie Moleküle besitzen, desto schneller bewegen sie sich. Energie kann man Molekülen durch Hitze zufügen. Weil sich Wassermoleküle sehr schnell bewegen, wenn das Wasser heiß ist, werden Teewirkstoffe in heißem Wasser viel schneller aus dem Teebeutel gelöst und im Wasser verteilt als in kaltem Wasser.

118. Warum wird man dick?

A Durch zu wenig Bewegung.

B Durch ungesundes, kalorienreiches Essen.

➔ Zehn bis 20 Prozent aller Kinder und Jugendlichen sind übergewichtig. Woran liegt das? Ganz einfach: an unseren ungesunden Ess- und Lebensgewohnheiten. Unser Essen ist oft zu fett, zu süß und damit zu kalorienreich. Vor allem, wenn wir uns nicht viel bewegen und lieber vor dem Fernseher oder dem Computer sitzen. So nehmen wir jeden Tag meist mehr Energie zu uns, als wir verbrauchen können. Was unser Körper aber nicht verbraucht, das speichert er in Form von Fettpölsterchen. Wenn du mal über deinen Alltag nachdenkst, wirst du erkennen, dass dein Tagesablauf meist ganz schön wenig Action enthält. Du schläfst im Normalfall acht bis zehn Stunden, sitzt den ganzen Vormittag in der Schule und brütest nachmittags noch über den Hausaufgaben. Hast du Hunger, dann greifst du einfach in den Kühlschrank und musst nicht wie deine Vorfahren auf die Jagd oder aufs Feld gehen. Unzählige technische Geräte ersparen dir Arbeit und Anstrengung, sei es nun die Spülmaschine, der Fahrstuhl oder das Auto. Dabei bist du ziemlich wenig in Bewegung und dein Körper hat wenig Gelegenheit, die Energie, die du ihm in Form von Nahrung zuführst, zu verbrauchen.

119. Warum werden manche eher dick als andere?

A Weil sie dafür eine Veranlagung haben.

➔ Jeder Mensch hat einen Grundumsatz an Energie, das heißt, er verbrennt in völliger Ruhe eine bestimmte Anzahl von Kalorien. Es gibt also Menschen, die im Ruhezustand viele Kalorien verbrennen und dementsprechend mehr essen können, ohne zuzunehmen. Es gibt aber auch Menschen, die weniger Kalorien verbrauchen. Bei Letzteren ist natürlich das Risiko, übergewichtig zu werden, relativ hoch. Innerhalb einer Familie kommt es häufig vor, dass Kinder die gleiche Statur wie ihre Eltern haben. Da liegt der Verdacht nahe, dass Dick- oder Dünnsein von der Vererbung abhängt. Ganz so einfach ist es aber nicht. Vererbt wird nicht das Übergewicht, sondern nur die Veranlagung zum Dickwerden. Und dagegen kann man mit abwechslungsreicher Ernährung und viel Bewegung etwas tun! Wenn du weißt, woran du bist, und von Anfang an darauf achtest, dich viel zu bewegen und beim Naschen etwas mehr aufzupassen, muss das gar nicht zum Problem werden.

120. Was sind Konservierungsstoffe?

B Zusatzstoffe, die die Nahrung haltbar machen.

➔ Schon vor langer Zeit, als es noch keine Kühlschränke gab, haben Menschen versucht, Nahrungsmittel haltbar zu machen. Sie haben zum Beispiel Lebensmittel in Salz oder in Zuckersirup eingelegt. So können die Bakterien nicht so einfach in das Essen eindringen. Konservierungsstoffe sind also eigentlich etwas sehr Altes und Natürliches. Heutzutage werden diese Stoffe oft künstlich hergestellt und den Lebensmitteln zugesetzt, um sie länger haltbar zu machen. Grundsätzlich sind diese Zusatzstoffe unbedenklich. Sie können aber bei empfindlichen Personen oder bei Kindern Allergien auslösen. Deshalb müssen sie auch auf den Verpackungen aufgelistet sein. Damit das einfacher geht, hat man sich auf bestimmte Abkürzungen für die einzelnen Zusätze geeinigt. Zum Beispiel bedeutet E 236-238 Ameisensäure. Die wird verwendet, um Fischwaren und Sauerkonserven haltbar zu machen. E 249-252 bedeutet Nitrate aus Salpetersäure. Dieses Nitritpökelsalz findet man häufig in Salami oder anderen Würsten.

121. Was ist ein Vegetarier?

C Jemand, der kein Fleisch, Fisch und Geflügel isst.

➔ Viele Vegetarier essen auch keine Tierprodukte wie zum Beispiel Eier, Schmalz und Milcherzeugnisse. Es gibt viele Gründe, warum sich Menschen vegetarisch ernähren. Manche haben moralische Bedenken: Sie möchten nicht, dass Tiere leiden, und lehnen es ab, dass

Info:

1810 hat der Franzose Nicolas Appert eine neue Methode erfunden, um Lebensmittel haltbar zu machen. Er erhitzte sie, um die Bakterien abzutöten, und füllte sie in luftdichte Gläser. Ein Jahr später haben zwei Engländer diese Methode ausgebaut und erfanden die Konservendose.

Tiere nur zum Verzehr gehalten und geschlachtet werden. Andere haben gesundheitliche, ökologische oder religiöse Argumente: Sie halten Fleisch für ungesund, fürchten negative Auswirkungen der Massentierhaltung oder verzichten aus religiösen Gründen darauf.

122. Woraus besteht Eis?

A Hauptsächlich aus Milch, Milchprodukten und Zucker.

➜ Speiseeis gibt es heute in den verschiedensten Geschmacksrichtungen. Eines aber haben alle gemeinsam: Sie werden in erster Linie aus Milch und Milchprodukten hergestellt. Speiseeis enthält somit alle Bestandteile der Milch und ist sehr nahrhaft. Schon 100 Gramm Eis können den Tagesbedarf eines Erwachsenen an Kalzium voll abdecken. Je nach Eissorte werden Früchte, Rosinen, Nüsse, Mandeln, Nougat, Kakao oder Vanille hinzugegeben. Zucker ist natürlich auch in jedem Eis enthalten. Es versteht sich von selbst, dass übermäßiger Eisverzehr nicht gut für die Zähne ist. Übrigens haben die Chinesen das Speiseeis erfunden: Schon vor 5000 Jahren wussten sie, was gut ist. Aus Schnee oder gefrorenem Wasser, Milch, zerkleinerten Früchten und Gewürzen stellten sie das erste Speiseeis her.

123. Wie wird Zuckerwatte gemacht?

B Zucker wird verflüssigt und gesponnen.

➜ Zuckerwatte ist gesponnener Zucker. Mittels einer speziellen Zuckerwattemaschine wird Haushaltszucker bei circa 180 Grad Celsius erhitzt, wobei er sich verflüssigt, und mittels Zentrifugalkraft gesponnen, das heißt, mit sehr hoher Geschwindigkeit durch eine Düse gepresst. Die hohe Fliehkraft und der hohe Druck lassen die feinen Fäden entstehen, die weich wie Watte sind. Zuckerwatte ist nur sehr begrenzt haltbar. Seit einigen Jahren gibt es auch blaue und rote Zuckerwatte. Farbige Zuckerwatte erhält man, wenn man dem Zucker Lebensmittelfarbe hinzufügt.

124. Wie entstanden die ersten Kekse?

A Ein deutscher Fabrikant entwickelte das Rezept für Butterkekse.

➜ Herrmann Bahlsen (1859–1919) aß furchtbar gerne „cakes“, das ist das englische Wort für Gebäck. Weil es in Deutschland leider so ein Feingebäck noch gar nicht gab, beschloss er, selbst welches zu backen. Am 1. Juli 1889 gründete Bahlsen die „Hannoversche Cakes-Fabrik H. Bahlsen“. Das Rezept für seine Butterkekse kannten nur er und seine Mutter. Und weil es damals üblich war, Lebensmitteln den Namen berühmter Persönlichkeiten zu geben – wie Bismarckhering oder Mozartkugel –, taufte Bahlsen sein Gebäck nach einem berühmten Hannoveraner: Gottfried Wilhelm Freiherr von Leibniz. 1905 wurden die Kekse übrigens schon am Fließband verpackt – dem ersten Fließband in der europäischen Industrie. Dann hat Bahlsen auch noch das Wort „Keks“ erfunden. Bis 1911 hieß es in Deutschland nämlich immer noch „cakes“. Keks fand Bahlsen aber viel schöner und er setzte sich damit gegen alle Sprachwissenschaftler durch: Im Duden von 1915 stand zum ersten Mal „der oder das Keks, Mehrzahl: die Kekse“.

Info:

Die Zuckerwatte wurde kurioserweise von dem amerikanischen Zahnarzt Josef Delarose Lascaux im Jahr 1830 erfunden. Kurioserweise deshalb, weil Zuckerwatte für die Zähne sehr schädlich ist! In den USA wird für die Herstellung von Zuckerwatte oft auch Ahornsirup verwendet.

125. Wie macht man Mohrenköpfe?

A Aus Schlagsahne mit Schokoguss.
B Aus Milch und Schokolade.
C Aus gezuckertem Eiweiß mit Schokoüberzug.

126. Wie macht man Ketchup?

A Aus Roter Beete, Gewürzen und Zucker.
B Aus Tomaten, Zucker, Essig, Salz und Gewürzen.
C Aus roter Paprika, Chilischoten und Gewürzen.

127. Warum machen Kartoffelchips süchtig?

A Sie enthalten Geschmacksverstärker.
B Weil sie so kross gebacken sind und im Mund krachen.
C Weil Kartoffeln gesund sind und man viele essen sollte.

128. Warum sprudeln Brausetabletten?

A Durch eine chemische Reaktion mit Wasser.
B Sie sprudeln nur in Mineralwasser mit Kohlensäure.
C Der Tablette entweicht Dampf, sobald sie im Wasser ist.

129. Warum essen Asiaten andere Lebensmittel als Italiener?

A Die einzelnen Völker haben verschiedene Vorlieben.
B Dort wachsen unterschiedliche Nahrungsmittel.
C Aufgrund unterschiedlicher Verdauungssysteme.

130. Wird Traubenzucker aus Trauben gemacht?

A Nur aus den hellen Trauben.
B Nein, er wird aus Kartoffeln und Mais gewonnen.
C Nur aus den roten Trauben.

131. Wieso verdirbt Obst schneller, wenn ein Apfel daneben liegt?

A Äpfel verströmen ein Gas, das anderes Obst schneller reifen lässt.
B Äpfel sondern Fäulnisbakterien ab.
C Obst verdirbt immer gleich schnell.

132. Warum soll man auf Obst kein Wasser trinken?

A Unser Wasser enthält Keime, die mit dem Obst reagieren.
B Das galt nur früher.
C Weil Wasser und Obst zusammen Alkohol entstehen lassen.

133. Wieso wird in der Mikrowelle das Essen ganz schnell heiß?

A Mikrowellen sind so schnell wie der Schall.
B Mikrowellen bringen das Wasser in der Nahrung zum Kochen.
C Mikrowellen sind heiß wie Feuer.

134. Wie kommt der Kalk ins Wasser?

A Er wird vom Metall der Wasserrohre abgegeben.
B Er ist gesund und wird deshalb von den Wasserwerken zugesetzt.
C Er gelangt von der Erde ins Grundwasser.

135. Was ist Schimmel und wie entsteht er?

A Ein Pilz, der sich durch Sporenbildung ausbreitet.
B Ein Virus, der auf Nahrungsmitteln entsteht.
C Ein Bakterium auf überreifen Lebensmitteln.

136. Was ist Lakritze?

A Lakritze besteht aus eingedicktem Johannisbeersaft.
B Lakritze wird aus der Süßholzwurzel hergestellt.
C Lakritze besteht aus getrockneten Pflaumenstreifen.

125. Wie macht man Mohrenköpfe?

C Aus gezuckertem Eiweiß mit Schokoüberzug.

➔ Der Mohrenkopf besteht aus gezuckertem Eiweißschaum, der auf eine Waffel gesetzt und mit Schokolade überzogen wird. Erfunden wurde der Mohrenkopf vor rund 200 Jahren in Frankreich. Das aufgeschäumte Eiweiß heißt auf Französisch „baiser“ und bedeutet Kuss. Deshalb nennt man Mohrenköpfe oft auch Schokoküsse oder Schaumküsse. In Deutschland gibt es Mohrenköpfe seit 1950. Jedes Jahr essen die Deutschen rund eine Milliarde Mohrenköpfe.

126. Wie macht man Ketchup?

B Aus Tomaten, Zucker, Essig, Salz und Gewürzen.

➔ Ketchup ist eine Soße aus Tomaten, Zucker, Essig, Salz, Piment, Gewürznelken und Zimt. Je nach Geschmacksrichtung werden auch Zwiebeln, Sellerie oder andere Gewürze verwendet. Ketchup ist keine amerikanische Erfindung. Es kommt ursprünglich aus China und bestand aus Fischlake, Kräutern und Gewürzen. Erst im 17. Jahrhundert gelangte das Ketchup nach England. Ein Rezept für diese Soße mit Tomaten wurde später in Amerika populär und hat mittlerweile die ganze Welt erobert.

127. Warum machen Kartoffelchips süchtig?

A Sie enthalten Geschmacksverstärker.

➔ Das kennst du bestimmt: Du hast angefangen, Chips zu essen, und kannst einfach nicht mehr aufhören. Vielleicht isst du sogar die ganze Tüte leer. Wie kommt das nur? Man vermutet, dass das an einem gewissen chemischen Stoff liegt, der den Chips als Geschmacksverstärker beigefügt wird. Dieser lässt beim Essen den Wunsch nach mehr entstehen. Spezielle Geschmacksknospen im Mund senden beim Kontakt mit diesem Stoff, dem Natriumglutamat, einen Reiz an das Gehirn, der dazu führt, dass der Organismus immer mehr davon verlangt. Und so musst du einen Chip nach dem anderen essen.

Info:

Es gibt auch Kartoffelchips ohne Natriumglutamat. Auf jeder Tüte sind die Inhaltsstoffe klein gedruckt angegeben. Wenn du lange genug suchst, findest du welche ohne Natriumglutamat. Auf jeden Fall gibt's die im Reformhaus oder Naturkostladen.

128. Warum sprudeln Brausetabletten?

A Durch eine chemische Reaktion mit Wasser.

➔ Brausetabletten – egal, ob Kopfschmerztabletten oder Vitamintabletten – enthalten zwei chemische Stoffe: Natriumhydrogenkarbonat und Zitrate. Zitrate sind Salze aus der Zitronensäure. Wenn die Tablette mit Wasser in Berührung kommt, dann entsteht aus den Zitraten Zitronensäure. Wenn diese Zitronensäure nun auf das Natriumhydrogenkarbonat stößt, dann löst das eine chemische Reaktion aus, bei der Kohlendioxid freigesetzt wird. Dieses Kohlendioxid entweicht in sprudelnden Bläschen und die Brausetablette sprudelt.

Kohlendioxid ist übrigens der Stoff, der auch das Mineralwasser und die Limonade zum Blubbern bringt.

Experiment:

Bau dir ein Brauseboot

Du brauchst dazu eine leere Filmdose und eine Brausetablette. Bohre in den Deckel der Filmdose nahe am Rand ein kleines Loch. Nun musst du die Filmdose von außen so beschweren, dass das Loch unter Wasser bleibt (zum Beispiel indem du mit einem Gummiband einen Stein daran befestigst). Lege nun eine halbe Brausetablette in die Dose und fülle sie mit Wasser auf. Wenn du die Dose nun sofort in eine Schüssel mit Wasser setzt, braust dein kleines Boot durch die Fluten. Im wahrsten Sinne des Wortes.

129. Warum essen Asiaten andere Lebensmittel als Italiener?

B Dort wachsen unterschiedliche Nahrungsmittel.

→ In Italien sind das Klima und der Boden anders als in vielen Teilen Asiens. Das Klima Asiens eignet sich besonders gut für den Anbau von Reis, der dort eines der wichtigsten Nahrungsmittel ist. Dagegen ist die Viehzucht von nur geringer Bedeutung. Dazu kommt, dass sich die Menschen in Fernost nur selten Fleisch und Fisch leisten können. Italien dagegen ist ein wirtschaftlich starkes Land und es liegt am Mittelmeer. Deshalb werden in Italien Fisch und Meeresfrüchte gegessen. Im milden Mittelmeerklima Italiens gedeihen Obst und Gemüse sehr gut. So konnte sich in Italien eine sehr vielfältige und aromatische Küche entwickeln, die heute auf der ganzen Welt bekannt ist.

130. Wird Traubenzucker aus Trauben gemacht?

B Nein, er wird aus Kartoffeln und Mais gewonnen.

→ Trauben enthalten zwar Zucker, jedoch nicht in der Menge, dass es sich lohnen würde, daraus Traubenzucker zu gewinnen. Traubenzucker wird vielmehr aus Kartoffeln oder Mais gewonnen.

131. Wieso verdirbt Obst schneller, wenn ein Apfel daneben liegt?

A Äpfel verströmen ein Gas, das anderes Obst schneller reifen lässt.

→ Liegt in einer Obstschale ein Apfel, so verdirbt das Obst und Gemüse sehr viel schneller. Äpfel haben die Eigenschaft, dass sie weiterreifen, auch wenn sie nicht mehr am Baum hängen. Deshalb kann man sie getrost eine Weile lagern und sie werden sogar noch süßer. Bei diesem Reifevorgang verströmen die Äpfel ein Gas: Ethylen. Dieses Gas sorgt dafür, dass nicht nur der Apfel, sondern auch das umliegende Obst und Gemüse schneller reift. Auch Tomaten verströmen dieses Reifegas. Deshalb ist es sinnvoll, Äpfel und Tomaten getrennt von anderem Obst und Gemüse aufzubewahren.

132. Warum soll man auf Obst kein Wasser trinken?

B Das galt nur früher.

→ Früher waren im Trinkwasser oft Bakterien und Keime enthalten. Wenn man nach dem Essen von Obst dieses Wasser getrunken hat, kam es häufig zu einer Reaktion im Magen. Das Obst gärte und die Menschen bekamen Durchfall, Blähungen oder Bauchweh. Heutzutage ist selbst unser Leitungswasser so keimfrei, dass es in der Regel keine Probleme gibt, wenn man es zusammen mit Obst trinkt.

133. Wieso wird in der Mikrowelle das Essen ganz schnell heiß?

B Mikrowellen bringen das Wasser in der Nahrung zum Kochen.

→ Im Inneren eines Mikrowellenherds gibt es ein Teil, das Magnotron, das sehr energiereiche Wellen erzeugt. Diese Wellen breiten sich in der Mikrowelle aus und treffen auf das Essen. In allen Nahrungsmitteln ist Wasser enthalten. Die Mikrowellen bringen nun das Wasser im Essen zum Schwingen. Dabei wird das Wasser warm und erhitzt auf diese Weise das ganze Essen. Weil der Mikrowellenherd aus Metall und fest verschließbar ist, können die Wellen nicht nach außen dringen. Deshalb sind sie für den Menschen nicht schädlich – es sei denn, das Gerät ist kaputt.

134. Wie kommt der Kalk ins Wasser?

C Er gelangt von der Erde ins Grundwasser.

→ In der Erdatmosphäre wird das Regenwasser mit Kohlensäure angereichert. Wenn das Wasser nun die Erde erreicht, löst diese Kohlensäure den Kalk, der sich im Boden befindet. Der Kalk wird dann zusammen mit dem Wasser weitertransportiert und gelangt so in die Wasserwerke. Von dort aus wird das Wasser zu den einzelnen Wohnungen gepumpt. Weil sich der Kalk auch in den Rohren festsetzen und sie auf Dauer verstopfen würde, wird er teilweise schon in den Wasserwerken aus dem Wasser gefiltert. Deshalb hinterlässt kaltes Leitungswasser auch selten Kalkspuren. Kalkablagerungen gibt es hauptsächlich dann, wenn das Wasser erwärmt wird. Zum Beispiel im Kochtopf, im Wasserkocher oder in Waschmaschinen. Durch die Hitze verändert sich das Gleichgewicht von Kalk und Kohlensäure und der Kalk flockt aus. So entstehen die ärgerlichen weißen Ränder und Kalkflöckchen sind im siedenden Wasser sichtbar. Je mehr Kalk das Wasser enthält, umso „härter" ist es. Damit elektrische Geräte wie Spülmaschinen und Waschmaschinen nicht durch Kalkablagerungen verstopft werden, ist in den Reinigungsmitteln meist ein Mittel enthalten, das das Wasser „enthärtet". Den Menschen schadet der Kalk im Wasser überhaupt nicht – im Gegenteil: Härteres Wasser ist sogar bekömmlicher und Kalk gilt als eine Art Geschmacksverstärker. Tee aus kalkhaltigem Wasser schmeckt besser als der, der mit „weichem" Wasser aufgebrüht worden ist.

135. Was ist Schimmel und wie entsteht er?

A Ein Pilz, der sich durch Sporenbildung ausbreitet.

→ Als Schimmel bezeichnet man den blauen, grünen oder schwarzen Belag, der sich zum Beispiel auf verdorbenen Nahrungsmitteln ausbreitet. Wenn man den Schimmel ganz genau betrachtet, dann besteht er aus lauter dünnen Fäden. Diese Fäden heißen Hyphen. Wenn sich das Fadengeflecht ausgebreitet hat, dann wachsen winzige Fruchtkörper. In diesen Pilzen befinden sich die Sporen. Wenn die Sporen reif sind, dann platzt der Fruchtkörper, die Sporen fliegen in alle Richtungen und der Schimmel breitet sich immer weiter aus.

136. Was ist Lakritze?

B Lakritze wird aus der Süßholzwurzel hergestellt.

→ Die schwarzen Schnecken, Stangen oder Pastillen sind sicherlich nicht jedermanns Geschmack. Sie werden aus den Wurzeln des Süßholzstrauches hergestellt. Der Saft dieser Wurzeln ist sehr zuckerhaltig. Er wird eingedickt und dann in entsprechende Formen gebracht.

137. Wie viel Tee ist in der Teewurst?

A Ungefähr die Hälfte, aber nur roter Tee.
B Die Wurst enthält gar keinen Tee.
C Nur ein kleines bisschen als Gewürz.

138. Warum ist Mineralwasser gesund?

A Es enthält viele gesunde Stoffe.
B Weil es so salzhaltig ist.
C Weil es so klar ist und Kohlensäure enthält.

139. Warum weinen wir beim Zwiebelschälen?

A Der schlechte Geruch regt die Tränendrüse an.
B Ätherische Öle reizen die Augen.
C Beim Anblick einer Zwiebel werden wir ganz traurig.

140. Was ist Genmanipulation?

A Gene werden vom Menschen verändert.
B Gene verändern sich von selbst, um sich der Umwelt anzupassen.
C Gene verändern sich durch Zufall.

141. Kann Mineralwasser schlecht werden?

A Ja, wenn es zu lange in der Sonne steht.
B Nein, denn es ist steril.
C In der verschlossenen Flasche ist es unbegrenzt haltbar.

142. Wer hat die Currywurst erfunden?

A Eine Berlinerin.
B Eine Münchnerin.
C Eine Hamburgerin.

143. Warum ist Spinat so gesund?

A Er enthält besonders viel Eisen.
B Er ist genauso gesund wie anderes Gemüse.
C Er macht stark.

144. Warum ist Curry gelb?

A Aufgrund der großen Menge an Senfkörnern darin.
B Geriebene Zitronenschalen machen den Curry gelb.
C Der Hauptbestandteil wird aus der gelben Safranwurzel gewonnen.

145. Warum wird Sahne steif, wenn man sie schlägt?

A Fett und Luftblasen verkleben miteinander.
B Die einzelnen Bestandteile verschmelzen.
C Durch den Wind beim Schlagen wird die Sahne kalt und steif.

146. Ist zu viel Coca-Cola schädlich?

A Ja, wegen des Zucker- und Koffeingehalts.
B Nein, denn Coca-Cola macht munter.
C Nein, denn man soll viel Flüssigkeit zu sich nehmen.

137. Wie viel Tee ist in der Teewurst?

B Die Wurst enthält gar keinen Tee.

→ Carl Müller, Besitzer einer Wurstfabrik in Rügenwalde, erfand um die Jahrhundertwende eine neue Wurst, die ganz besonders fein und von einem besonderen Geschmack war. Früher versammelte man sich am Nachmittag immer zum Teetrinken. Weil den Arbeitern der Wurstfabrik ihre neue Wurst so gut schmeckte, dass sie nun lieber Wurstbrote statt Gebäck zum Nachmittagstee aßen, nannte man die Wurst Teewurst.

138. Warum ist Mineralwasser gesund?

A Es enthält viele gesunde Stoffe.

→ Natürliches Mineralwasser entsteht aus Regenwasser, das beim Versickern durch verschiedene Gesteins- und Erdschichten gefiltert wird. Dabei wird das Wasser gereinigt. Dieser Vorgang kann Hunderte von Jahren dauern. Das Wasser löst Mineralien, Spurenelemente und Kohlensäure aus den Gesteinen. Mineralwasser sammelt sich in Quellen tief in der Erde. Gesund ist Mineralwasser wegen der gelösten Stoffe, die es enthält.

139. Warum weinen wir beim Zwiebelschälen?

B Ätherische Öle reizen die Augen.

→ Dafür sind gewisse Inhaltsstoffe in der Zwiebel verantwortlich, die sogenannten ätherischen Öle. Sie werden beim Schälen freigesetzt, fliegen in die Luft und steigen auch in die Augen. Diese werden davon gereizt und produzieren mehr Tränenflüssigkeit, um die reizenden Stoffe wieder auszuschwemmen (so ist das auch bei anderen Stoffen wie zum Beispiel Pfeffer).

140. Was ist Genmanipulation?

A Gene werden vom Menschen verändert.

→ Genmanipulation bedeutet, dass Gene verändert werden. Dabei werden ganz bestimmte Erbinformationen in den Genen verändert. Da diese Gene aber sehr winzig sind, benötigt man dafür eine sehr komplizierte Technik. Grundsätzlich funktioniert Genmanipulation bei allen Lebewesen. Bei Pflanzen wird sie bereits häufig eingesetzt. Wenn eine Pflanze zum Beispiel besonders anfällig für einen bestimmten Schädling oder eine Krankheit ist, dann versucht man, der Pflanze etwas einzubauen, damit sie unempfindlich gegen diesen Schädling oder die Krankheit wird. Diese Gene werden oft aus anderen Pflanzen, die nicht anfällig dafür sind, herausgenommen.

141. Kann Mineralwasser schlecht werden?

C In der verschlossenen Flasche ist es unbegrenzt haltbar.

→ Grundsätzlich kann Mineralwasser nicht schlecht werden. Wenn Lebensmittel verderben, sind sie von Pilzen und Bakterien befallen. Pilze und Bakterien sind Mikroorganismen, die wie alle Lebewesen Sauerstoff und

Nährstoffe zum Gedeihen benötigen. Anders als etwa Säfte oder Fruchtgetränke, die oft große Mengen Zucker enthalten, ist Mineralwasser sehr arm an Zusätzen. Außerdem werden Mineralwasserflaschen bei der Abfüllung luftdicht verschlossen. Das zugesetzte Kohlendioxid, das für die Kohlensäure, das heißt den Sprudel, verantwortlich ist, wirkt zusätzlich konservierend. Deshalb ist Mineralwasser in der Regel unbegrenzt haltbar. Aufgrund neuer Vorschriften für Lebensmittel muss aber seit einiger Zeit auch auf Mineralwasserflaschen ein Mindesthaltbarkeitsdatum vermerkt sein. Danach ist

Info:

Mineralwasser ist nur ungeöffnet sehr lange haltbar. Wenn man Wasser aus der Flasche trinkt, können Bakterien aus der Mundschleimhaut in die Flasche wandern. Deshalb ist es hygienischer, das Wasser in ein Glas zu schütten oder, wenn man aus der Flasche getrunken hat, den Flaschenrand zu säubern beziehungsweise das Wasser möglichst schnell zu verbrauchen. Generell gilt der Grundsatz: Viel Trinken ist gesund!

Mineralwasser in der Regel je nach Verpackungsmaterial ein oder zwei Jahre nach der Abfüllung haltbar. Bei den sogenannten PET-Flaschen, die aus nicht hermetisch dichtem Kunststoff bestehen, ist die Gefahr größer, dass Kohlensäure entweicht. Daher beträgt die Mindesthaltbarkeitsdauer bei diesen Flaschen nur etwa neun Monate bis ein Jahr.

142. Wer hat die Currywurst erfunden?

A Eine Berlinerin.

→ Die Erfindung der Currywurst wird Herta Heuwer (1913–1999) zugeschrieben. Herta Heuwer soll erstmals am 4. September 1949 an ihrem Imbissstand an der Ecke Kant-/Kaiser-Friedrich-Straße in Berlin-Charlottenburg gebratene Brühwurst mit einer Soße aus Tomatenmark, Currypulver und weiteren Zutaten kreiert und verkauft haben. Im Jahr 1959 ließ sie den Namen ihrer Soße „Chillup" als Marke schützen. Seit dem 30. Juni 2003, Herta Heuwers 90. Geburtstag, befindet sich am ehemaligen Standort der Imbissbude eine Gedenktafel zu ihren Ehren.

143. Warum ist Spinat so gesund?

B Er ist genauso gesund wie anderes Gemüse.

→ Seit Jahrzehnten werden Kinder immer dazu aufgefordert, doch recht viel Spinat zu essen. Angeblich enthält dieses Gemüse so viel Eisen. Popeye hat sich seinen Riesenbizeps angeblich durch den übermäßigen Genuss von Spinat angefuttert. Wenn man aktuelle Untersuchungen betrachtet, dann enthält gekochter Spinat kein bisschen mehr Eisen als Eier, Weißbrot oder Bohnen. Sogar Schokolade oder Leberwurst enthält mehr Eisen als das grüne Gemüse. Der Irrglaube geht auf einen Tippfehler zurück: In einer der ersten Untersuchungen war einfach eine Kommastelle zu weit nach rechts gerutscht. Allerdings soll dies für dich kein Grund sein, in Zukunft keinen Spinat mehr zu essen. Nichtsdestotrotz bleibt jede Art von Gemüse, also auch Spinat, gesund. Und eine gesunde Ernährung ist wichtig, um kräftig und fit zu bleiben.

144. Warum ist Curry gelb?

C Der Hauptbestandteil wird aus der gelben Safranwurzel gewonnen.

→ Curry ist eine Gewürzmischung, die aus zehn bis 20 verschiedenen Gewürzen hergestellt wird. Ursprünglich kommt der Curry aus Indien. Der Hauptbestandteil der Currymischung ist ein Pulver, das aus der gelben Safranwurzel gewonnen wird. Der Gelbton dieser Wurzel ist so stark, dass beim Kochen mit Curry das ganze Gericht eine appetitliche gelbliche Farbe bekommt. Curry verwendet man vor allem zum Würzen von Reisgerichten und Ragouts. Daneben enthält die Currymischung noch Ingwer, Pfeffer, Muskatblüte, Nelken, Piment, Paprika oder Chili und Zimt.

145. Warum wird Sahne steif, wenn man sie schlägt?

A Fett und Luftblasen verkleben miteinander.

→ Sahne enthält Fett. Jedes einzelne Fetttröpfchen ist von einem Mantel aus Eiweiß umhüllt. Dadurch können sich die Fetttröpfchen in der Sahne verteilen und schwimmen nicht als Fettfilm obenauf. Wenn die Sahne geschlagen wird, dann wird dieser Eiweißmantel zerstört und die Fetttropfen verkleben miteinander. Außerdem werden durch das Schlagen Luftblasen eingerührt, die ebenfalls am Fett festkleben. Durch die Verklebung von Fett und Luftblasen wird die leckere Sahne dann schön steif.

146. Ist zu viel Coca-Cola schädlich?

A Ja, wegen des Zucker- und Koffeingehalts.

→ Coca-Cola wurde von einem Apotheker namens John Pemberton im Jahre 1886 in Amerika erfunden. Pemberton entwickelte einen Sirup als Medizin gegen Müdigkeit, Kopfschmerzen und schlechte Stimmung. Das genaue Rezept für Coca-Cola ist bis heute ein Geheimnis. Unter anderem sorgen Vanille, Nelkenöl, Zitronenöl, Zimtöl, Phosphorsäure und Zucker für den einzigartigen Geschmack. Koffein sorgt dafür, dass Cola eine wach machende Wirkung hat. Zwei weitere Zutaten gaben damals dem Getränk seinen Namen: das Kokablatt (engl. coca leaf) und die Kolanuss (engl. cola nut). Daraus ergibt sich Coca-Cola. Später fand man heraus, dass Kokain eine Droge ist und süchtig macht. Deshalb werden seit 1910 nur noch Extrakte aus dem Kokablatt verwendet, denen das Kokain bereits entzogen wurde. Das dient rein dem Geschmack. Cola enthält sehr viel Zucker, was schädlich für die Zähne ist. Noch schädlicher für Kinder ist allerdings das Koffein, da es eine sehr aufputschende Wirkung hat. Koffein ist derselbe Stoff, der auch im Kaffee enthalten ist. Er macht munter im Kopf, auch wenn der Körper eigentlich schon längst müde ist. Das klingt im ersten Moment sehr praktisch, weil man ja viel länger weiterspielen könnte. Weil der Körper aber trotzdem müde ist, überschätzt man sich leicht und dann können ganz schnell Unfälle passieren.

Info:

In Deutschland wird Coca-Cola seit 1929 hergestellt. Nach dem Zweiten Weltkrieg (1935–45) wurde es schwieriger, die Rohstoffe für die Herstellung von Cola zu besorgen. Deshalb erfanden die deutschen Cola-Hersteller einfach ein neues Getränk: Fanta. Der Name ist eine Abkürzung von „Fantasie". Anfangs war Fanta ein Milchgetränk und wurde erst später zu der Orangenlimonade, wie wir sie heute kennen.

147. Was ist der Kosmos?

A Ein anderes Wort für Sternengruppe.
B Ein anderer Name für unser Sonnensystem.
C Eine andere Bezeichnung für Welt und Weltall.

148. Warum wird es im Winter früher dunkel als im Sommer?

A Im Winter gibt es mehr dunkle Wolken als im Sommer.
B Die nördliche Erdhalbkugel ist weiter von der Sonne entfernt.
C Wegen der Zeitumstellung.

149. Woher haben die Planeten ihre Namen?

A Aus der griechisch-römischen Mythologie.
B Die Planeten werden nach Politikern benannt.
C Sie sind von Dichtern erfunden worden.

150. Was ist Lichtgeschwindigkeit?

A Die Geschwindigkeit, in der sich Licht im Raum ausbreitet.
B Astronauten gelangen in Lichtgeschwindigkeit zum Mond.
C Helligkeit wird in Lichtgeschwindigkeit gemessen.

151. Warum ist die Sonne warm?

A Weil große Vulkane ständig auf der Sonne ausbrechen.
B Als Schutz vor dem kalten Weltraum.
C Wasserstoff verwandelt sich in Helium und setzt Energie frei.

152. Wie entstanden die Kontinente?

A Aus dem Zusammenschluss vieler kleiner Inseln.
B Ein riesiger Urkontinent brach auseinander.
C Sie entstanden aus riesigen Vulkanen unter Wasser.

153. Warum ist es in Amerika dunkel, wenn bei uns die Sonne aufgeht?

A Die Erde dreht sich und wird immer nur von einer Seite beschienen.
B Weil sich die Sonne so langsam dreht.
C Weil sich der Mond so langsam dreht.

154. Was macht der Mond am Tag?

A Er ist untergegangen.
B Er ist nicht zu sehen, weil es so hell ist.
C Er befindet sich hinter der Sonne.

155. Was macht die Sonne in der Nacht?

A Sie verschwindet hinter den Bergen.
B Sie erlischt.
C Sie scheint weiter, nur auf der anderen Seite der Erde.

156. Warum platzen Luftballons, je höher sie in den Himmel fliegen?

A Die Luft im Ballon dehnt sich aus.
B Der Druck auf den Ballon erhöht sich.
C Die Luft oben ist so kalt, dass sie den Ballon zerschneidet.

157. Warum braucht man bei einer Sonnenfinsternis eine Schutzbrille?

A Die Sonnenstrahlen sind viel intensiver.
B Die Dunkelheit ist anders nicht auszuhalten.
C Die Mondstrahlen verstärken sich und sind gefährlich.

158. Wie schnell dreht sich die Erde um die Sonne?

A Fast 30 Kilometer pro Sekunde.
B Fast 60 Kilometer pro Stunde.
C Nur 1 Kilometer pro Stunde.

147. Was ist der Kosmos?

C Eine andere Bezeichnung für Welt und Weltall.

→ Der Ausdruck Kosmos stammt vom griechischen Wort „kósmos", das bedeutet ursprünglich Ordnung, Schmuck und Anstand. Es bezeichnet die Welt und das Weltall.

148. Warum wird es im Winter früher dunkel als im Sommer?

B Die nördliche Erdhalbkugel ist weiter von der Sonne entfernt.

→ Die Erde braucht 365 Tage, um die Sonne einmal zu umkreisen. Weil die Erde aber nicht genau senkrecht steht, sondern leicht schief geneigt ist, ist abwechselnd ein halbes Jahr lang die nördliche und südliche Erdhalbkugel der Sonne näher. Wenn bei uns Winter ist, dann ist die nördliche Erdhalbkugel weiter von der Sonne entfernt. Darum scheinen die Strahlen nicht so kräftig und vor allem nicht so lange. Sie fallen in einem flacheren Winkel auf die Erde als im Sommer. Es ist kälter, die Tage werden kürzer und die Phasen der Dunkelheit länger. Jedes Jahr am 21. Juni steht die Sonne auf der nördlichen Erdhalbkugel scheinbar direkt über dem nördlichen Wendekreis der Erde. Diese Nacht ist die kürzeste des Jahres und signalisiert den Wendepunkt: Die Tage werden kürzer. Man nennt diesen Tag auch „Sommersonnenwende" oder „Mittsommernacht". Am 21. Dezember kehrt sich der Prozess wieder um – die Tage werden länger, die Nächte kürzer und es wird auch wieder wärmer.

149. Woher haben die Planeten ihre Namen?

A Aus der griechisch-römischen Mythologie.

→ Außer der Erde haben alle Planeten ihre Namen aus der griechisch-römischen Mythologie: Merkur, Venus, Mars, Neptun, Pluto, Jupiter, Saturn, Uranus. Das Wort Erde stammt von den Germanen. Für unseren Planeten gibt es jedoch eine ganze Reihe von Bezeichnungen. Weil mit der fortschreitenden Technik immer neue Planeten und Monde im Weltall entdeckt werden, wurde 1919 die „Internationale Astronomische Union" gegründet. Ihre Mitglieder sind Astronomen aus aller Welt. Sie geben neu entdeckten Planeten und Monden ihre offiziellen Namen. Dabei gilt die uralte Tradition der Namensgebung weiterhin. Außerdem dürfen sie keine Namen von Personen aus Politik und Religion verwenden.

150. Was ist Lichtgeschwindigkeit?

A Die Geschwindigkeit, in der sich Licht im Raum ausbreitet.

→ Das ist die Zeit, die das Licht braucht, um sich auszubreiten. Licht breitet sich im luftleeren Raum mit der Geschwindigkeit von rund 300.000 Kilometern pro Sekunde aus. Ein Lichtsignal, das ein Astronaut vom Mond absenden würde, wäre nur 1 1/3 Sekunden bis zur Erde unterwegs. Deshalb heißt es: Der Mond ist 1 1/3 Lichtsekunden von der Erde entfernt. In vielen Experimenten haben Wissenschaftler entdeckt, dass die Lichtgeschwindigkeit die absolute Höchstgeschwindigkeit für alle Arten von Signalen ist. Sie ist auch höher als die Geschwindigkeit von Radiowellen oder Laserstrahlen. Nichts kann sich schneller bewegen als Licht. Jedenfalls wurde noch nichts entdeckt.

Info:

Was bedeutet „c"?

Licht hat immer dieselbe Geschwindigkeit, egal ob wir auf die Lichtquelle zufliegen oder uns von ihr wegbewegen. Egal von wo aus das Licht beobachtet wird, ob vom All aus oder von der Erde, es bleibt immer 300.000 Kilometer pro Sekunde schnell. Deshalb wird die Lichtgeschwindigkeit mit „c" bezeichnet, abgeleitet von dem englischen Wort „constant" (gleichbleibend).

151. Warum ist die Sonne warm?

C Wasserstoff verwandelt sich in Helium und setzt Energie frei.

→ Die Sonne besteht hauptsächlich aus dem Gas Wasserstoff. In jeder Sekunde werden durch die große Hitze der Sonne sechs Millionen Tonnen Wasserstoff in das Gas Helium umgewandelt. Dabei entsteht Energie, die in Form von Wärme in den Weltraum abgegeben wird. Im Inneren der Sonne herrschen Temperaturen von mehr als 15 Millionen Grad Celsius. An der Oberfläche ist es 3500 bis über 5500 Grad Celsius heiß. Obwohl die Erde 147 bis 152 Millionen Kilometer von der Sonne entfernt ist, reicht deren Energie aus, um die Erde zu erwärmen. Ohne die Sonne gäbe es hier bei uns kein Leben.

152. Wie entstanden die Kontinente?

B Ein riesiger Urkontinent brach auseinander.

→ Ursprünglich gab es nur einen einzigen sogenannten Urkontinent, das war vor rund 300 Millionen Jahren. Im Lauf der Zeiten brach er allerdings an verschiedenen Stellen auseinander. Aus den Bruchstücken bildeten sich dann die uns heute bekannten Kontinente. Diese sind Afrika, Asien, Australien, Europa, Amerika und die Antarktis.

153. Warum ist es in Amerika dunkel, wenn bei uns die Sonne aufgeht?

A Die Erde dreht sich und wird immer nur von einer Seite beschienen.

→ Wer Freunde oder Verwandte in Amerika hat, der weiß, dass dort eine andere Uhrzeit ist als bei uns. Wenn man dort anrufen will, muss man zunächst einmal rechnen und – je nachdem, wo der Freund und Verwandte wohnt – sechs bis neun Stunden zurückzählen. Schließlich möchte man ja niemanden mitten in der Nacht aus dem Bett klingeln. Grundsätzlich liegt das daran, dass die Erde sich alle 24 Stunden einmal um die eigene Achse dreht und darum immer ein anderer Teil der Sonne zugewandt ist. Es ist überall auf der Welt zwölf Uhr, wenn die Sonne dort ihren höchsten Stand hat. Darum ist die Welt in 24 verschiedene Zeitzonen eingeteilt. Als Zeitzonen bezeichnet man Abschnitte auf der Erdoberfläche, in denen dieselbe Uhrzeit gilt. Eine Zeitzone umfasst theoretisch 15 Längengrade. Theoretisch deshalb, weil jedes Land selber darüber entscheiden kann, ob es verschiedene Zeitzonen haben will oder nicht. Da Amerika ein sehr großes Land ist, gibt es dort sechs verschiedene Zeitzonen. Im ebenfalls großen China dagegen gibt es nur eine einzige. Man akzeptiert es eben, dass im Westen Chinas die Mittagssonne erst um etwa 15 Uhr scheint.

Info:

Die unterschiedlichen Uhrzeiten auf der Welt führten bereits Ende des 19. Jahrhunderts zu ziemlichen Problemen mit den Fahrplänen der Eisenbahn. Wollte man mit dem Zug quer durch ein sehr großes Land fahren, dann herrschte überall eine andere Uhrzeit. Weil das für ein großes Durcheinander sorgte, schlug erstmals 1879 der kanadische Eisenbahningenieur Sir Sandford Fleming (1827–1915) die Einführung von Zeitzonen vor. Als Ausgangspunkt für die Berechnung der einzelnen Zeitzonen legte man einen Punkt auf dem sogenannten Nullmeridian fest. Der läuft genau durch den Stadtteil Greenwich in London. Nach dieser Zeit errechnen sich alle Zeitzonen der Welt. Man nennt das darum auch „Greenwich Mean Time" oder kurz GMT.

154. Was macht der Mond am Tag?

B Er ist nicht zu sehen, weil es so hell ist.

→ Der Mond ist ein ständiger Begleiter unserer Erde. Er umkreist sie einmal im Monat. Wir blicken immer auf dieselbe Seite des Mondes. Der Mond leuchtet kein bisschen – wir sehen ihn nur, weil er das Sonnenlicht reflektiert. Und je nachdem, wie groß der Schatten ist, den die Erde auf den Mond wirft, sehen wir mal mehr und mal weniger von ihm. Das nennt man die „Mondphasen“. Bei Neumond sehen wir ihn gar nicht, weil er komplett im Schatten der von der Sonne beschienenen Erde steht. Bei Vollmond steht die Erde nicht im Weg. Tagsüber sieht man den Mond oft nur deshalb so schlecht, weil es wegen der Sonne so hell ist.

155. Was macht die Sonne in der Nacht?

C Sie scheint weiter, nur auf der anderen Seite der Erde.

→ Wenn wir einen Sonnenuntergang in der Natur beobachten, dann sieht das oft so aus, als würde die Sonne im Meer oder hinter den Bergen versinken und sich schlafen legen. Doch die Sonne macht nachts genau dasselbe wie tagsüber: Sie scheint. Wir können sie nur nicht sehen, weil die Erde sich dreht. Ein Sonnenuntergang auf der einen Seite der Erde ist gleichzeitig auch der Sonnenaufgang auf der anderen Seite. Die Sonne ist der Mittelpunkt unseres Sonnensystems. Alle übrigen Planeten unseres Sonnensystems umkreisen sie auf verschiedenen Umlaufbahnen.

156. Warum platzen Luftballons, je höher sie in den Himmel fliegen?

A Die Luft im Ballon dehnt sich aus.

→ Je höher ein Luftballon in den Himmel steigt, umso geringer wird die Luftdichte. Dadurch kann sich die Luft im Inneren des Ballons ausdehnen. So wird der Ballon immer größer, bis er schließlich platzt.

157. Warum braucht man bei einer Sonnenfinsternis eine Schutzbrille?

A Die Sonnenstrahlen sind viel intensiver.

→ Blickt man bei einer Sonnenfinsternis direkt in die Sonne, dann sind die Augen einer Helligkeit ausgesetzt, die ungefähr 50.000-mal stärker ist als die hellsten natürlichen Dinge auf der Erde – zum Beispiel in der Sonne glitzernder Schnee. Man merkt es nur nicht, weil die Sonne vom Mond verdeckt ist und es darum dunkel aussieht. Die Sonnenstrahlen sind aber genauso vorhanden. Hornhaut und Linse bündeln dieses Licht im Auge wie eine Lupe und lassen die Helligkeit im Auge noch einmal um das 40-Fache ansteigen. So wie man mit einer Lupe, durch die das Sonnenlicht scheint, ein Feuer entfachen kann, so verursachen die Sonnenstrahlen auf der ungeschützten Netzhaut regelrechte winzige „Brandlöcher“. Dort, wo man am schärfsten sieht, entsteht ein blinder Fleck auf der Netzhaut, der nicht mehr heilt. Diese kleinen Flecken stören zum Beispiel beim Lesen oder wenn man einen Faden in eine Nadel einfädeln möchte. Im schlimmsten Fall kann man sogar völlig erblinden. Beobachtet man bei einer Sonnenfinsternis die Sonne mit einem normalen Fernglas oder einem Fernrohr, dann wird dieser Lupeneffekt sogar noch verstärkt. Sonnenbrillen, gerußte Glasscheiben oder schwarze Filmstreifen bieten keinen ausreichenden Schutz. Darum gibt es für die Beobachtung einer Sonnenfinsternis in vielen Optikgeschäften für wenig Geld wirksame spezielle Schutzbrillen.

158. Wie schnell dreht sich die Erde um die Sonne?

A Fast 30 Kilometer pro Sekunde.

→ Um die Sonne bewegt sich die Erde mit einer Durchschnittsgeschwindigkeit von 29,78 Kilometern pro Sekunde, also mit rund 107.000 Kilometern pro Stunde.

159. Wieso erscheint die Erde vom All aus blau?

A Weil der blaue Himmel die Erde umgibt.
B Die Erdatmosphäre besteht aus bläulichen Gasen.
C Weil die Erde zum größten Teil mit Wasser bedeckt ist.

160. Was ist ein Asteroid?

A Ein planetenähnlicher, kleiner Gesteinskörper.
B Ein weit entferntes Sonnensystem.
C Ein kleiner Fixstern, also eine andere Sonne.

161. Sind Asteroiden eine Bedrohung?

A Ja, bis jetzt haben wir nur Glück gehabt.
B Kaum, weil Jupiter die Asteroiden anzieht und so die Erde schützt.
C Nein, Asteroiden gibt es nur in anderen Galaxien.

162. Warum dreht sich der Mond um die Erde?

A Damit Mond und Erde nicht zusammenstoßen.
B Weil sich die Erde um die Sonne dreht.
C Weil sich der Mond nicht anhalten lässt.

163. Wer hat entdeckt, dass sich die Erde dreht?

A Galileo Galilei.
B Leonardo da Vinci.
C Nikolaus Kopernikus.

164. Wie schnell dreht sich die Erde eigentlich?

A Sie braucht dazu einen Tag lang.
B Einen Monat lang, also rund 30 Tage.
C Ein Jahr lang, also 365 Tage.

165. Wie funktioniert ein Navigationssystem?

A Das Navigationsgerät erkennt die Landschaft.
B Satelliten im Weltall empfangen das Signal des Navigationsgerätes.
C Ein zentraler Computer steuert das Gerät.

166. Wie essen Astronauten?

A Sie nehmen Nahrung in Form von Tabletten auf.
B Sie nehmen nur Flüssigkeit zu sich.
C Das Essen kommt aus Tuben und Tüten direkt in den Mund.

167. Was ist ein Satellit?

A Ein Himmelskörper oder ein die Erde umkreisendes Gerät.
B Ein Raumschiff.
C Eine runde Fernsehantenne.

168. Warum verschieben sich die Erdplatten und Kontinente?

A Sie schwimmen auf einer beweglichen Schicht.
B Das Wasser der Ozeane verschiebt sie manchmal.
C Das liegt an der Anziehungskraft der Sonne.

169. Wie misst man die Stärke eines Erdbebens?

A Über die Wellenstärke des Wassers.
B Mit einem Seismografen, der die Erdbewegungen aufzeichnet.
C Mit einem Windkanal, der die Windstärke misst.

170. Wo ist es kälter, am Nord- oder am Südpol?

A Die Temperatur ist an beiden Polen gleich.
B Am Nordpol.
C Am Südpol.

159. Wieso erscheint die Erde vom All aus blau?

C Weil die Erde zum größten Teil mit Wasser bedeckt ist.

→ Die Oberfläche der Erde ist zu 71 Prozent mit Wasser bedeckt, also zum größten Teil. In dem Wasser spiegelt sich das Licht der Sonne und deshalb sieht es blau aus. Deshalb wird die Erde auch Blauer Planet genannt.

160. Was ist ein Asteroid?

A Ein planetenähnlicher, kleiner Gesteinskörper.

→ Als Asteroiden bezeichnet man kleine planetenähnliche Objekte, die sich in Umlaufbahnen um die Sonne bewegen. Astronomen nennen sie auch Kleinplaneten oder Planetoide (planetenähnliche Objekte). Bislang sind etwa 220.000 Asteroiden bekannt, wobei die tatsächliche Anzahl wohl in die Millionen gehen dürfte. Ein Asteroid ist ein Himmelskörper aus Gestein, der zwischen einigen hundert Metern und einigen hundert Kilometern groß sein kann. Es wird angenommen, dass Asteroide Überreste von der Entstehung des Sonnensystems sind. Viele Asteroiden umkreisen die Sonne in einem Gebiet zwischen Mars und Jupiter. Für einen kompletten Umlauf um die Sonne benötigen die Asteroiden zwischen drei und sechs Jahre. Ein Asteroid kann übrigens von der Anziehungskraft eines Planeten aus seiner Bahn gezogen werden.

161. Sind Asteroiden eine Bedrohung?

B Kaum, weil Jupiter die Asteroiden anzieht und so die Erde schützt.

→ Ein Asteroid kann auch mit einem Planeten zusammenstoßen. Es entsteht dann ein Einschlagkrater. Einige Wissenschaftler glauben, dass durch den Einschlag eines Asteroiden auf der Yucatan-Halbinsel in Mexiko eine Reihe von Ereignissen ausgelöst wurde, die zum Aussterben der Dinosaurier führten. Astronomen vermuten, dass ohne die Anziehungskraft, die der Planet Jupiter auf den Asteroidengürtel ausübt, die inneren Planeten ständig von großen Asteroiden bombardiert würden. Jupiter schützt also die Planeten Merkur, Venus, Erde und Mars vor wiederholten Zusammenstößen mit Asteroiden! Während die Asteroiden durch die Anziehungskraft der Sonne nach innen gezogen werden, zieht Jupiter die Asteroiden nach außen. Weil aber der Asteroidengürtel näher bei Jupiter als bei der Sonne liegt, übt Jupiter einen größeren Einfluss auf die Asteroiden aus. Dadurch werden die Asteroiden von den inneren Planeten, und damit auch von der Erde, ferngehalten.

162. Warum dreht sich der Mond um die Erde?

A Damit Mond und Erde nicht zusammenstoßen.

→ Die Erde zieht den Mond mit ihrer Anziehungskraft an. Damit sie nicht zusammenstoßen, muss sich der Mond um die Erde drehen, denn dadurch wird eine nach außen gerichtete Fliehkraft erzeugt, die genauso groß ist wie die Anziehungskraft zur Erde hin. Die beiden entgegengesetzt wirkenden Kräfte heben sich gegenseitig auf, sodass der Mond auf seiner Bahn bleibt. Würde man den Mond, der ja ununterbrochen um unseren Planeten kreist, anhalten, so würde er nur kurz stillstehen, dann immer schneller auf die Erde zurasen und schließlich mit ihr zusammenstoßen.

163. Wer hat entdeckt, dass sich die Erde dreht?

C Nikolaus Kopernikus.

→ Nikolaus Kopernikus (1473–1543), der in Krakau geboren wurde, hat Medizin und Jura studiert, interessierte sich aber auch sehr für die Astronomie. Zu seiner

Zeit glaubte man, dass die Erde der Mittelpunkt des Alls sei und sich alle Sterne und die Sonne um sie drehen würden. Durch seine Himmelsbeobachtungen stellte Kopernikus aber fest, dass sich die Erde erstens um sich selbst und zweitens um die Sonne dreht. Er traute sich aber nicht, seine Theorie zu erzählen, weil er dachte, man würde ihn für verrückt erklären. Erst als er schon 70 Jahre alt war, veröffentlichte er seine Erkenntnisse und es dauerte noch einmal 150 Jahre, bis sie sich durchgesetzt hatten.

164. Wie schnell dreht sich die Erde eigentlich?

A Sie braucht dazu einen Tag lang.

→ Die Erde dreht sich an einem Tag um sich selbst, also in 24 Stunden. Stellen wir uns die Erdachse vor, so tritt sie am Nord- und am Südpol aus. An diesen beiden Endpunkten dreht man sich nur um sich selbst. Ganz anders ist es am Äquator. Das ist die Linie, die von den beiden Polen am weitesten entfernt ist und die die Erde in zwei Halbkugeln teilt. Wer hier steht, legt pro Tag über 40.000 Kilometer zurück, das bedeutet 1670 Kilometer pro Stunde.

Info:

Wie schnell dreht sich die Erde bei uns?
Will man die Geschwindigkeit für einen anderen Ort als für die Äquatorlinie ausrechnen, muss man den Wert für den Äquator einfach mit dem Kosinus des Breitengrades multiplizieren. Ein Beispiel: Friedrichshafen am Bodensee liegt bei 47,65 Grad nördlicher Breite, das macht also 1670 Kilometer pro Stunde mal Kosinus (47,65°) = 1125 Kilometer pro Stunde.

165. Wie funktioniert ein Navigationssystem?

B Satelliten im Weltall empfangen das Signal des Navigationsgerätes.

→ 1973 hat das amerikanische Verteidigungsministerium sehr viel Geld ausgegeben, um 24 Satelliten in die Umlaufbahn der Erde zu schicken und ein weltweit funktionierendes Navigationssystem aufzubauen. Dieses System nennt sich GPS, englisch „Global Positioning System". Diese Satelliten schicken ununterbrochen Signale zur Erde. Um die genaue Position eines Empfängers auf der Erde zu bestimmen, muss die Entfernung zu mindestens drei Satelliten ermittelt werden. Wenn ein GPS-Empfänger diese Signale erhält, dann kann seine Position auf genau 20 Meter festgelegt werden. Das Navigationsgerät gleicht nun dieses Ergebnis mit den Daten einer Landkarte ab und kann auf diese Weise die Fahrtstrecke ermitteln.

166. Wie essen Astronauten?

C Das Essen kommt aus Tuben und Tüten direkt in den Mund.

→ Das Essen und Trinken im Weltall ist wegen der Schwerelosigkeit gar nicht so einfach. Bestecke, Tische, Stühle sind völlig überflüssig, da dort nichts liegen bleiben würde. Ein Wurstbrot würde in Einzelteilen durch das Raumschiff schweben und wäre eine Gefahr für die empfindlichen Geräte. Deswegen ist das Astronautenessen in Tuben und Tüten verpackt und wird von den Raumfahrern direkt in den Mund gedrückt. Trinken ist etwas einfacher: Die Getränke werden aus fest verschlossenen Dosen mit einem Strohhalm getrunken.

167. Was ist ein Satellit?

A Ein Himmelskörper oder ein die Erde umkreisendes Gerät.

→ Als Satellit bezeichnet man einen Himmelskörper, der einen Planeten begleitet. Der Mond ist zum Beispiel ein Satellit, der unsere Erde begleitet. Heute werden Satelliten künstlich gebaut. Sie werden in eine Umlaufbahn der Erde gebracht und kreisen um die Erde. Von dort aus können sie zum Beispiel Fotos von der Erde machen, Fernsehsender übertragen und Telefongespräche auf der ganzen Welt vermitteln. Außerdem sind sie die Grundlage für alle Navigationssysteme.

168. Warum verschieben sich die Erdplatten und Kontinente?

A Sie schwimmen auf einer beweglichen Schicht.

→ Die Erdplatten sind ungefähr 100 Kilometer dick und starr und schwimmen auf einer Schicht, die beweglich ist. In dieser beweglichen Schicht unter den Erdplatten, im Erdmantel, steigt wegen der großen Hitze im Erdinneren an manchen Stellen Material aus der Tiefe auf. So ähnlich wie in einem Topf, in dem Brei gekocht wird und in dem es mächtig blubbert. Wo das Material an die festen Platten oben anstößt, weicht es nach den Seiten aus und schiebt die Platten weg.

169. Wie misst man die Stärke eines Erdbebens?

B Mit einem Seismografen, der die Erdbewegungen aufzeichnet.

→ Ein Erdbeben kann ganze Städte zum Einsturz bringen und dabei vielen Menschen das Leben kosten. Gegen das Entstehen von Erdbeben sind die Menschen bis heute machtlos – sie können sich nur in Sicherheit bringen. Darum ist es wichtig, die Anzeichen für ein Beben möglichst rechtzeitig zu erkennen, um die Bewohner der gefährdeten Gegend zu warnen. Dafür gibt es fast überall auf der Welt ausgeklügelte Frühwarnsysteme. Gemessen werden die Erdbewegungen mit einem Seismografen. Dieser funktioniert im Prinzip folgendermaßen: Hängt man einen sehr schweren Gegenstand – etwa eine Stahlkugel – an einem Seil frei schwingend auf, dann bewegt sich diese Kugel nicht. In einem Seismografen befindet sich so eine Kugel, die an einem Drahtseil oder einer Feder aufgehängt ist. Unten an der Kugel ist eine Schreibspitze befestigt. Unter dieser Schreibspitze befindet sich eine Trommel mit Papier, die auf einer Platte montiert ist. Diese Platte ist fest mit dem Boden verschraubt. Wenn sich die Erde nur ein kleines bisschen bewegt, dann bewegt sich mit ihr das Papier – die Stahlkugel bleibt aber stehen. Das Papier reibt an der Schreibspitze entlang und zeichnet so eine Kurve auf. Daran erkennt man die Bewegungen der Erde. Diesen Papierstreifen nennt man „Seismogramm". Es gibt immer ein Seismogramm, das die waagerechten, und eins, das die senkrechten Bodenbewegungen aufzeichnet. Je größer die Ausschläge sind, umso stärker ist das Beben. Den Schweregrad eines Erdbebens misst man mit der sogenannten Richterskala. Sie beginnt bei null und ist nach oben unbegrenzt. Ein Erdbeben der Stärke acht auf der Richterskala kann eine Stadt völlig verwüsten. Alle 30 Sekunden bebt irgendwo auf der Welt die Erde. Die meisten Beben sind zum Glück jedoch so schwach, dass sie kaum bemerkt werden.

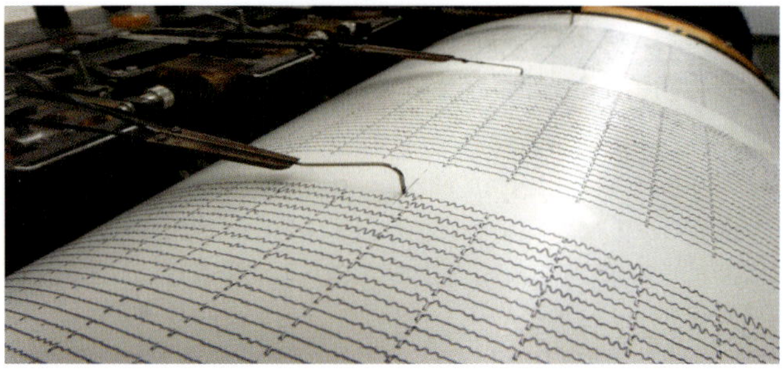

170. Wo ist es kälter, am Nord- oder am Südpol?

C Am Südpol.

→ Der Südpol – oder auch Antarktis genannt – ist die kälteste Region der Erde. Die Antarktis ist ein Kontinent und ungefähr so groß wie Europa. Sechs Monate im Jahr geht die Sonne dort gar nicht auf, die andere Hälfte des Jahres scheint sie nur sehr schwach. Der Kontinent ist rundum von Meer umgeben, das im Winter sogar zufriert. An manchen Stellen ist das Eis bis zu vier Kilometer dick! Die tiefste Temperatur, die jemals gemessen wurde, betrug minus 89 Grad. Das zeigte das Thermometer im Jahr 1983 den Wissenschaftlern auf der Forschungsstation Wostok an. Natürlich kann es durchaus irgendwo in dieser Gegend auch schon einmal noch kälter gewesen sein – dort stand dann nur eben kein Thermometer und deshalb wissen wir es nicht. Auch im Sommer steigt das Thermometer in der Antarktis kaum über den Gefrierpunkt. Außer ein paar Wissenschaftlern lebt dort kein Mensch. Am nördlichsten Teil der Erde befindet sich die Arktis. Die Arktis ist jedoch kein Kontinent, sondern ein riesiges Meeresgebiet, das Teile von Norwegen, Schweden, Finnland, Russland, Grönland, Alaska und Kanada umfasst. Der größte Teil des Meeres ist das ganze Jahr über zugefroren. Doch in den Randgebieten herrscht ein Klima, bei dem sogar Pflanzen, Tiere und Menschen überleben können.

171. Warum gibt es Inseln?

A Bei der Aufspaltung in Kontinente blieben kleine Stücke übrig.
B Sie entstehen aus Sandanhäufungen im Meer.
C Weil sich von den Kontinenten ständig kleine Teile ablösen.

172. Was sind Mineralien?

A Sie entstehen aus verfestigten Edelgasen.
B Sie werden aus Edelmetallen wie Gold und Silber geschliffen.
C Kristalle, die man in der Natur findet.

173. Was ist ein Diamant?

A Das Produkt einer Muschel.
B Ein Mineral und das härteste Material der Welt.
C Er entsteht durch im Meer verharztes Holz.

174. Was ist Magnetismus?

A Die magnetische Kraft bestimmter Materialien.
B Die Magie eines Edelsteins.
C Die magische Anziehungskraft eines Zauberers.

175. Wer waren die Neandertaler?

A Die Vorfahren der heutigen Menschheit.
B Eine andere Menschenart.
C Eine besonders hoch entwickelte Art von Menschenaffen.

176. Warum ist Norden immer oben?

A Der Grieche Ptolemäus hat dies festgelegt.
B Weil das Wasser immer von oben nach unten fließt.
C Weil die südliche Hälfte näher an der Sonne ist.

177. Warum ist Lava so heiß?

A Weil im Inneren der Erde ein großes Feuer ist.
B Weil sie sich auf dem Weg durch den Vulkan so sehr erhitzt.
C Weil es die heiße, flüssige Schicht des Erdinneren ist.

178. Was versteht man unter Klima?

A Das ist eine Bezeichnung für die Launen des Wetters.
B Die durchschnittlichen Wetterbedingungen eines Gebiets.
C So nennt man das Wetter auf der ganzen Welt.

179. Was ist der Treibhauseffekt?

A Ein natürlicher Vorgang der Klimaerwärmung.
B Der Treibhauseffekt bewirkt, dass es nachts abkühlt.
C Er führt dazu, dass alle Pflanzen besser wachsen.

180. Warum ist der Treibhauseffekt jetzt gefährlich?

A Die Pflanzen wachsen zu schnell.
B Es wird immer kälter.
C Weil er durch den Einfluss der Menschen verstärkt wurde.

171. Warum gibt es Inseln?

A Bei der Aufspaltung in Kontinente blieben kleine Stücke übrig.

➔ Im Verlauf der Erdgeschichte veränderte sich die Erdoberfläche. Die Kontinente wanderten und spalteten sich auf und manchmal blieben ganz kleine Stücke übrig – die Inseln. Auch heute noch sind die Erdplatten in Bewegung (siehe Erdbeben).

Info:

Atolle

Es können auch neue Inseln entstehen, die nennt man Atolle. Sie bestehen aus Korallenriffen, die ringförmig eine Lagune umschließen. Es gibt verschiedene Theorien darüber, wie das passieren kann. Einige Wissenschaftler glauben, dass Atolle aus Riffen um eine Vulkaninsel entstehen, andere meinen, dass sie nur aus Korallenriffen bestehen, bei denen in der Mitte viele abgestorben sind.

172. Was sind Mineralien?

C Kristalle, die man in der Natur findet.

➔ Es gibt auch künstliche Kristalle, diese sind dann aber keine Mineralien. Kochsalz und Eis zählen beispielsweise zu den natürlichen Mineralien. Genauso wie viele Stoffe, die wir als Steine bezeichnen, wie zum Beispiel Diamanten und Bergkristall. In Mineralien sind die Atome regelmäßig in einem Kristallgitter angeordnet. Das kann man aber nur durch Röntgenbilder erkennen. Gesteine sind Gebilde, die sich aus mehreren Mineralien zusammensetzen.

173. Was ist ein Diamant?

B Ein Mineral und das härteste Material der Welt.

➔ Ein Diamant ist ein Mineral. Er entsteht aus reinem, kristallisiertem Kohlenstoff. Nicht nur Kohle besteht größtenteils aus Kohlenstoff. Auch der schwarze Ruß, der aus dem Auspuff eines Autos kommt, ist Kohlenstoff. Dieser Kohlenstoff wird unter ungeheurem Druck in 140 bis 150 Kilometer Tiefe zu einem Diamantkristall. Durch Vulkanausbrüche werden Gesteinsschichten, in denen sich Diamanten befinden, weiter nach oben befördert, wo sie dann ausgegraben werden können. Diamant ist das härteste Material, das es überhaupt auf der Erde gibt. Auch wenn man heute in der Lage ist, Diamanten künstlich herzustellen – ein härteres Material als Diamanten gibt es nicht. Die meisten Diamanten, die gefunden werden, sind schwarz. Sie heißen „Carbonados“ und werden hauptsächlich in der Industrie verwendet. Zum Beispiel für Bohrer, die sehr harte Steine durchbohren müssen. Oder für die Bearbeitung von Metall. In Form von Staub und Pulver werden Diamanten zum Schleifen und Polieren verwendet. Die durchsichtigen Schmuckdiamanten sind sehr selten. Sie sind auch nicht immer klar – manchmal haben sie eine grüne, blaue, gelbe oder rote Färbung. Ein Rohdiamant sieht ziemlich unspektakulär aus. Erst durch einen bestimmten Schliff kommt das sogenannte Feuer des Schmuckdiamanten zum Vorschein. Das heißt, dass sich das Licht in diesem Kristall bricht. Die häufigste Art des Schliffs heißt Brillantschliff. Darum spricht man auch von „Brillanten“ oder scherzhaft „Brillis“. Schleifen kann man Diamanten übrigens auch nur mit Diamanten – alle anderen Werkzeuge sind dafür viel zu weich. Die meisten Diamanten werden in Südafrika gefunden. Dort sind zahlreiche Menschen in unterirdischen Minen damit beschäftigt, nach diesen Kristallen zu suchen. Diamanten sind deshalb so teuer, weil sehr viele Menschen sehr lange und tief graben müs-

sen, bis sie einen Diamanten finden. Nur etwa 20 bis 25 Prozent aller Diamanten, die auf der Erde gefunden werden, eignen sich als Schmuckdiamanten. Die meisten Diamanten für die Industrie werden heute sogar künstlich hergestellt.

Info:

Der bislang größte Diamant, der je gefunden wurde, wog 621 Gramm – also ein bisschen mehr als sechs Tafeln Schokolade. Er heißt „Cullinan I" und wurde in 105 Teile zerlegt. Das größte Stück davon wiegt 103 Gramm und wurde in die Krone des englischen Königshauses eingesetzt.

174. Was ist Magnetismus?

A Die magnetische Kraft bestimmter Materialien.

→ Bestimmte Materialien haben die Eigenschaft, Eisen, Kobalt, Nickel und andere Materialien anzuziehen und sich im Magnetfeld der Erde auszurichten. Magnetische Kraft kann abstoßen oder anziehen. Jeder magnetische Körper hat zwei Pole, die man Nord- und Südpol nennt. Versucht man, die Nordpole zweier Magnete zusammenzubringen, so spürt man, dass sie sich abstoßen. Bringt man dagegen nun den Nordpol des einen Magneten an den Südpol des anderen, dann ziehen sie sich an.

Info:

Kompass
Die Nadel eines Kompasses ist ein Magnet, der in zwei Teile, die Nord- und Südhälfte, aufgeteilt ist. Die nach Norden weisende Hälfte wird immer als Nordpol bezeichnet. Sie wird vom magnetischen Pol im Norden der Erde angezogen.

175. Wer waren die Neandertaler?

B Eine andere Menschenart.

→ Die Neandertaler sind nicht unsere Vorfahren, da sie einer anderen Menschenart angehörten. Sie lebten vor etwa 100.000 Jahren, waren etwa 1,60 Meter groß und hatten einen wesentlich größeren Schädel als der Mensch heute. Außerdem hatten sie eine sehr breite Nase und benutzten ihre Zähne als Werkzeuge. Die Neandertaler haben vermutlich als erste Lebewesen Kleidung angefertigt. Warum der Neandertaler nach der letzten Eiszeit ausgestorben ist, ist nicht ganz geklärt. Möglicherweise wurde er von einer anderen Menschenart, dem „Homo sapiens", aus Afrika verdrängt. Aus dieser afrikanischen Menschenart haben wir uns entwickelt.

176. Warum ist Norden immer oben?

A Der Grieche Ptolemäus hat dies festgelegt.

→ Eigentlich gibt es auf der Erde kein Oben und Unten – denn das richtet sich ganz danach, in welche Richtung man schaut. Trotzdem hat man sich schon vor vielen Jahren darauf geeinigt, dass bei allen Landkarten Norden immer oben liegt. „Erfunden" hat dies ein alter Grieche namens Ptolemäus. Er richtete seine Landkarten nach dem Polarstern aus. Der Polarstern diente den Seefahrern früher als Leitstern, als es noch keinen Kompass gab. Allerdings kann man den Polarstern nur nachts sehen.

177. Warum ist Lava so heiß?

C Weil es die heiße, flüssige Schicht des Erdinneren ist.

→ Das Innere der Erde besteht aus einem Kern aus Eisen und Nickel. Darüber befindet sich der Erdmantel aus einem heißen, zähflüssigen Gesteinsgemisch, das Magma genannt wird. Es ist zwischen 900 und 1500 Grad Celsius heiß. Darüber ist die relativ dünne Erdkruste aus festem Gestein, sie ist etwa 30 bis 50 Kilometer dick. Verschiedene Platten in der Erdkruste drücken gegeneinander, dadurch sind auch die Berge und Ozeane entstanden. Wenn der Druck an einer Stelle zu groß ist oder die Erdkruste Risse und Spalten hat, dringt das Magma nach oben an die Erdoberfläche: Ein Vulkan bricht aus. Ab dem Augenblick, in dem das Magma aus dem Inneren der Erde herauskommt, wird es Lava genannt. Es ist dann noch fast genauso heiß wie das Magma.

178. Was versteht man unter Klima?

B Die durchschnittlichen Wetterbedingungen eines Gebiets.

➔ Trotz aller Launenhaftigkeit des Wetters gibt es eine gewisse Regelmäßigkeit. So weiß man zum Beispiel, wie viel Regen insgesamt in einem bestimmten Gebiet fällt oder wie die durchschnittliche Wärme eines Landes ist oder wie lange und wie stark der Wind in einem Land weht. Die allgemeinen durchschnittlichen Wetterbedingungen, die über einen bestimmten Zeitraum in einem Gebiet beobachtet werden, nennen wir Klima. Das Wetter wechselt täglich, das Klima nicht. Es verändert sich erst im Verlauf von vielen Jahren.

179. Was ist der Treibhauseffekt?

A Ein natürlicher Vorgang der Klimaerwärmung.

➔ Das Wort „Treibhauseffekt" ist eine Bezeichnung, die bestimmte Vorgänge in unserer Atmosphäre beschreibt. Und tatsächlich erinnern diese Vorgänge an die Treibhäuser von Gärtnereien. Dort soll ja auch ein wärmeres Klima geschaffen werden, damit die Pflanzen gut gedeihen. Im Grunde ist der Treibhauseffekt nichts Schlechtes. Nur wir Menschen beeinflussen ihn so, dass er ungünstig verstärkt wird. Es ist so, als würde der Gärtner in seinem Treibhaus die Temperatur mal eben höherdrehen, obwohl er weiß, dass seine Blumen das nicht vertragen.

180. Warum ist der Treibhauseffekt jetzt gefährlich?

C Weil er durch den Einfluss der Menschen verstärkt wurde.

➔ Die Menschen haben in den letzten 150 Jahren durch viele Aktivitäten dafür gesorgt, dass sich die Anzahl der Treibhausgase in der Atmosphäre etwa verdoppelt hat. Diese zusätzlichen Abgase haben den natürlichen Treibhauseffekt, der für uns lebenswichtig ist, verstärkt. Durch diesen zusätzlichen, von Menschen verursachten Treibhauseffekt erhöht sich langsam die Temperatur unserer Lufthülle. Wissenschaftler konnten diesen Effekt sogar schon messen: Im 20. Jahrhundert stieg die Temperatur der Erdoberfläche um mehr als ein halbes Grad Celsius an. Diese zusätzliche Erwärmung wird von Treibhausgasen verursacht, die wegen der Industrialisierung, der massenhaften Verbreitung des Autos und dem zunehmenden Komfort, den wir zu Hause genießen, ausgestoßen werden. Durch die Erwärmung kommt es zu mehr Unwettern und schlimmstenfalls zum langsamen Schmelzen der Pole. Das kann dann so weit führen, dass Landflächen vom Meer überflutet werden und für uns Menschen verloren gehen.

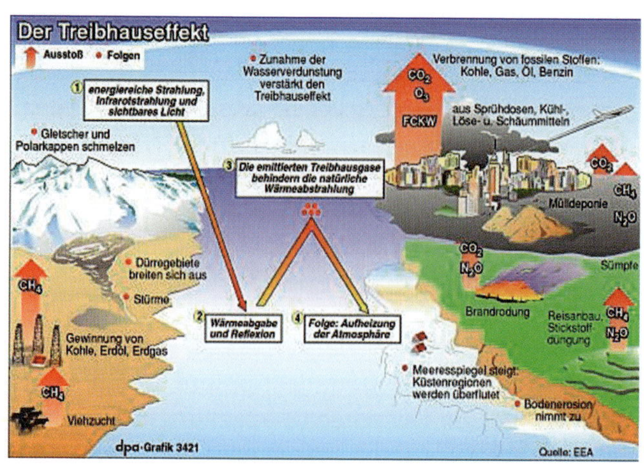

181. Warum sind Gewitterwolken so dunkel?

A Weil sie den dunkel gefärbten Donner enthalten.
B Weil sie am Rand dichter sind als andere Wolken.
C Das Sonnenlicht scheint aufgrund des hohen Wassergehalts nicht mehr durch.

182. Was passiert bei einem Gewitter?

A Die elektrische Ladung der Gewitterwolken erzeugt Blitz und Donner.
B Es regnet.
C Ein Überschallflugzeug durchbricht die Schallmauer.

183. Sind alle Wolken gleich?

A Ja, obwohl sie unterschiedlich aussehen.
B Nein, es gibt unterschiedliche Typen.
C Nein, sie werden nach ihrer Form benannt.

184. Wie entsteht ein Tornado?

A Der Wirbelsturm entsteht über dem Meer.
B Wenn heiße Luft aufgewirbelt wird.
C Die Gase des Treibhauseffektes werden durcheinandergewirbelt.

185. Was ist der Monsun?

A Ein Name für die Regenzeit.
B Eine großflächige Luftbewegung in den Tropen und Subtropen.
C Die regenlose Zeit in den Wüsten Afrikas.

186. Warum friert das Meer nicht ganz zu?

A Das liegt an der unterschiedlichen Dichte von Wasser und Eis.
B Das Wasser ist unten auf dem Meeresgrund zu warm.
C Weil das Wasser sich immerzu bewegt.

187. Warum ist es am Meer immer windig?

A Wegen des großen Höhenunterschieds zwischen Wasser und Küste.
B Durch den aufsteigenden Wasserdampf.
C Warme Luft von der Erde und kühle Meeresluft treffen zusammen.

188. Was sind Tsunamis?

A Durch einen Tornado erzeugte Riesenwellen.
B Von einem Seebeben ausgelöste Riesenwellen.
C Heftige Seestürme.

189. Wie entstehen „heiße Quellen“?

A Wenn sich Regenwasser an sehr heißen Stellen im Erdinneren sammelt.
B Wenn man einen Topf mit Wasser auf den Herd stellt.
C Wenn die Sonne Regenwasser auf der Erdoberfläche erhitzt.

190. Wie entsteht ein Sumpf?

A Wenn der Garten vom Regen durchweicht wird.
B Wenn Regenwasser nicht absickern kann.
C Auf schlammigen Gesteinsschichten.

191. Welches ist das kleinste Land der Erde?

A Liechtenstein.
B Andorra.
C Vatikanstaat.

192. Wo ist die heißeste Gegend der Erde?

A Im Death Valley, im Süden der USA.
B In der Afar-Senke, einer Wüstenregion in Äthiopien.
C In der Chihuahua-Wüste von Mexiko.

181. Warum sind Gewitterwolken so dunkel?

C Das Sonnenlicht scheint aufgrund des hohen Wassergehalts nicht mehr durch.

→ Wenn der Wasserdampf einer Wolke kondensiert, dann entstehen sogenannte Quellwolken. Wenn diese Quellwolken Wärme freisetzen, steigen sie nach oben. Dort wird es kälter und der Wasserdampf gefriert zu kleinen Eiskörnchen. Durch die Aufwinde bei einem anstehenden Gewitter können die kleinen Eiskörnchen nicht nach unten fallen, sondern werden immer wieder nach oben getrieben, wo sie immer größer und schwerer werden. Je nachdem, wie stark die Aufwinde sind, bilden sich Graupel oder sogar riesige Hagelkörner. Eine Gewitterwolke nennt man „Cumulonimbus". Die Gewitterwolken sind die größten Wolken und können sich bis zu zehn Kilometern hoch auftürmen. Solche Wolken enthalten bis zu 100.000 Tonnen Wasser. Diese große Menge an Wasser hindert das Licht am Durchscheinen durch die Wolken. Darum sehen sie für uns auch so dunkel aus. Nach einer Weile werden die Wolken dann so schwer, dass der Auftrieb nicht mehr ausreicht, und das Wasser fällt zu Boden – oft in Form von Hagel oder Graupel.

182. Was passiert bei einem Gewitter?

A Die elektrische Ladung der Gewitterwolken erzeugt Blitz und Donner.

→ Bei einem Gewitter gibt es Blitz, Donner, Regen und oft auch Hagel und einen kräftigen Wind. Auslöser dafür sind die „Haufenwolken". In diesen Wolken ist eine Menge Wasser vorhanden und ganz oben gibt es sogar Eiskristalle. Die Wasserteilchen werden von Winden hin und her geschleudert. Dabei geraten sie aneinander und laden sich elektrisch auf. Wie dein Kamm zum Beispiel, wenn du dir die Haare kämmst. Irgendwann entlädt sich die Spannung. Dann knallt es plötzlich, es kommt zu einer Kettenreaktion und es blitzt. Da der Blitz sehr heiß ist (fast 30.000 Grad Celsius), erwärmt er die Luft ziemlich stark. Die dehnt sich in Windeseile aus und es knallt und donnert. Die heiße Luft hat die Schallmauer durchstoßen. Das kennst du auch von den schnellen Überschallflugzeugen. Auch dabei knallt es. Bei einem Gewitter klingt es aber viel, viel bedrohlicher, weil hier mehr Kraft dahintersteckt.

183. Sind alle Wolken gleich?

B Nein, es gibt unterschiedliche Typen.

→ Je nachdem, in welcher Höhe sich die Wolken befinden, unterscheidet man verschiedene Typen: Die Wolken, die am weitesten von der Erde entfernt sind, bestehen aus Eiskristallen, weil es dort am kältesten ist. Sie werden als „Cirruswolken" bezeichnet und entstehen etwa ab sechs bis 16 Kilometern Höhe. Hierzu gehören die „Federwolken", die „hohen Schäfchenwolken", die „Schleierwolken" – aber auch Schauer- oder Gewitterwolken bilden sich hier. Sie sind sehr schwer und sinken schnell. Die Eiskristalle schmelzen dann und es regnet. In zwei bis sechs Kilometern Höhe befinden sich die „mittelhohen Wolken". Sie bestehen zum Teil aus Eiskristallen und zum Teil aus Wassertröpfchen. Zu ihnen zählen die „mittelhohen Schäfchenwolken" oder auch die „mittelhohen Schichtwolken". Der Erde am nächsten sind die „tiefen Wolken". Das sind Wasserwolken, die oft als Schicht- oder Haufenwolken auftreten. Die „Haufen-" oder auch „Cumuluswolken" sind die, die wir oft an schönen Sommertagen wie Blumenkohl am blauen Himmel sehen. Unter bestimmten Umständen können auch sehr außergewöhnliche Wolkenarten entstehen. An der windabgekehrten Seite von Gebirgszügen schweben manchmal „Linsenwolken". An der Unterseite von Gewitterwolken kann man gelegentlich Wolken sehen, die die Form von runden Blasen haben. In Amerika kündigen diese Wolken manchmal einen Tornado an.

184. Wie entsteht ein Tornado?

A Der Wirbelsturm entsteht über dem Meer.

→ Tornados sind Wirbelstürme, die in den Tropen auch Hurrikane genannt werden. Sie entstehen im Spätsommer, wenn die Wassertemperatur der Ozeane in den Tropen mindestens 27 Grad Celsius beträgt. Dann lässt die Sonnenstrahlung gewaltige Wassermassen über dem aufgeheizten Meer verdunsten. Mit der warmen Luft steigt der Wasserdampf schnell auf. In Erdnähe strömt von allen Seiten Luft nach. Durch die Erddrehung fängt die Luft an, sich spiralförmig zu drehen, wie Wasser, das in einen Abfluss fließt. In der Mitte, die auch „Auge" genannt wird, ist es völlig ruhig, doch außen herum toben fürchterliche Stürme. Tornados reißen alles mit, was ihnen in die Quere kommt: Menschen, Tiere, Autos und Häuser. Solche Wirbelstürme bewegen sich mit 35 bis 50 Kilometern in der Stunde und stoppen erst, wenn ihnen auf dem Festland oder über dem kühleren Wasser der Nachschub an feuchtwarmer Luft fehlt.

185. Was ist der Monsun?

B Eine großflächige Luftbewegung in den Tropen und Subtropen.

→ Den Namen „Monsun" haben ursprünglich arabische Seefahrer geprägt. Sie stellten auf ihren Fahrten fest, dass der Wind zu bestimmten Zeiten im Jahr wechselt, und bezeichneten dieses Phänomen als „Mausim" – was nichts anderes bedeutet als „Jahreszeit". Daraus hat sich dann das Wort „Monsun" entwickelt. Da der Monsunwind im Sommer sehr viel Feuchtigkeit mit sich bringt, hat er großen Einfluss auf das Klima und das Leben der Menschen in zahlreichen Teilen der Erde. Monsune gibt es nicht nur in Indien, sondern auch in Afrika und Amerika. In sehr heißen Gegenden sorgt der Monsunregen einerseits für die Versorgung mit Trinkwasser und Wasser für die Landwirtschaft. Andererseits verursacht er häufig starke Überschwemmungen, weil der trockene Boden die großen Wassermassen, die über Wochen vom Himmel regnen, gar nicht so schnell aufnehmen kann.

186. Warum friert das Meer nicht ganz zu?

A Das liegt an der unterschiedlichen Dichte von Wasser und Eis.

→ In der Arktis und der Antarktis friert das Meer schon teilweise zu. Dort ist es so kalt, dass das sogenannte Packeis entsteht. Auch die Ostsee kann im Winter zufrieren. Die kalten Ostwinde kühlen die Ostsee im Winter sehr schnell ab und deshalb kann das flache, nicht durch den Golfstrom gewärmte Gewässer als einziges europäisches Meer teilweise zufrieren. Ein Meer kann allerdings nur an der Oberfläche zufrieren. Das liegt daran, dass Eis eine besondere Dichte hat. Bei allen anderen Stoffen nimmt die Dichte ständig ab, je kälter sie werden, das heißt, sie ziehen sich zusammen. Das Wasser hat seine höchste Dichte aber bei 4 Grad Celsius. Wenn Wasser noch kälter wird und gefriert, dann dehnt es sich aus und wird zu Eis. Dieses schwimmt wegen der geringeren Dichte auf dem Wasser. Das bedeutet, dass Seen und Meere nicht von unten nach oben gefrieren, sondern dass sich eine schützende Eisschicht auf der Wasseroberfläche bildet. Wäre dies nicht der Fall, so würden Wasserflächen zufrieren und blieben gefroren! Unser Planet hätte dann keine offenen Wasserflächen mehr.

Experiment:

Dichte

Nimm ein Glas und fülle mindestens bis zur Hälfte Leitungswasser hinein. Dann nimm ein rohes Ei und gib es ins Wasser. Du siehst, das Ei sinkt auf den Boden. Streue nun Salz ins Wasser. Was geschieht? Das Ei steigt auf, weil das Wasser schwerer geworden ist. Seine Dichte hat sich verändert.

187. Warum ist es am Meer immer windig?

C Warme Luft von der Erde und kühle Meeresluft treffen zusammen.

→ Das ist kein Zufall, denn hier passiert Folgendes: Das Land erwärmt sich durch den Sonnenschein schneller als das Wasser. Die von der Erde erwärmte Luft steigt nach oben, kühle Luft vom Wasser strömt nach. Und da haben wir auch schon Wind! Weht der Wind vom Wasser aufs Land, ist es ein Seewind, umgekehrt wird er Landwind genannt. Dann gibt es noch einen Bergwind, einen Talwind und ganz schlimme Winde wie Wirbelstürme, Tornados oder Hurrikane.

188. Was sind Tsunamis?

B Von einem Seebeben ausgelöste Riesenwellen.

→ Das Wort „Tsunami" stammt aus dem Japanischen und bedeutet Hafenwelle. Auch wenn das nicht sehr spektakulär klingt, trifft es die Sache genau. Denn erst wenn ein Tsunami die flachen Küstengewässer und ihre Häfen erreicht, türmt er sich zu einer Riesenwelle auf und wird gefährlich. Die meisten Tsunamis sind einige Meter hoch. Sie können in trichterförmigen Buchten und Meeresengen auf Höhen von bis zu 40 Metern anschwellen.Tsunamis werden von Erdbeben auf dem Meeresboden, den sogenannten Seebeben, ausgelöst. Ein solches Seebeben erzeugt eine Serie von Wellen, die sich mit der Geschwindigkeit eines Düsenflugzeuges fortbewegen können. Aber auch ein Erdrutsch oder die Druckwelle eines Vulkanausbruches können Riesenwellen verursachen. Auf hoher See sind die Wellen kaum zu sehen, da der Abstand ihrer Wellenkämme (gemeint sind die Wellenspitzen) zwischen 150 und 300 Kilometern beträgt. Auch die Höhe der Wellenkämme beträgt kaum mehr als einen Meter über der Oberfläche. Sie sind aber nur die Spitzen riesiger Wassermengen, die sich in rasanter Geschwindigkeit fortbewegen. Mehr als 10.000 Kilometer können Tsunamis zurücklegen, ohne schwächer zu werden. Das entspricht der Strecke von Europa nach Amerika und wieder zurück.

189. Wie entstehen „heiße Quellen“?

A Wenn sich Regenwasser an sehr heißen Stellen im Erdinneren sammelt.

→ Heiße Quellen entstehen, wenn Regenwasser unterirdisch über sehr heiße Stellen im Erdinneren fließt und sich dort in Hohlräumen sammelt. Dann kocht das Wasser, der Wasserdampf heizt das darüberliegende Wasser auf und presst es nach oben. Bei geringem Druck blubbert das Wasser einfach nur an bestimmten Stellen heraus. Ist der Druck aber sehr hoch, kommt das Wasser in hohem Bogen herausgeschossen. Diese Erscheinung nennt man dann Geysir. Heiße Quellen sind die Grundlage für Thermalbäder. Das Wasser heißer Quellen hat viele Mineralien, weil es einen sehr weiten Weg durch viele Gesteinsschichten zurückgelegt hat.

190. Wie entsteht ein Sumpf?

B Wenn Regenwasser nicht absickern kann.

→ In Gegenden, deren Boden aus festem Lehm oder Ton besteht, kann das Wasser nicht absickern. Deshalb bleibt es stehen. Pflanzenreste sinken auf den Boden und zersetzen sich. Langsam entsteht über dem Lehmboden eine weiche, schwammige Schicht. Durch die Verwesung der Pflanzen entstehen oft eigenartige Gerüche, die für den Menschen nicht immer besonders gesund sind. Man kann schnell in einem Sumpf versinken, da der lehmige Boden unter unserem Gewicht nachgibt. Je mehr wir in Panik geraten und mit den Beinen strampeln, umso tiefer sinken wir in den Sumpf hinein.

191. Welches ist das kleinste Land der Erde?

C Vatikanstaat.

→ In Rom, der Hauptstadt Italiens, liegt das kleinste Land der Welt: der Vatikanstaat. Dieser Staat ist nur 0,44 Quadratkilometer groß und hat ungefähr 750 Einwohner. Das Oberhaupt des Staates ist der Papst, der auch das Oberhaupt der katholischen Kirche ist. Zum Vatikan gehören auch der berühmte Petersdom, der Petersplatz und die Vatikanischen Gärten. Auf dem Petersplatz und an den Fernsehschirmen versammeln sich jedes Jahr an Weihnachten und an Ostern Millionen Gläubige, um den Segen vom Papst zu empfangen. Für die Bewachung des Vatikanstaates und den Schutz des Papstes ist die Schweizergarde verantwortlich.

192. Wo ist die heißeste Gegend der Erde?

B In der Afar-Senke, einer Wüstenregion in Äthiopien.

→ Die heißeste Gegend der Welt befindet sich in Afrika. Genauer gesagt in Äthiopien in der Afar-Senke. Dort werden Temperaturen von bis zu 56 Grad Celsius gemessen. Im Jahresdurchschnitt hat es dort 35 Grad. Diese Gegend wurde bekannt, weil 1974 dort ein Skelett eines 3,18 Millionen Jahre alten weiblichen Vorfahrens des Menschen gefunden wurde. Wissenschaftler gaben ihr den Namen „Lucy“.

193. Gibt es Pflanzen, die bei Frost und Schnee überleben?

A Nein, alle Pflanzen sterben im Winter ab.
B Ja, für einige Pflanzen bildet der Schnee eine schützende Decke.
C Ja, denn sie ziehen sich in die Erde zurück.

194. Was sind Fossilien?

A Versteinerte Urtiere und -pflanzen.
B Ein Gipsabdruck von Pflanzen und Tieren der Urzeit.
C Meerestiere aus der Urzeit.

195. Warum ist es in der Wüste nachts kalt?

A Weil die Wüste unter dem Meeresspiegel liegt.
B Weil nachts aufgrund fehlender Bäume kalte Winde aufkommen.
C Weil Sand die Sonnenwärme nicht speichern kann.

196. Wie entstehen die weißen Streifen hinter den Flugzeugen?

A Das sind Abgaswolken.
B Das Flugzeug stößt Wasserdampf aus.
C Das ist eine spezielle Farbe zur Markierung der Flugroute.

197. Was ist das Bermudadreieck?

A Dort werden Bermudas hergestellt.
B Eine Stelle im Meer, an der Schiffe und Flugzeuge verschwinden.
C Ein Dreieck aus nie ausbrechenden Vulkanen.

198. Was ist ein Ökosystem?

A Ein im Einklang mit der Natur arbeitender Bauernhof.
B Die Lebensgemeinschaft von Pflanzen und Tieren.
C Die systematische Verwendung von Biolebensmitteln.

199. Was ist ein Fjord?

A Ein Meeresarm, der ins Festland hineinreicht.
B Eine Steilküste am Meer.
C Ein hoher Berg am Rande einer Wüste.

200. Warum platzt die Seifenblase?

A Weil die Luft in ihr zu schwer wird.
B Weil das Wasser zwischen den Seifenwänden nach unten läuft.
C Weil die Seifenlösung mit der Zeit zähflüssig wird.

201. Warum ist ein Wasserfall so laut?

A Weil Wasser- gegen Luftmoleküle stoßen.
B Weil das Wasser auf den Boden prallt.
C Aufgrund der rauschenden Tonmoleküle.

202. Gibt es Steine, die schwimmen?

A Nein, alle gehen unter, weil sie so schwer sind.
B Ja, der Bimsstein.
C Ja, alle Glasbausteine.

203. Kann man in der Wüste Sahara ertrinken?

A Ja.
B Nur in einer Oase.
C Nein, es gibt dort überhaupt kein Wasser.

204. Wer macht eigentlich das Wetter?

A Der Wetterfrosch.
B Die Meteorologen.
C Die Sonne.

193. Gibt es Pflanzen, die bei Frost und Schnee überleben?

B Ja, für einige Pflanzen bildet der Schnee eine schützende Decke.

→ Viele Pflanzen erfrieren, wenn im Winter der erste Frost kommt. Die Blätter fallen ab und die Bäume sowie die Blumen treiben erst im Frühjahr wieder frisches Grün aus. Doch es gibt auch einige Pflanzen, denen der Schnee nichts anhaben kann. Die geschlossene Schneedecke schützt sie vor dem frostigen Wind und der klirrenden Kälte. Sobald der Schnee wieder schmilzt, beginnen diese Blumen sofort wieder zu wachsen und zu gedeihen.

194. Was sind Fossilien?

A Versteinerte Urtiere und -pflanzen.

→ Als Fossilien bezeichnet man versteinerte Tiere und Pflanzen aus der Urzeit. Wenn ein Tier stirbt, dann wird der Körper normalerweise von Bakterien, Pilzen und kleinen Lebewesen zersetzt und aufgefressen. Wenn eine Tierleiche nun unter Sand liegt, dann wird sie von der Außenwelt abgeschlossen. Der Druck und die Temperatur der Gesteinsschichten, die sich darüber ansammeln, sorgen dafür, dass sich der Leichnam verändert. Salzhaltiges Wasser fließt durch die Gesteinsschichten und umschließt die Knochen des Tiers. Langsam werden die Weichteile des Organismus durch festes Material ersetzt und die Knochen hinterlassen einen Abdruck. Die Fossilien entstehen sehr oft am Meer, denn hier ist es viel wahrscheinlicher, dass ein Tier unter dem Sand begraben wird.

195. Warum ist es in der Wüste nachts kalt?

C Weil Sand die Sonnenwärme nicht speichern kann.

→ Obwohl es tagsüber in der Wüste Temperaturen von bis zu 50 oder 60 Grad Celsius hat, fällt die Temperatur in der Nacht extrem ab. Der Sand heizt sich zwar sehr schnell auf, er kann die Wärme aber nicht speichern, weil seine „spezifische Wärme" gering ist. Alle festen Stoffe können Wärme schlechter speichern als Flüssigkeiten. Wasser besitzt ungefähr sechsmal so viel „spezifische Energie" wie Sand. Wasser braucht zwar länger, bis es warm wird, es kann die Wärme dafür aber länger halten. Da es außerdem kaum Wolken über der Wüste gibt, fehlt eine isolierende Schicht am Himmel. Die Wärme kann so in der Nacht ungehindert abstrahlen.

Experiment:

Sahara-Effekt

Stelle ein Glas mit Sand und ein Glas mit Wasser für ein paar Stunden in die Sonne und miss die Temperatur der beiden Stoffe. Stelle sie anschließend in den kühlen Schatten und miss nach einer Stunde noch einmal. Dann weißt du, warum es in der Wüste nachts so kalt ist.

196. Wie entstehen die weißen Streifen hinter den Flugzeugen?

B Das Flugzeug stößt Wasserdampf aus.

→ Flugzeuge hinterlassen am Himmel häufig weiße Streifen, die sogenannten Kondensstreifen. Sie sehen zwar aus wie Abgaswolken, doch sie bestehen nicht aus Rauch, sondern aus Wasserdampf. Die Luft, die aus den Düsentriebwerken kommt, ist sehr heiß und enthält viel Wasserdampf und viele Rußpartikel. Weil es in der Höhe, in der Flugzeuge fliegen, sehr kalt ist – etwa minus 50 Grad Celsius – friert der Wasserdampf an den Rußpartikeln fest. Millionen dieser winzigen Eiskristalle bilden dann den sogenannten Kondensstreifen, der am Himmel sichtbar ist. Ein Kilogramm verbrannter Treibstoff erzeugt etwa 1,3 Kilogramm Wasserdampf. Weil es einen Moment dauert, bis das Wasser an den Rußteilchen festgefroren ist, bilden sich die Kondensstreifen immer erst ein kleines Stück hinter dem Flugzeug. Je feuchter die Luft in der Höhe ist, in der das Flugzeug unterwegs ist, desto dicker und länger werden die Kondensstreifen. Die Entstehung von Kondensstreifen ist außerdem davon abhängig, in welcher Höhe das Flugzeug fliegt. Sie bilden sich erst, wenn eine Flughöhe von über acht Kilometern erreicht ist. Darunter ist es noch zu warm.

Experiment:

So kannst du das Wetter vorhersagen

Beobachte die Kondensstreifen von Flugzeugen am Himmel. Wenn die Streifen besonders dick und lang sind, dann steht möglicherweise ein Wetterumschwung bevor. Wenn die Streifen langsam verweht und zerzaust aussehen, dann bläst offenbar ein starker Wind in der Höhe und ein Wetterumschwung ist ganz sicher. Wenn sich die Wolkenstreifen schnell auflösen, dann ist die Luft sehr trocken. Folglich wird es nicht regnen. Wenn die Streifen lange unverändert am Himmel stehen, dann bleibt auch das Wetter stabil.

197. Was ist das Bermudadreieck?

B Eine Stelle im Meer, an der Schiffe und Flugzeuge verschwinden.

→ Es gibt eine Stelle im Meer zwischen den Bermudainseln und Florida, an der immer wieder Schiffe oder Flugzeuge aus unerklärlicher Ursache verschwinden. In den vergangenen 100 Jahren sollen dort rund 100 Schiffe und 40 Flugzeuge spurlos verschwunden sein. Forscher und Wissenschaftler rätseln seit langer Zeit, warum diese Stelle im Meer so gefährlich ist. Eine wirkliche Erklärung gibt es für diese Erscheinung bis heute nicht. Manche machen Außerirdische für das rätselhafte Verschwinden verantwortlich, andere führen es auf den Erdmagnetismus zurück. Die neueste Theorie stammt aus Russland. Hiernach soll aus dem Meeresboden eine riesige Gaswolke quellen. Durch das aufgewirbelte Gas verlieren die Schiffe angeblich ihren Auftrieb und sinken. Es gibt aber auch Wissenschaftler, die beweisen können, dass an dieser Stelle im Meer nicht mehr oder weniger Schiffe verschwinden als an anderen Stellen auch.

198. Was ist ein Ökosystem?

B Die Lebensgemeinschaft von Pflanzen und Tieren.

→ Ein Ökosystem setzt sich aus unbelebten und lebenden Bestandteilen zusammen. Die lebenden Bestandteile sind Tiere und Pflanzen. Sie werden auch als Biozönose oder Lebensgemeinschaft bezeichnet. Die Tiere und Pflanzen besiedeln einen unbelebten Lebensraum, das nennt man dann ein Biotop. Unbelebte Bestandteile sind etwa das Gestein, der Mineralboden, die Luft und das Klima mit seinen Temperatur-, Luftfeuchtigkeits- und Niederschlagsbedingungen. Biotop und Biozönose bilden also gemeinsam ein Ökosystem. Daraus entwickeln sich unterschiedliche Ökosysteme wie ein Wald, eine Wiese, ein Gewässer oder ein Moor. Im Laufe der Entwicklung stellt sich ein ökologisches Gleichgewicht ein, das durch zahlreiche miteinander vernetzte Stoffkreisläufe (wie Sauerstoff-, Kohlenstoff-, Wasser- und Nährstoffkreislauf) aufrechterhalten wird. Das klingt alles ziemlich kompliziert – und das ist es auch, weil es so vielschichtig ist. Deshalb können Ökosysteme auch so leicht gestört werden.

199. Was ist ein Fjord?

A Ein Meeresarm, der ins Festland hineinreicht.

→ Ein Fjord entsteht, wenn Gletscher durch bereits bestehende Flusstäler fließen. Das Eis des Gletschers reißt dabei jede Menge Gestein mit – dadurch wird das ursprüngliche Flusstal immer größer. Das entstehende Tal hat die Form des Buchstabens U. Es ist sehr tief und seine Hänge sind überaus steil. Weil es die Form eines Troges hat, nennt man es auch „Trogtal“. Als die Gletscher zu Beginn der Warmzeit abtauten, flossen ungeheuer große Mengen Schmelzwasser ins Meer. Der Meeresspiegel stieg und die Trogtäler wurden von Wasser überflutet. Diese überfluteten Täler nennt man Fjorde. Fjorde gibt es in Norwegen, Neuseeland, Finnland, Schottland, Alaska und Neufundland. Der längste Fjord der Welt heißt „Scoresbysund“ und befindet sich auf Grönland. Er ist 350 Kilometer lang.

200. Warum platzt die Seifenblase?

B Weil das Wasser zwischen den Seifenwänden nach unten läuft.

→ Ganz einfach: Auch Seifenblasen unterliegen der Schwerkraft. Sie schweben langsam in Richtung Erde. Häufig platzen sie, weil sie an ein Hindernis stoßen. Die Seifenblase platzt aber auch ohne Hindernis. Das liegt daran, dass auch das Wasser zwischen den Seifenwänden langsam nach unten fließt. Dadurch wird die Wasserschicht am oberen Ende der Seifenblase immer dünner, bis sie schließlich platzt, weil die Wand zu dünn geworden ist.

201. Warum ist ein Wasserfall so laut?

A Weil Wasser- gegen Luftmoleküle stoßen.

➔ Ein Wasserfall besteht aus unzähligen Wassermolekülen. Diese Wassermoleküle sind in Bewegung und stoßen beim Sturz in die Tiefe heftig aneinander. Dadurch stoßen sie auch die Luftmoleküle an – und das erzeugt Schall. Weil die Wassermoleküle in so großer Zahl durcheinanderfallen, entsteht der ohrenbetäubende Lärm – nicht etwa, weil die Wassermassen auf den Boden auftreffen. Das erzeugt zwar zusätzliches Donnern und Grollen, aber der Wasserfall wäre auch sehr laut, wenn er nicht auf den Boden auftreffen würde.

202. Gibt es Steine, die schwimmen?

B Ja, der Bimsstein.

➔ „Das geht unter wie ein Stein" – jeder kennt diese Redewendung, mit der man ausdrücken möchte, dass etwas ganz, ganz sicher ganz schnell im Wasser versinkt. Doch es gibt eine Ausnahme: den Bimsstein. Der geht gar nicht unter. Bimssteine stammen aus einem Vulkanausbruch. Wenn ein Vulkan ausbricht, werden zunächst große Mengen Gas aus dem Krater ausgestoßen. Im Verlauf eines Vulkanausbruchs kommt es schließlich zu einer Explosion, bei der der Schaum der überkochenden Lava aus dem Krater geschleudert wird. Dieser Lavaschaum wird nach dem Erkalten hart und bildet den sogenannten Bimsstein. Weil der Schaum so viele Gasbläschen enthält, entstehen nach dem Erstarren sehr viele winzige Hohlräume im Stein. In diesen Hohlräumen befindet sich Luft. Darum sind Bimssteine so leicht und schwimmen auf dem Wasser. Bimssteine werden zum Beispiel zum Reinigen von sehr schmutzigen Händen verwendet oder zum Abhobeln von Hornhaut an den Füßen. Zu feinem Staub zermahlen, werden Bimssteine zum Polieren oder Schleifen benutzt. Aus Bimsstein werden darüber hinaus aber auch Bausteine hergestellt. Sie sind wegen der Hohlräume besonders leicht und isolieren gut. Da sich der Bimsstein ähnlich wie ein Schwamm mit viel Flüssigkeit vollsaugen kann, kommt er auch als Katzenstreu zum Einsatz.

203. Kann man in der Wüste Sahara ertrinken?

A Ja.

➔ In der Sahara regnet es sehr selten. Wenn es jedoch regnet, dann füllen die Wassermassen in Sekundenschnelle die ausgetrockneten Fluss- und Bachläufe, die sogenannten Wadis. Da das Wasser nicht im trockenen Boden versickern kann, entstehen reißende Fluten. Sobald der Regen vorbei ist, verdunstet das Wasser wieder genauso schnell, wie es gekommen ist. Deshalb schlagen die Nomaden ihre Zelte niemals in Wadis auf, obwohl dies eigentlich sehr praktisch wäre: Schließlich gibt es dort tagsüber schattige Plätze.

204. Wer macht eigentlich das Wetter?

C Die Sonne.

➔ Auslöser für Wind und Wetter ist die Sonne. Mit ihrer Wärmeenergie schafft sie verschiedene Temperaturzonen in den Luftmassen. Das liegt daran, dass die Sonne die Erdoberfläche unterschiedlich stark erwärmt. Grund dafür ist zum einen der unterschiedliche Einstrahlungswinkel – an den Polen wird es deshalb weniger warm als am Äquator –, zum anderen die Verschiedenartigkeit der Erdoberfläche. Landmassen werden schneller aufgeheizt oder kühlen schneller ab als die großen Meere und Ozeane. Dadurch ist es in verschiedenen Gebieten auf unserem Planeten unterschiedlich warm. Die physikalischen Gesetze lauten: Kaltluft ist schwerer und träger als Warmluft. Warmluft steigt also nach oben und kühlere Luft strömt aus den untersten Schichten nach. Dies hat Tief- und Hochdruckgebiete zur Folge. Das Wetter kann man also mit einer riesigen Maschine vergleichen, die zwei verschiedenartige Temperaturen miteinander vermischt.

205. Warum können sich Hunde und Katzen nicht leiden?

A Weil sie verschiedene „Sprachen" sprechen.
B Weil sie sich nicht riechen können.
C Weil sie nichts von ihrem Futter abgeben wollen.

206. Was machen Lawinenhunde?

A Sie geben Alarm, wenn eine Lawine abgeht.
B Sie spüren verschüttete Menschen auf.
C Sie lösen eine Lawine aus.

207. Wie können uns Hunde verstehen?

A Sie lernen die Bedeutung von oft wiederholten Wörtern.
B Wenn wir in strengem Ton sprechen.
C Gar nicht.

208. Warum leuchten die Augen von Katzen, wenn sie nachts angestrahlt werden?

A Das liegt an der grünen oder gelben Augenfarbe.
B In ihren Augen spiegelt sich das Licht und wird zurückgeworfen.
C Ihre Netzhaut funktioniert wie eine Glühbirne.

209. Warum kriegen Haustiere Flöhe?

A Weil Flöhe ohne das Fell der Tiere erfrieren.
B Weil sie nicht regelmäßig gepflegt werden.
C Flöhe lieben Fellwärme und ernähren sich von Blut.

210. Singt die Nachtigall nur nachts?

A Ja, tagsüber schläft sie.
B Nein, sie singt auch am Tag.
C Ja, sie ist ein nachtaktiver Vogel.

211. Können Vögel mit vollem Schnabel zwitschern?

A Ja, weil sie zwei Kehlköpfe besitzen.
B Nein, weil der volle Schnabel das Zwitschern erstickt.
C Ja, weil sie aus dem Bauch heraus zwitschern.

212. Woher wissen Brieftauben, wohin sie fliegen sollen?

A Sie lernen die Reisestrecken als Jungvögel.
B Sie speichern die Landschaft wie eine Landkarte.
C Sie orientieren sich am Magnetfeld der Erde.

213. Woher wissen die Zugvögel, wann der „Abflugtermin" ist?

A Sie merken, dass es kalt wird.
B Sie haben eine Art innere Uhr.
C Sie nehmen wahr, dass die Blätter fallen.

214. Warum ziehen viele Vögel im Winter in den Süden?

A Weil es wärmer ist und sie mehr Futter finden.
B Um ihre Fettreserven abzubauen.
C Weil sie sich dort erholen können.

215. Können Papageien wirklich sprechen?

A Ja, wenn man lange genug mit ihnen trainiert.
B Nein, sie können nur die menschliche Stimme gut nachahmen.
C Ja, wenn man es ihnen von klein auf lernt.

216. Können Vögel rückwärts fliegen?

A Ja, alle Vögel können rückwärts fliegen.
B Nein.
C Nur der Kolibri kann rückwärts fliegen.

205. Warum können sich Hunde und Katzen nicht leiden?

A Weil sie verschiedene „Sprachen" sprechen.

➜ Grundsätzlich haben Hunde nichts gegen Katzen und umgekehrt. Ihre Feindseligkeiten beruhen meistens darauf, dass sie verschiedene „Sprachen" sprechen und sich missverstehen. Schnurrt die Katze, weil sie sich wohlfühlt, denkt der Hund, dass sie knurrt. Wenn der Hund die Vorderpfote hebt, weil er spielen möchte, so heißt das in der Katzensprache: „Verschwinde oder ich werde sauer!" Deshalb missverstehen sich Hunde und Katzen sehr oft. Wenn sie jedoch viel Zeit miteinander verbringen, sind die Tiere durchaus in der Lage, die Sprache des anderen verstehen zu lernen.

206. Was machen Lawinenhunde?

B Sie spüren verschüttete Menschen auf.

➜ Wenn Geräte und Warnsysteme versagen, dann verlassen sich die Rettungsteams in den Bergen auf ihre vierbeinigen Kollegen. Mit ihrem extrem ausgeprägten Geruchssinn – in der Riechschleimhaut des Hundes befinden sich ungefähr 220 Millionen Riechzellen – können die ausgebildeten Hunde verschüttete Menschen „erschnuppern". Der Mensch schneidet im Vergleich zum Hund mit seinen etwa fünf Millionen Riechzellen eher schlecht ab. Sogar Opfer, die unter meterdicken Schneedecken begraben liegen, können Lawinenhunde aufspüren. Die feine Nase des Hundes kann Gerüche ausgewählt aufnehmen. Deshalb können Hunde in der Ausbildung für verschiedene Gerüche wie etwa Drogen, Sprengstoff oder Lawinenopfer sensibilisiert werden. Neben der „Schulung" der Nase steht auf dem Ausbildungsprogramm der Lawinenhunde vor allem die Bewegung im Tiefschnee und der Transport in Liften, Gondeln, Pistenfahrzeugen oder Hubschraubern. Ganz wichtig sind auch Manöver, wie beispielsweise das Abseilen mit dem Hundeführer an einer Klippe.

207. Wie können uns Hunde verstehen?

A Sie lernen die Bedeutung von oft wiederholten Wörtern.

➜ Durch das Zusammenleben mit Menschen und vor allem durch Dressur kann ein Hund eine ganze Menge Wörter lernen. Zuerst lernt er seinen Namen, dann Befehle und schließlich auch andere Wörter. Er lernt die Bedeutung, weil die Wörter ganz oft wiederholt werden und immer im gleichen Zusammenhang genannt werden. Ein Hund kann natürlich nicht jedes Wort wörtlich verstehen. Er reagiert vor allem auf den Tonfall, das heißt darauf, wie etwas gesagt wird, zum Beispiel böse oder freundlich. Wenn der Hund etwas gut gemacht hat, dann muss man ihn loben. Besonders leicht lernt er natürlich, wenn er für richtiges Verhalten mit einem Leckerbissen belohnt wird. Am Tonfall erkennt der Hund auch, wie der Mensch gelaunt ist, ob er fröhlich, traurig oder ängstlich ist.

208. Warum leuchten die Augen von Katzen, wenn sie nachts angestrahlt werden?

B In ihren Augen spiegelt sich das Licht und wird zurückgeworfen.

➜ Damit sich Katzen im Dunkeln einigermaßen zurechtfinden können, haben sie eine Art Spiegel im Auge, direkt hinter der Netzhaut. Diese reflektierende Schicht wirft das Licht so zurück, wie wenn man mit einer Taschenlampe in einen Spiegel leuchtet. So können selbst ganz schwache Lichtquellen eingefangen werden und die Tiere können besser im Dunkeln sehen. Wenn wir einer Katze in die Augen leuchten, zum Beispiel mit einem Autoscheinwerfer oder einer Taschenlampe, dann wird dieses Licht durch den Spiegel im Auge zurückgeworfen und wir haben den Eindruck, dass die Tieraugen tatsächlich leuchten.

209. Warum kriegen Haustiere Flöhe?

C Flöhe lieben Fellwärme und ernähren sich von Blut.

→ Flöhe sind Schmarotzer, die auf warmblütigen Tieren leben. 94 Prozent aller Arten leben auf Säugetieren und nur sechs Prozent auf Vögeln. Sie ernähren sich vom Blut ihrer Wirte. Flöhe haben zwar Vorlieben für bestimmte Tiere, sie sind aber nicht ausschließlich auf diese angewiesen. Daher kann der Mensch auch von anderen Floharten als dem Menschenfloh befallen werden. Deshalb sollten Haustierbesitzer auch um ihrer eigenen Gesundheit willen darauf achten, dass ihre Tiere keine Flöhe haben. Flöhe werden durch die Atemluft, Wärme und Bewegung von Tieren angelockt. Nach einer üppigen Mahlzeit kommen Flöhe bis zu zwei Monate ohne Nahrung aus. Ein Floh kann maximal anderthalb Jahre alt werden.

210. Singt die Nachtigall nur nachts?

B Nein, sie singt auch am Tag.

→ Die Nachtigall singt sowohl am Tag als auch in der Nacht. Weil in der Nacht wenig andere Vögel singen, fällt ihr Gesang nur mehr auf.

211. Können Vögel mit vollem Schnabel zwitschern?

A Ja, weil sie zwei Kehlköpfe besitzen.

→ Vögel besitzen zwei Kehlköpfe, einen oberen und einen unteren, der am Ende der Luftröhre kurz vor den Bronchien sitzt. Vögel können nur mit dem unteren Kehlkopf Geräusche machen und deshalb können sie auch völlig problemlos weiterzwitschern, während sie Zweige für ihren Nestbau im Schnabel tragen oder Futter transportieren.

212. Woher wissen Brieftauben, wohin sie fliegen sollen?

C Sie orientieren sich am Magnetfeld der Erde.

→ Tauben sind in der Lage, selbst über Tausende von Kilometern ihren Heimatschlag wiederzufinden. Warum sie das können, gibt Forschern seit langer Zeit Rätsel auf. Man vermutet, dass Tauben eine Art Kompass in ihrem Kopf haben. Eines steht fest: Der Orientierungssinn der Brieftauben wird vom Magnetfeld der Erde beeinflusst. Durch elektrische Ströme im Inneren der Erde wird auf der Erde ein schwaches Magnetfeld erzeugt. Diese „Feldstärke“ ist an jedem Ort ein wenig anders. Die Tauben kennen die Feldstärke ihres Heimattaubenschlags. In der Schnabelhaut von Brieftauben hat man Magnetit, das ist ein Eisenoxid, gefunden. Dieser „Kompass“ verändert sich offenbar, wenn sich die Taube von ihrem gewohnten Magnetfeld entfernt. Über Nervenbahnen erhält das Taubenhirn vermutlich Anweisungen, in welche Richtung sie fliegen muss, um wieder nach Hause zu kommen.

213. Woher wissen die Zugvögel, wann der „Abflugtermin“ ist?

B Sie haben eine Art innere Uhr.

→ Alle Zugvögel, wie zum Beispiel Störche oder Stare, haben eine Art innere Uhr. Diese Uhr lässt die Vögel alles zur richtigen Zeit tun: Sie wissen beispielsweise instinktiv, wann Paarungszeit ist und wann sie in den Süden fliegen müssen. Zusätzlich zu diesem angeborenen Zeitgefühl orientieren sich die Zugvögel an der Tageslänge. Wenn die Tage wieder kürzer werden und die Temperaturen sinken, dann wissen sie, dass es Zeit für den Abflug ist.

214. Warum ziehen viele Vögel im Winter in den Süden?

A Weil es wärmer ist und sie mehr Futter finden.

→ Auf diese Weise können sie besser überleben. Im Frühling kehren Millionen von Zugvögeln aus den Überwinterungsgebieten in ihre Sommerlebensräume zurück. Im Spätsommer und Herbst treten sie dann wieder die lange und gefahrvolle Reise in die warmen Regionen in Südeuropa, Afrika und im westlichen Asien an. Zu den bekanntesten Zugvögeln zählen Kraniche und Weißstörche.

215. Können Papageien wirklich sprechen?

B Nein, sie können nur die menschliche Stimme gut nachahmen.

→ Nein, sie können sich keine eigenen Sätze ausdenken. Aber sie können die menschliche Stimme unwahrscheinlich gut nachahmen. Einige Papageien sprechen nur sehr wenige oder gar keine Wörter nach, sind jedoch wahre Meister im Nachahmen von Geräuschen. So können sie beispielsweise besonders gut imitieren, wie du dir die Nase putzt, mit dem Besteck klapperst oder wie deine Tür quietscht. Manchmal pfeifen sie sogar Melodien nach, die sie im Radio gehört haben. Oft lernen Papageien auch, Ereignisse mit bestimmten Geräuschen oder Wörtern in Verbindung zu bringen. Öffnest du dann zum Beispiel morgens die Tür, wirst du mit einem fröhlichen „Guten Morgen" begrüßt oder er ruft laut „Telefon!", wenn du angerufen wirst.

216. Können Vögel rückwärts fliegen?

C Nur der Kolibri kann rückwärts fliegen.

→ Vögel fliegen nur dann rückwärts, wenn der Gegenwind sehr stark ist und sie aus ihrer Flugbahn abgetrieben werden. Absichtlich rückwärts fliegen kann nur ein einziger Vogel, der Kolibri. Der Kolibri, der auch als kleinster Vogel der Welt bekannt ist, bewegt sich in der Luft so ähnlich wie ein Hubschrauber. Er kann nicht nur kurze Strecken rückwärts fliegen, sondern auch in der Luft stehen bleiben. Das ist nur möglich, weil die Kolibris sehr schnelle Flügelbewegungen machen. Manche Arten schaffen bis zu 80 Flügelschläge in einer Sekunde. Während andere Vögel die Flügel auf und abbewegen, schlägt der Kolibri seine Flügel meistens in der Form einer Acht. Mit dem bloßen Auge kann man die Flügelbewegungen eines Kolibris nicht erkennen. Daher konnte das Phänomen auch erst durch Aufnahmen mit speziellen Hochgeschwindigkeitskameras sichtbar gemacht werden. Weil das schnelle Flügelschlagen so unglaublich anstrengend ist, braucht der Kolibri sehr viel Energie. Seine Energie erhält er, indem er mit seinem langen Schnabel den zuckerreichen Nektar aus den Blütenkelchen saugt. Seine Zunge ist dafür wie ein Röhrchen geformt. Zucker wird vom Körper sehr schnell in Energie umgewandelt. Der Minivogel, der in der Luft ein wahrer Künstler ist, ist am Boden absolut hilflos. Er kann sich auf seinen Füßen nicht fortbewegen und muss jede noch so kleine Strecke fliegend zurücklegen.

217. Sind Raben schlechte Eltern?

A Nein, sie kümmern sich gut um ihren Nachwuchs.
B Ja, wenn ihre Jungen helles Gefieder haben.
C Ja, sie werfen ihre Jungen früh aus dem Nest.

218. Wieso kümmert sich der Kuckuck nicht um seine Kinder?

A Weil er es nie gelernt hat.
B Weil er kein eigenes Nest bauen kann.
C Weil er seine Eier bei „Pflegeeltern" ins Nest legt.

219. Gibt es Tiere mit Düsenantrieb?

A Nein, so etwas gibt es nicht.
B Ja, die Kopffüßer.
C Ja, manche Vögel fliegen mit Düsenantrieb.

220. Welche ist die gefährlichste Spinne der Welt?

A Die Trichternetzspinne.
B Die Schwarze Witwe.
C Die Kreuzspinne.

221. Stimmt es, dass Spinnenweibchen ihre Männchen auffressen?

A Nein, das ist nur ein Gerücht.
B Nein, sonst wäre keine Fortpflanzung möglich.
C Ja, weil sie Männchen als Beute ansehen.

222. Wo haben Spinnen ihre Ohren?

A Sie liegen am Kopf hinter den Augen.
B Sie haben keine Ohren, sondern „Hörhaare".
C Sie hören mit den Augen.

223. Warum sagt man „Bärenhunger"?

A Weil Bären fast alles und vor allem viel fressen.
B Weil Bären immer hungrig sind.
C Weil Bären während der Winterruhe brummen wie ein leerer Magen.

224. Warum haben Hasen so große Ohren?

A Um ihre Partner zu beeindrucken.
B Damit sie aus großer Entfernung gesehen werden können.
C Damit sie ihre Feinde von Weitem hören.

225. Warum bewegt sich die Kaninchennase ständig hin und her?

A Um das beste Futter zu erschnuppern.
B Um den Feind riechen zu können.
C Damit die Nase nicht verstopft.

226. Wie schwitzen Schweine?

A Gar nicht.
B Nur auf dem Rücken.
C Nur am Bauch.

227. Wann brauchen Igel unsere Hilfe beim Winterschlaf?

A Wenn der Igel im Sommer gefüttert wurde.
B Nur wenn das Tier verletzt, krank oder noch ganz klein ist.
C Wenn der Igel in den Garten kommt.

228. Warum sind Schweine dreckig?

A Um sich vor Kälte zu schützen.
B Weil sie besonders wasserscheu sind.
C Sie pflegen ihre Haut durch das Suhlen im Schmutz.

217. Sind Raben schlechte Eltern?

A Nein, sie kümmern sich gut um ihren Nachwuchs.

→ Jeder kennt den Begriff „Rabeneltern". So bezeichnet man Eltern, die sich nicht ausreichend um ihre Kinder kümmern. Raben kümmern sich ganz ausgezeichnet um ihren Nachwuchs. Dieser Irrglaube kommt wahrscheinlich von einer uralten Legende. Danach kommen Raben angeblich weiß auf die Welt, und weil die Rabeneltern sie nicht erkennen, füttern sie die Jungen die ersten Tage nicht. Das ist natürlich kompletter Unsinn, denn die Eltern wissen immer, was ihr Nachwuchs ist. Egal welche Farbe das Gefieder hat. Raben sind auch noch ausgesprochen treue Eltern. Sie bleiben meist ihr ganzes Leben zusammen.

218. Wieso kümmert sich der Kuckuck nicht um seine Kinder?

C Weil er seine Eier bei „Pflegeeltern" ins Nest legt.

→ Das Kuckucksweibchen brütet seine Eier nicht selbst aus, sondern überlässt diese Aufgabe anderen Vögeln. Zunächst beobachtet das Kuckucksweibchen eine ganze Weile andere Vögel beim Nestbau. Damit das fremde Ei nicht auffällt, muss es farblich zu den Eiern im Nest passen. So sucht das Kuckucksweibchen auch die passenden „Pflegeeltern" aus. In einer unbemerkten Minute legt das Kuckucksweibchen sein Ei in das fremde Nest. Dabei ist es ganz still, damit niemand diesen Schwindel bemerkt. Ein Ei frisst das Kuckucksweibchen sofort auf. Der fremde Vogel, der Wirtsvogel genannt wird, brütet das Ei zusammen mit seinen eigenen Eiern aus. Der kleine Kuckuck schlüpft schon nach zwölf Tagen – das ist meist früher als die eigenen Jungen zur Welt kommen. Der frisch geschlüpfte und noch blinde Kuckuck wirft als Erstes alle anderen Eier aus dem Nest. Falls doch schon ein anderes Junges geschlüpft ist, wird es ebenfalls vom Kuckuck aus dem Nest befördert. Jetzt ist der Kuckuck alleine und wird von seinen Pflegeeltern gefüttert. Damit der kleine Kuckuck nicht zu kurz kommt, schreit er sehr laut. Die Altvögel bekommen Angst, dass das Geschrei Feinde anlocken könnte, und stopfen dem gefräßigen Jungen so lange Nahrung in den Schnabel, bis es ruhig ist. Vögel schaffen normalerweise so viel Nahrung herbei, wie sie aufgerissene Schnäbel in ihrem Nest finden. Der südostasiatische Fluchtkuckuck hat sogar einen besonderen Trick: Er zeigt den Eltern die gelb gefleckte Unterseite seiner Flügel und täuscht ihnen damit mehrere Schnäbel vor. Manche Vogeleltern merken den Betrug und verlassen das Nest samt Kuckuckskind. Die meisten Wirtsvögel füttern ihr „Pflegekind" jedoch 21 bis 23 Tage lang im Nest. Danach ist der Kuckuck flügge.

219. Gibt es Tiere mit Düsenantrieb?

B Ja, die Kopffüßer.

→ Die Kopffüßer, zu denen der Oktopus, die Kalmare und Sepien gehören, bewegen sich durch Rückstoßbewegungen weiter. Mit seinen acht oder zehn Fangarmen kann sich zum Beispiel der Oktopus tastend fortbewegen. Um rascher voranzukommen, vor allem bei Gefahr, besitzen die Kopffüßer zusätzlich eine Art eingebauten „Düsenantrieb". Dafür befindet sich am Hinterkörper ein Trichter, auch Sipho genannt, der zusätzlich für die Steuerung sorgt. Er funktioniert wie ein Rohr, durch das das zuvor über die Kiemen eingeatmete Wasser stoßartig aus dem Körper herausgedrückt wird. Mit dem Rückstoß, der dabei entsteht, können die Tiere blitzartig durch das Wasser gleiten. Die Tiere können dabei so schnell werden, dass sie aus dem Wasser herausschießen und ein Stück durch die Luft „fliegen". Der Sipho kann dabei in alle Richtungen gedreht werden, sodass der Oktopus jedes gewünschte Ziel ansteuern kann.

220. Welche ist die gefährlichste Spinne der Welt?

A Die Trichternetzspinne.

→ Die gefährlichste Spinne der Welt ist die Trichternetzspinne. Ihr Biss endet nach einigen Minuten beziehungsweise Stunden tödlich. Lange Zeit dachte man, die Trichternetzspinnen hielten sich nur im Süden Australiens auf, aber kürzlich wurden sie auch im Norden entdeckt. Hier bei uns gibt es keine so gefährlichen Spinnen, die meisten sind völlig harmlos.

221. Stimmt es, dass Spinnenweibchen ihre Männchen auffressen?

C Ja, weil sie Männchen als Beute ansehen.

➔ Das Liebesleben der Spinnen ist sehr sonderbar. Für das Weibchen ist jedes Tier Nahrung, das die Größe einer Beute hat. Darum sind oft sogar die eigenen Männchen gefährdet – vor allem weil sie bei den meisten Spinnenarten viel kleiner sind als ihre Partnerin. Nicht wenige Männchen werden bei der Paarung vom Weibchen verletzt. Die Schwarze Witwe und die Wespenspinne fressen ihre Männchen sogar auf. Manche Spinnenmännchen, die mit nur vier oder fünf Beinen herumlaufen, wurden von einem Weibchen verstümmelt. Um das zu vermeiden, muss das Männchen erst den starken Beutetrieb des Weibchens überwinden. Die Natur hat verschiedene Formen der vorsichtigen Annäherung – die „Brautwerbung" – entwickelt, um das Weibchen friedlich zu stimmen.

222. Wo haben Spinnen ihre Ohren?

B Sie haben keine Ohren, sondern „Hörhaare".

➔ Spinnen können mit speziellen Borsten und Tasthaaren hören. Der wichtigste Sinn der Spinnen ist der Tastsinn. Tausende von Tasthaaren sind überall auf dem Körper der Spinnen verteilt. Und auf den Beinen liegen spezielle Härchen, besondere „Hörhaare". Diese reagieren auf Schwingungen und Schall, also auch auf Geräusche. In der Nähe der Gelenke der Beine befinden sich bei zahlreichen Spinnen auch schlitzförmige Sinnesorgane, die registrieren, wenn sich der Außenkörper verformt. Solche Reize entstehen auch bei Schall oder wenn ein Beutetier im Netz zappelt. Die verschiedenen Sinnesorgane und Tasthaare nehmen selbst kleinste Vibrationen wahr und helfen den Spinnen, ihre Beutetiere zu orten.

223. Warum sagt man „Bärenhunger"?

A Weil Bären fast alles und vor allem viel fressen.

➔ Die Bären sind echte Allesfresser. Sie essen genauso gerne süße Beeren, Honig und Früchte wie Insekten, zum Beispiel Ameisen, und deren Larven. Nüsse, Eicheln oder Bucheckern stehen ebenso auf ihrer Speisekarte wie Fische, Vögel, Mäuse, Erdhörnchen oder Aas. Im Frühjahr ernähren sie sich auch von Gras, Wurzeln, Kräutern oder frischen Trieben. Und bei schlechter Futterlage müssen die Bären auch einmal auf Blätter oder sogar Rinde zurückgreifen. Weil die Bären aber so groß sind, müssen sie sehr viel fressen: Ein Fisch ist für einen 300 Kilogramm schweren Bären nur ein Appetithappen! Um seinen Bärenhunger zu stillen, müsste ein Grizzly etwa 180.000 Beeren am Tag fressen.

224. Warum haben Hasen so große Ohren?

C Damit sie ihre Feinde von Weitem hören.

➔ Hasen haben wie die Kaninchen viele Feinde, zum Beispiel Wölfe, Füchse, Wildkatzen und Luchse sowie Jäger. Um zu überleben, müssen Hasen immer sehr aufmerksam sein. Ihre großen Ohren sind sehr beweglich und können in alle Richtungen gedreht werden. Auf diese Weise kann der Hase Geräusche in seiner Umgebung sehr genau wahrnehmen. Er kann also sehr früh hören, wenn sich ein Jäger oder ein gefährliches Tier nähert. Hasenohren nennt man auch „Löffel". Der umgangssprachliche Ausdruck „jemandem eins hinter die Löffel geben", womit „jemanden ohrfeigen" gemeint ist, hat hier seinen Ursprung. Übrigens: Der Eselhase, der in nordamerikanischen Wüsten lebt, nutzt die großen Ohren nicht nur zum Hören. Er gibt auch Wärme über seine Ohren ab.

225. Warum bewegt sich die Kaninchennase ständig hin und her?

B Um den Feind riechen zu können.

→ Das Kaninchen hat einen ausgezeichneten Geruchssinn. Weil es viele Feinde hat, zum Beispiel Füchse oder Jäger, muss es ständig auf der Hut sein. Damit ihm auch nicht der schwächste Geruch entgeht, schnuppert es ständig in alle Richtungen. Dabei ist seine Nase immer in Bewegung. Für das Kaninchen ist das lebenswichtig, um schnell auf Feinde aufmerksam zu werden.

226. Wie schwitzen Schweine?

A Gar nicht.

→ Schweine haben nur an ihrem Rüssel einige wenige Schweißdrüsen, deshalb können sie gar nicht schwitzen. Die Absonderung von Schweiß im Körper funktioniert wie eine Art Klimaanlage. Da Schweine keinen Schweiß absondern können, wird ihnen im Sommer ganz besonders heiß. Das ist auch der Grund, warum sie sich so gerne im Schlamm und Dreck suhlen: Das Baden kühlt sie ab. Aber auch die Schlammschicht, die an ihrem Körper haften bleibt, speichert Feuchtigkeit und entzieht den Tieren beim Verdunsten überschüssige Körperwärme. Wenn jemand sagt „Ich schwitze wie ein Schwein", wenn ihm das Wasser den Körper hinunterläuft, dann ist das eigentlich nicht richtig.

227. Wann brauchen Igel unsere Hilfe beim Winterschlaf?

B Nur wenn das Tier verletzt, krank oder noch ganz klein ist.

→ Der Igel gehört zu den besonders geschützten Tierarten. Findet man bei einem Spaziergang oder im Garten einen Igel, ist es deshalb nur in Ausnahmefällen, das heißt bei verletzten oder kranken Tieren, gestattet, den Igel mitzunehmen und zu pflegen. Eine solche Ausnahme ist es zum Beispiel, wenn man den Igel nach Einbruch des Winters, also bei Dauerfrost oder Schnee findet. Das gilt besonders bei Jungtieren bis zu einem Gewicht von 500 Gramm und auch dann, wenn der Igel allein am Tag umherirrt. Solche Tiere sind meist krank, manchmal sind sie auch zu spät im Jahr geboren worden und besitzen noch kein Fettpolster, das sie als Energiespeicher für den Winterschlaf dringend benötigen.

Tipp:

Entschließt du dich dazu, das gefundene Tier bei dir aufzunehmen, so ist Folgendes zu beachten: Nur richtig betreute Igel haben eine Chance, die Überwinterung in menschlicher Umgebung zu überstehen. Aus diesem Grund sollte man immer zuerst den Tierarzt, den örtlichen Tierschutzverein oder eine Igelstation informieren. Dort erhältst du kompetente Hilfe. Und: Igel vertragen keine Kuhmilch, sie bekommen davon schlimmen Durchfall (das gilt übrigens auch für Katzen).

228. Warum sind Schweine dreckig?

C Sie pflegen ihre Haut durch das Suhlen im Schmutz.

→ Die Haut unserer Hausschweine ist spärlich mit Borsten bedeckt, darunter liegt eine dicke Speckschicht, die Schwarte, die das Schwein vor Kälte schützt. Das Schwein pflegt seine Haut durch Suhlen im Dreck, um sich von Hautschmarotzern zu befreien und sich abzukühlen.

229. Warum kauen Kühe ständig?

A Weil sie zu den Wiederkäuern gehören.
B Weil das Gras so hart ist.
C Weil sie so kleine Zähne haben.

230. Warum werden Stiere wild, wenn sie ein rotes Tuch sehen?

A Weil die Farbe Rot sie aggressiv macht.
B Weil sie auf die Bewegung des Tuches reagieren.
C Weil durch die rote Farbe ihr Blut schneller fließt.

231. Warum sind Shetlandponys so klein?

A Weil es auf den Shetlandinseln nur kleine Lebewesen gibt.
B Sie wurden so klein gezüchtet.
C Ihre Größe ist die natürliche Folge ihrer Lebensbedingungen.

232. Müssen Pferde im Stehen schlafen?

A Ja, weil sich sonst ihre Innereien „verknoten".
B Nein, zum Schlafen legen sie sich hin.
C Nein, sie knien sich dazu hin.

233. Wieso ist das Fohlen eines Schimmels dunkel?

A Weil das Fell bleicht, wenn das Fohlen keine Muttermilch mehr trinkt.
B Weil das Fell dann erst im Laufe der Zeit „ausschimmelt".
C Weil das Fell nur durch die Sonne ausbleicht.

234. Warum brauchen Pferde Hufeisen?

A Damit man sie schon von Weitem hören kann.
B Um die Verletzungsgefahr zu mindern.
C Damit sich die Hufe aus Horn nicht abnutzen.

235. Wozu sind Ameisen gut?

A Sie vernichten Pflanzenschädlinge in der Natur.
B Sie sammeln die Abfälle im Wald und nutzen sie für ihren Bau.
C Sie sind gar nicht nützlich.

236. Warum grinsen Schimpansen?

A Um Freundschaft zu signalisieren.
B Weil sie Angst haben oder sich erschrecken.
C Um sich gegenseitig zu erschrecken.

237. Warum zwicken Ameisen?

A Um sich zu verteidigen oder angreifen zu können.
B Weil sie ihre Beißwerkzeuge trainieren müssen.
C Weil sie stachelige Beine haben.

238. Warum sind in der Nähe von Blattläusen immer so viele Ameisen?

A Um die Blattläuse zu fressen.
B Weil sie die süßliche Ausscheidung der Blattläuse mögen.
C Weil sie dieselben Pflanzen wie die Blattläuse fressen.

239. Was ist ein Wau-Wau?

A Ein kleiner Hund.
B Eine Bärenart in den Bergwäldern Kanadas.
C Eine Affenart in den Urwäldern Thailands und Javas.

240. Warum krähen Hähne?

A Das ist ein Reflex, sobald die Sonne aufgeht.
B Sie wecken die Hennen auf.
C Sie zeigen ihre Macht und grenzen damit ihr Revier ab.

229. Warum kauen Kühe ständig?

A Weil sie zu den Wiederkäuern gehören.

→ Kühe gehören zu den Wiederkäuern. Sie haben einen mehrteiligen Magen, der aus den drei Vormägen Pansen, Netzmagen (oder Haube) und Blättermagen (oder Buchmagen) und dem eigentlichen Magen, dem Labmagen, besteht. In den drei Vormägen wachsen viele Bakterien und Hefen, die das Futter der Kühe, das sehr schwer verdaulich ist, schon einmal zersetzen.

230. Warum werden Stiere wild, wenn sie ein rotes Tuch sehen?

B Weil sie auf die Bewegung des Tuches reagieren.

→ Stiere sind farbenblind. Sie können nur Schwarz, Weiß und Grau sehen. Ein Stier wird nur wild, weil er durch das Tuch gereizt wird. Das macht ihn wütend. Die Farbe des Tuches spielt dabei überhaupt keine Rolle. Der Stierkämpfer könnte genauso gut mit einem grünen oder schwarzen Tuch herumwedeln – für den Stier würde das keinen Unterschied machen.

231. Warum sind Shetlandponys so klein?

C Ihre Größe ist die natürliche Folge ihrer Lebensbedingungen.

→ Mit einem Stockmaß von rund einem Meter sind sie die kleinste Pferderasse der Welt. Shetlandponys werden bereits seit etwa 2000 Jahren als Pack- und Zugpferde gehalten. Kein Wunder, denn Shetlandponys sind nämlich nicht nur schlau und gelehrig, sondern haben auch ein sanftes, gutmütiges Wesen. Die große Kraft, die sie trotz ihrer geringen Größe besitzen, würden sie niemals bösartig gegen ihren Reiter einsetzen. Benannt sind die „Shettys" nach ihrem Herkunftsort, den Shetlandinseln. Diese liegen nördlich von Schottland auf der Höhe von Norwegen und Finnland. Dort ist das Klima kalt, regnerisch und stürmisch. Der einzige Schutz, der sich ihnen dort bietet, sind niedrige Felsvorsprünge. Und außer hartem Gras und Heidekraut gibt es nicht viel zu beißen. All diese äußeren Umstände führten dazu, dass die Shetlandponys im Laufe der Jahrhunderte immer kleiner wurden. Ihre Größe ist also kein bewusst herbeigeführtes Zuchtergebnis, sondern die Folge ihrer natürlichen Lebensbedingungen.

232. Müssen Pferde im Stehen schlafen?

B Nein, zum Schlafen legen sie sich hin.

→ Pferde schlafen nicht so wie wir Menschen. Sie ruhen eher in einem Dämmerzustand. Sie dösen sogar im Stehen. Um allerdings richtig tief zu schlafen und zu träumen, müssen sie sich hinlegen. Dazu legen sie sich auf die Seite und strecken alle vier Beine gerade von sich. Fohlen verbringen täglich über eine Stunde im Tiefschlaf. Erwachsene Pferde nur ungefähr 30 Minuten.

233. Wieso ist das Fohlen eines Schimmels dunkel?

B Weil das Fell dann erst im Laufe der Zeit „ausschimmelt".

→ Die Farbe eines Pferdes ist von den vererbten Genen abhängig und wird immer nach festen Regeln von den Eltern auf die Fohlen weitergegeben. Schimmel haben in ihren „Farbgenen" auch einen Graufaktor, der dafür verantwortlich ist, dass die Farbe des Pferdes mit der Zeit verblasst. So kommen die Fohlen oft als Füchse, Braune oder Rappen – also mit dunklem Fell – zur Welt. Nach jedem Haarwechsel im Frühjahr und im Herbst werden sie aber ein bisschen heller. Das liegt daran, dass einige Haarwurzeln aufhören, Pigmente, also farbgebende Substanzen, herzustellen und so weißgraue Haare wachsen. Diesen Vorgang, bei dem das Pferd immer mehr weißgraue Haare im Fell bekommt, nennt man „Ausschimmeln". So ist ein Fohlen noch dunkel, mit fünf Jahren ist es oft schon schmutzig grau gefärbt und nach dem zehnten Lebensjahr sind die meisten Schimmel ganz weiß.

234. Warum brauchen Pferde Hufeisen?

C Damit sich die Hufe aus Horn nicht abnutzen.

→ Die Hufe eines Pferdes bestehen aus Horn – ähnlich wie unsere Fingernägel. Dieses Material ist sehr fest und wächst im Monat ungefähr einen Zentimeter. Weil keine Nerven oder Blutbahnen durch das Horn laufen, ist das Pferd sehr unempfindlich. Wenn sich Pferde in freier Wildbahn bewegen, dann reicht dieser Huf als Schutz völlig aus. Wenn Pferde jedoch Kutschen ziehen oder viel geritten werden, dann bewegen sie sich oft auf asphaltierten Straßen und das Horn nutzt sich schnell ab. Deshalb bekommen sie von einem Hufschmied Hufeisen an die untere Kante der Hufe genagelt. Das tut dem Pferd übrigens nicht weh.

235. Wozu sind Ameisen gut?

A Sie vernichten Pflanzenschädlinge in der Natur.

→ Die Hautflügler – dazu zählen Bienen, Wespen und Ameisen – sind eine der wichtigsten Insektenordnungen. Ihre wertvollen Dienste in Natur und Landwirtschaft sind für das ökologische Gleichgewicht unverzichtbar. Ohne die Bestäubungsdienste der Blütenbesucher wären viele Pflanzen vom Aussterben bedroht und ohne die unterirdischen Bauten der Ameisen würde der Boden nicht gedüngt und durchlüftet werden. Mit wenigen Ausnahmen sind die in Europa lebenden Ameisen nützlich, indem sie zahlreiche Pflanzenschädlinge, besonders Schmetterlingsraupen, vernichten. Ameisen wurden bereits sehr früh zur biologischen Schädlingsbekämpfung eingesetzt, zum Beispiel im 12. Jahrhundert in Mandarinen- und Orangenkulturen in China. Leider kann aus dem Nützling, wenn er dann in Wohnungen oder Betriebe eindringt, schnell ein Schädling werden.

236. Warum grinsen Schimpansen?

B Weil sie Angst haben oder sich erschrecken.

→ Wenn Schimpansen grinsen, sind ähnlich wie bei uns Ober- und Untergebiss bei geöffnetem Kiefer sichtbar. Das Grinsen bedeutet aber nicht, dass der Schimpanse etwas sehr lustig findet. Im Gegenteil: Das Grinsen erfolgt bei Erschrecken oder großer Aufregung. Oft wird dieser Ausdruck von lautem Kreischen begleitet.

237. Warum zwicken Ameisen?

A Um sich zu verteidigen oder angreifen zu können.

→ Zur Verteidigung und zum Angriff besitzen viele Ameisenarten Drüsen, mit denen sie giftige Stoffe (zum Beispiel Ameisensäure) produzieren können. Zahlreiche Arten besitzen auch Stacheln. Bei den Soldatinnen ist der Kopf vergrößert und die Beißwerkzeuge sind besonders ausgeprägt. Damit sind sie in der Lage, äußere Zugänge zum Nest zu bewachen und zu verschließen.

238. Warum sind in der Nähe von Blattläusen immer so viele Ameisen?

B Weil sie die süßliche Ausscheidung der Blattläuse mögen.

→ Ameisen sind kleine Leckermäuler. Sie stehen auf Süßes. Blattläuse ernähren sich von dem Saft der Pflanzen. Wenn sie diesen Saft verdaut haben, scheiden sie eine klebrige, süße Masse aus. Diese Masse ist sehr schädlich für die Pflanze, weil sie deren Poren verstopft. Die Ameisen jedoch lieben die kleinen Blattlausknödelchen und essen sie gerne. Auf diese Weise helfen sie auch der Pflanze.

239. Was ist ein Wau-Wau?

C Eine Affenart in den Urwäldern Thailands und Javas.

→ Was ein Wau-Wau ist, weiß doch jedes Kind – könnte man zumindest meinen. Schließlich wird von kleinen Kindern oft ein Hund so bezeichnet. Darüber hinaus gibt es aber auch noch „echte" Wau-Waus. Wau-Waus sind eine Affenart, die in den Urwäldern von Thailand, auf Java und anderen kleinen benachbarten Inseln leben. Der Pelz eines Wau-Waus hat eine silbergraue Färbung, die von Insel zu Insel variieren kann. Daher hat der Wau-Wau auch seinen zweiten Namen: Silbergibbon. Wegen seiner Zutraulichkeit zu den Menschen ist er von Seefahrern oft auf die verschiedenen Inseln mitgenommen worden. Wau-Waus sind Affen, die mit dem Menschen sehr nah verwandt sind. Sie haben zum Beispiel keinen Schwanz mehr.

Info:

Trinkgewohnheiten der Wau-Waus
Gibbons trinken, indem sie sich, mit ihren langen Armen an Zweigen hängend, zum Wasserspiegel herunterlassen, den Handrücken eintauchen und das Wasser dann aus den Haaren heraussaugen. Offenbar haben sie vor Wasser großen Respekt. Und das aus gutem Grund: Wenn nämlich ein Gibbon versehentlich doch einmal im Wasser landet, macht er keinerlei Schwimmversuche. Sein Fell saugt sich dann sehr schnell voll. Gibbons ertrinken daher sehr leicht.

240. Warum krähen Hähne?

C Sie zeigen ihre Macht und grenzen damit ihr Revier ab.

→ Die Hähne krähen, um ihr Revier gegen andere Hähne abzugrenzen. Je lauter ein Hahn kräht, desto stärker erscheint er. Am frühen Morgen hören wir das Krähen besonders laut, weil es noch nicht von so vielen anderen Geräuschen überdeckt wird. Hähne haben wie alle Vögel eine innere Uhr, die sich nach der Helligkeit richtet. Junghähne beginnen mit dem Krähen, das sich anfangs eher nach Krächzen anhört, erst sehr viel später am Tag, da sie sich durch die Erwachsenen eingeschüchtert fühlen. Erwachsene Hähne krähen hauptsächlich als Zeichen ihrer Macht. Das „Hauptgekrähe" setzt zum Glück erst gegen neun Uhr ein.

241. Wozu ist das Lausen gut?

A So zeigen Affen ihre Zusammengehörigkeit.
B Es dient der Fellpflege und drückt die Verbundenheit der Affen aus.
C Jüngere Affen bezeugen den älteren Respekt.

242. Wie wird das Schaffell zur Wolle?

A Die Schafe kommen in eine Schermaschine.
B Das Schaf wird von Menschen geschoren.
C Schafe werfen das Fell zweimal im Jahr ab.

243. Warum gibt es weiße und braune Hühnereier?

A Das liegt in den Genen des Huhns.
B Das liegt an der Farbe des Fells.
C Das ist völlig zufällig.

244. Sind alle Küken gelb?

A Ja, weil sie sich im Ei vom Dotter ernähren.
B Nein, die Farbe hat vor allem eine symbolische Bedeutung.
C Ja, aber nur die Hühnerküken.

245. Wie lange dauert es, bis aus dem Ei ein Küken wird?

A Es dauert ungefähr eine Woche.
B Es dauert 21 Tage.
C Es braucht drei Monate.

246. Haben Hühner Ohren?

A Nein, sie können gar nichts hören.
B Ja, sie sind aber am Hinterkopf im Gefieder versteckt.
C Ja, aber sie befinden sich im Inneren des Kopfes.

247. Gibt es Säugetiere, die Eier legen?

A Nein, sie bringen immer „fertige" Junge zur Welt.
B Ja, die Schnabeltiere und die Ameisenigel.
C Ja, denn es gibt auch einige Vogelarten, die ihre Jungen säugen.

248. Warum stürzen sich Lemminge in den Tod?

A Um eine Überbevölkerung zu verhindern.
B Lemminge stürzen sich gar nicht absichtlich in den Tod!
C Weil sie den Klippenrand nicht erkennen.

249. Wer hat den Zoo erfunden?

A Kaiser Franz I. Stephan von Lothringen.
B Die englische Königin Viktoria.
C Der karthagische Feldherr Hannibal.

250. Wieso fällt das Kängurubaby nicht aus dem Beutel, wenn Mama hüpft?

A Das Kängurubaby hält sich fest.
B Das Kängurubaby saugt sich an der Mutter fest.
C Die Kängurumutter kann den Beutel verschließen.

251. Woher hat der Siebenschläfer seinen Namen?

A Weil er am Siebenschläfertag aus dem Winterschlaf erwacht.
B Weil sein Winterschlaf sechs bis sieben Monate dauert.
C Weil er täglich sieben Stunden schlafen muss.

252. Können Tiere einen Sonnenbrand bekommen?

A Nein, sie sind durch ihr Fell davor geschützt.
B Ja, sie können sich an Schnauze und Ohrrändern verbrennen.
C Ja, weil die starken Strahlen das Fell durchdringen.

241. Wozu ist das Lausen gut?

B Es dient der Fellpflege und drückt die Verbundenheit der Affen aus.

→ Schimpansen und andere Affen sitzen oft zusammen und kraulen sich das Fell. Das wird auch mit dem Wort „lausen" bezeichnet. Dabei suchen die Tiere nicht unbedingt Läuse, sondern meist salzige Hautschuppen. Selbst Menschen, die mit Affen befreundet sind, werden von ihnen „gelaust", obwohl sie gar kein Fell haben. Fremde Tiere und Menschen allerdings nicht. Dieses Verhalten dient nicht nur der Fellpflege, sondern hat noch einen anderen Grund. Unter Affen hat das Lausen die gleiche Bedeutung wie unter Menschen ein oberflächliches Gespräch. Wichtig ist dabei nicht das, was man sagt, sondern dass man überhaupt redet und damit ein Gefühl der Verbundenheit erzeugt. Eine ähnliche Funktion hat das Spiel. Dabei spielen nicht nur die Affenkinder miteinander, sondern auch die Erwachsenen. So werden Spannungen in der Gruppe abgebaut.

242. Wie wird das Schaffell zur Wolle?

B Das Schaf wird von Menschen geschoren.

→ Zuerst müssen die Schafherden zusammengetrieben werden. Bei großen Farmen passiert das auch mit Hubschraubern aus der Luft, sonst sind Autos, Pferde und noch immer die Hütehunde im Einsatz. Dann werden die Schafe nach Alter, Geschlecht und Fellqualität in verschiedene Gruppen aufgeteilt, markiert und geschoren. Ein Schaf wird in höchstens zwei bis drei Minuten komplett geschoren! Die Scherer packen das Schaf dazu am Rücken, drehen es mit einem geschickten Griff, halten die Beine zusammen und scheren das gesamte Vlies (oder Fell) als ein großes Stück ab. Die Felle werden sortiert und zu Ballen gepresst, kommen auf Auktionen und werden dort verkauft. In Kämmereien und Spinnereien wird das Material weiterverarbeitet. Zunächst wird es vorsichtig gewaschen, und zwar so, dass es nicht verfilzt. Danach wird es grob gereinigt und dann „gekrempelt". Das bedeutet, dass die Faserflocken durch Walzen laufen, die mit kleinen Haken versehen sind. Die bewegen sich gegeneinander und es entsteht so ein grob gereinigtes Faserband. Dann wird die Faser gekämmt. Anschließend geht's zur Spinnerei: Hier wird eine bestimmte Anzahl von Fasern maschinell gedreht und so zu Wollfäden verarbeitet.

243. Warum gibt es weiße und braune Hühnereier?

A Das liegt in den Genen des Huhns.

→ Es ist nicht ganz richtig, dass weiße Hühner weiße Eier und braune Hühner braune Eier legen. Einen Hinweis darauf, welche Farbe das Ei haben wird, gibt die Farbe der Ohrscheibe. Hühner mit roten Ohrscheiben legen in der Regel braune Eier und Hühner mit weißen Ohrscheiben legen weiße Eier. Warum das so ist, weiß allerdings auch niemand so genau. Viele Menschen glauben, dass braune Eier gesünder seien als weiße. Das ist völliger Quatsch! Man kann auch nicht anhand der Eierfarbe erkennen, ob das Huhn in einem Käfig oder im Freien gehalten wurde. Trotzdem greift mehr als die Hälfte der Deutschen lieber zu braunen Eiern.

244. Sind alle Küken gelb?

B Nein, die Farbe hat vor allem eine symbolische Bedeutung.

→ Die wenigsten Küken sind leuchtend gelb. Wir gehen nur deswegen von der gelben Farbe aus, weil das gelbe Hühnerküken als Symbol für das Leben gilt. Auch in der Werbung, auf Fotos und als Spielzeug werden meistens gelbe Küken verwendet. In Wirklichkeit sind sogar Hühnerküken eher hellgelb oder sogar bräunlich gefärbt. Je nach Rasse und Art haben Küken eine andere Farbe: Schwanenküken sind grau, Entenküken sind oft braun und Straußenküken sind braun mit einem gesprenkelten Hals. In der Natur sind Küken leichte Beute. Damit sie nicht so schnell entdeckt und gefressen werden, haben sie oft Tarnfarben, also grau oder braun. Die Dotter fast aller Vogeleier sind gelb. Der Stoff Karotin ist dafür verantwortlich. Bei den Säugetieren wird das Ungeborene über die Nahrung der Mutter mit diesem Stoff versorgt. Bei einem Ei ist die Nährstoffversorgung mit der Eiablage abgeschlossen. Damit das Küken gesund heranwachsen kann, muss der Eidotter genug Karotin enthalten.

245. Wie lange dauert es, bis aus dem Ei ein Küken wird?

B Es dauert 21 Tage.

→ Wenn die Henne von einem Hahn begattet wurde, verschmelzen die Samen- und die Eizelle zu einem Keim. 21 Tage dauert es, bis sich aus der vier Millimeter großen Keimscheibe ein Küken entwickelt hat: Zunächst bilden sich auf dem Dotter Blutgefäße, die den Embryo, der aus der Keimscheibe hervorgeht, mit Nährstoffen aus Dotter und Eiweiß versorgen. Am zwölften Tag hat sich der Embryo schon sehr stark weiterentwickelt und ist gewachsen. Von nun an ist er in der Lage, Geräusche wahrzunehmen. Am 17. Tag durchsticht er die Eimembran und befindet sich dann mit dem Kopf und dem Schnabel außerhalb der übrigen Eimasse in der Luftkammer. Er atmet jetzt über die Lunge. Ab jetzt nimmt er die Glucklaute der Mutter wahr und prägt sie sich ein. Am 19. Tag verständigen sich die Küken mit der Mutter und auch untereinander durch Piepsen. Der Schlupf kann so praktisch „abgesprochen" werden. Bis zu zwei Stunden können die Küken den Schlupf dann hinauszögern, wenn sie noch nicht so weit sind. Dies bringt vor allem in der freien Natur Vorteile, da die Küken alle gleichzeitig trocken sind und zusammen mit der Mutter das Nest verlassen können. Kurz vor dem Schlupf zieht das Küken den Dotter durch den Nabel ein. Dieser schließt sich darauf. Der Dotter kann das Küken 24 Stunden nach dem Schlupf mit Nährstoffen versorgen. Erst danach muss es die Nahrung selbst aufnehmen.

246. Haben Hühner Ohren?

C Ja, aber sie befinden sich im Inneren des Kopfes.

→ Ja, Hühner haben Ohren. Sie besitzen jedoch keine Ohrmuschel, so wie wir. Stattdessen haben sie eine Art Ohrloch. Das Ohr befindet sich komplett im Inneren des Hühnerkopfes. Sichtbar sind nur die Ohrläppchen.

247. Gibt es Säugetiere, die Eier legen?

B Ja, die Schnabeltiere und die Ameisenigel.

→ In Australien gibt es zwei Arten von Säugetieren, die Eier legen: Ameisenigel und Schnabeltiere. Weil ihre Harn- und Geschlechtsorgane in den letzten Darmabschnitt, die „Kloake", münden, heißen sie auch „Kloakentiere". Die Jungen des Ameisenigels verbringen nach dem Schlüpfen sechs bis acht Wochen in einer Hautfalte am Bauch der Mutter, wo sie Milch aus den Milchdrüsenfeldern aufsaugen. Das Weibchen gräbt bis zu 20 Meter lange Höhlen in die Erde und kleidet das Ende mit Blättern aus. Dort legt es dann meistens drei Eier hinein. Die Eier haben eine gummiartige Schale und einen großen Dotter. Das Schnabeltier brütet etwa zehn Tage lang. Dann schlüpfen die nackten, blinden, etwa 2,5 Zentimeter großen Jungen. Das Schnabeltier hat keine Zitzen, sondern Milchfelder. Das sind Hautbereiche, die Muttermilch absondern. Die Jungen lecken die Milch aus dem Fell. Nach fünf Monaten verlassen sie zum ersten Mal ihren Bau.

248. Warum stürzen sich Lemminge in den Tod?

B Lemminge stürzen sich gar nicht absichtlich in den Tod!

→ Die Aussagen „Lemminge sind lebensmüde. Sie schließen sich zu riesigen Pulks zusammen, marschieren Richtung Meer und hopsen von den Klippen" oder „Lemminge können so böse werden, dass sie explodieren" sind völliger Quatsch! Lemminge sind so groß wie Goldhamster und gehören zur Familie der Wühlmäuse. Sie leben im kalten Skandinavien und haben sich dem Klima prima angepasst. Allerdings ist es für die Forscher noch immer ein Rätsel, warum es von den flauschigen

Pelzkugeln manchmal ganz viele Tiere gibt und dann wieder nur ganz wenige. In manchen Jahren sind kaum welche zu sehen, dann wieder überschwemmen sie das Land zu Zehntausenden. Dann müssen sie sich neue Lebensräume suchen. Und weil sie in Massen unterwegs sind, um sich neue Lebensräume zu suchen, kann es schon einmal vorkommen, dass die tollkühnen Tierchen Klippen hinabstürzen oder in einen Abgrund fallen.

249. Wer hat den Zoo erfunden?

A Kaiser Franz I. Stephan von Lothringen.

➔ Zoo ist die Abkürzung für zoologischer Garten. Die Schwerpunkte der Aufgaben eines Zoos haben sich im Laufe der Geschichte von der einfachen Ausstellung exotischer Tiere hin zur Erforschung und Erhaltung von Tierarten verschoben. Eine weitere wesentliche Aufgabe des Zoos besteht darin, der Öffentlichkeit die Vielfalt der Tierwelt zu zeigen. Der älteste Zoo der Welt ist der Tiergarten Schönbrunn in Wien, der auf einen Wildpark auf dem Schönbrunner Gelände zurückgeht. Die eigentliche Tierschau wurde von Kaiser Franz I. Stephan von Lothringen (1708–65) gegründet. Der älteste wissenschaftlich geführte Zoo ist der Londoner Zoo (seit 1828). Die meisten modernen Zoos halten heute ihre Tiere in einer Umgebung, die deren natürlichem Revier nachempfunden ist. Das Tier ist damit kein reines Ausstellungsobjekt mehr, sondern hat auch die Möglichkeit, sich dem Betrachter zu entziehen.

250. Wieso fällt das Kängurubaby nicht aus dem Beutel, wenn Mama hüpft?

C Die Kängurumutter kann den Beutel verschließen.

➔ Wenn die Kängurubabys größer werden, dann kann es schon einmal vorkommen, dass sie aus dem Sack fallen. Zunächst sind Kängurubabys aber so winzig, dass sie sich im Beutel ihrer Mutter noch fertig entwickeln müssen. Sie sind nach der Geburt blind und unbehaart. Es dauert ungefähr ein halbes Jahr, bis das Känguru zum ersten Mal aus dem Beutel herausschaut. Die Zitze der Kängurumutter befindet sich in ihrem Beutel, sodass das Baby mit Milch versorgt wird. Die Mutter macht den Beutel und das Baby regelmäßig mit ihrer Zunge sauber. Indem die Mutter ihre Bauchfalte anspannt oder locker lässt, kann sie den Beutel verschließen oder öffnen. Irgendwann ist es so groß, dass seine Mutter es auch gar nicht mehr wieder hineinschlüpfen lässt.

251. Woher hat der Siebenschläfer seinen Namen?

B Weil sein Winterschlaf sechs bis sieben Monate dauert.

➔ Der Siebenschläfer hat nichts mit dem Siebenschläfertag (27. Juni) zu tun. Er gehört zur Gattung der Bilche oder Schlafmäuse. Außer dem Siebenschläfer gehören noch Baum- und Gartenschläfer sowie die Haselmaus zu dieser Gattung. Der Siebenschläfer wird bis zu 16 Zentimeter lang (Körperlänge) und besitzt einen buschigen, maximal 13 Zentimeter langen Schwanz. Sein dichter Pelz ist meist grau. Er kommt fast in ganz Europa vor und bevorzugt Eichen- und Buchenwälder als Wohngebiete. Tagsüber hält sich der Siebenschläfer in den Baumwipfeln verborgen. Nachts wird er aktiv und klettert wie die Eichhörnchen von Baum zu Baum. Er ernährt sich von Früchten und Samen, aber auch von kleinen Tieren. Ja, er plündert sogar Nester und frisst junge Vögel! Geht es auf den Herbst zu, dann sammelt er Nahrungsvorräte in seinen Höhlen. Bis zu 300 Gramm wiegt der Siebenschläfer, bevor er sich zum Winterschlaf begibt. Dieser dauert sechs bis sieben Monate. So macht das Tier seinem Namen alle Ehre.

252. Können Tiere einen Sonnenbrand bekommen?

B Ja, sie können sich an Schnauze und Ohrrändern verbrennen.

➔ Obwohl Tiere durch ihr dichtes Fell eigentlich vor Sonnenbrand geschützt sein müssten, können sie auch einen Sonnenbrand bekommen. Normalerweise sind Tiere so schlau, dass sie sich bei großer Hitze im Schatten aufhalten. Wenn man aber beispielsweise mit einem Hund oder einer Katze in der prallen Sonne spazieren geht, dann können sich die Tiere auf der Nase oder an den Rändern der Ohren verbrennen. Auch Walrösser bekommen einen Sonnenbrand. Sie sind zwar gegen Kälte unempfindlich, aber wenn sie zu lange in der Sonne liegen, dann rötet sich ihre Haut.

253. Warum werden Kamele auch Wüstenschiffe genannt?

A Weil sie große Mengen an Waren transportieren können.
B Ein Kamel schwankt wie ein Schiff.
C Weil Kamele früher auch Meere durchquerten.

254. Gibt es Tiere, die nicht trinken?

A Nein, alle Tiere müssen trinken.
B Ja, aber sie nehmen mit ihrer Nahrung genügend Flüssigkeit auf.
C Ja, sie nehmen Flüssigkeit über ihre Haut auf.

255. Mögen Mücken süßes Blut?

A Nein, sie stechen am liebsten Menschen, die stark frieren.
B Ja, deshalb sollte man wenig Süßigkeiten essen.
C Nein, der Geschmack ist ihnen egal.

256. Haben alle Tiere Augen?

A Nein, es gibt Tiere, die keine Augen brauchen.
B Ja, sonst würden sie sich ständig anrempeln.
C Ja, aber unter der Erde lebende Tiere haben nur ganz kleine.

257. Warum müssen sich Tiere nicht die Haare schneiden?

A Weil sie sich bei der Fellpflege die Haare selbst kürzen.
B Weil die Haare ausfallen oder abbrechen.
C Weil die Haare ab einer bestimmten Länge nicht mehr wachsen.

258. Warum werden Faultiere nicht von ihren Feinden gefressen?

A Seine Fellfarbe signalisiert, dass es giftig ist.
B Sie bewegen sich so langsam, dass sie gar nicht wahrgenommen werden.
C Aufgrund ihres fauligen Geruchs.

259. Wo sind die Eichhörnchen im Winter?

A Sie wandern nach Süden.
B Sie graben sich einen Bau in der Erde.
C Sie halten Winterschlaf.

260. Klettern Ohrwürmer in die Ohren?

A Ja, daher kommt auch ihr Name.
B Nein, sie heißen so aufgrund ihres ohrförmigen Hinterleibs.
C Ja, aber nur in die Ohren von Tieren

261. Was sind eigentlich Kakerlaken?

A Sie sind eine eigene Insektenordnung.
B Sie gehören zu den Silberfischen und Kellerasseln.
C Sie zählen zu den Blutsaugern.

262. Warum ekeln wir uns vor Kakerlaken?

A Weil sie so schnell von einer Ecke in die andere huschen.
B Weil sie nur nachts aktiv sind.
C Weil sie Müll fressen und Krankheiten übertragen.

263. Werden Grillen vom Zirpen taub?

A Nein, sie haben einen Schutzmechanismus.
B Ja, Grillen werden taub.
C Nein, denn sie werden bereits taub geboren.

264. Was sind Vampire wirklich?

A Kleine, schmarotzende Käfer.
B Eine Fledermausart.
C Ein altes Fürstengeschlecht aus Rumänien.

253. Warum werden Kamele auch Wüstenschiffe genannt?

A Weil sie große Mengen an Waren transportieren können.

So wie die Schiffe große Warenmengen über das Meer befördern, so war es den Bewohnern in der Wüste möglich, mit den Kamelen Lebensmittel durch die trockenen und heißen Gebiete zu transportieren. Kamele können in ihren Höckern sehr viel Wasser und Nahrung speichern, sodass sie tagelang ohne Futter auskommen konnten. Kamele sind die einzigen Tiere, die auch schwer beladen die anstrengenden Reisen ohne Probleme überstehen.

254. Gibt es Tiere, die nicht trinken?

B Ja, aber sie nehmen mit ihrer Nahrung genügend Flüssigkeit auf.

Ohne Wasser können Lebewesen nicht existieren. Alle Lebewesen bestehen aus Zellen. Wenn die Zellen austrocknen, dann stirbt das Tier. Trotzdem gibt es Tiere, die niemals trinken müssen. Zum Beispiel der Koalabär. Er ernährt sich ausschließlich von Eukalyptusblättern. Diese enthalten jedoch so viel Feuchtigkeit, dass er kein zusätzliches Wasser braucht. Die Wüstenspringmaus hat in der Wüste wenig Gelegenheit, Wasser zu trinken. Deshalb hat sie im Laufe der Zeit spezielle Mechanismen entwickelt, um die wenige Flüssigkeit, die sie bekommen kann, zu nutzen: Sie schwitzt nicht, sondert kaum Urin ab und ihr Körper zieht selbst aus den trockensten Nahrungsmitteln noch genug Flüssigkeit.

255. Mögen Mücken süßes Blut?

C Nein, der Geschmack ist ihnen egal.

Der Geschmack des Blutes ist den Mücken ziemlich egal. Aber sie legen Wert auf den Geruch des Menschen. Deshalb werden manche Menschen häufiger von Mücken gestochen als andere. Ausschlaggebend dafür, ob Mücken zustechen oder nicht, sind folgende Faktoren: Schweiß, Kosmetika, Parfüm und auch Medikamente. Aber auch die Körpertemperatur des Menschen entscheidet darüber, ob er häufiger gestochen wird als andere. Mücken bevorzugen nämlich Menschen mit höherer Körpertemperatur.

256. Haben alle Tiere Augen?

A Nein, es gibt Tiere, die keine Augen brauchen.

Würmer haben kein Skelett, keine Beine und auch keine Augen. Vermutlich haben sie keine Augen, weil sie keine brauchen. Denn dort, wo Würmer leben, gibt es nichts zu sehen: Ein Regenwurm hält sich die meiste Zeit in der dunklen Erde auf, der Sandwurm im Sand und Bandwürmer leben im Darm von Säugetieren. Viele Meerestiere haben ebenfalls keine Augen: Quallen, Seesterne, Muscheln, Seeanemonen, Korallen, Schwämme, Seeigel oder Seegurken zum Beispiel. Sie haben andere Fähigkeiten, die es ihnen ermöglichen, sich in ihrer Welt zurechtzufinden und Beute zu fangen.

257. Warum müssen sich Tiere nicht die Haare schneiden?

B Weil die Haare ausfallen oder abbrechen.

Es gibt kein Wildtier, dem man das Fell schneiden muss. Häufig fallen die Haare aus, wenn sie eine gewisse Länge erreicht haben, oder sie brechen einfach ab. Tiere in unseren Breiten wechseln das Fell jeweils zum Sommer und zum Winter. Da die Menschen aber schon vor sehr langer Zeit erkannt haben, dass Tierhaare nützlich sind – etwa um wärmende Pullover oder Decken aus der Wolle herzustellen –, haben sie Tiere gezähmt und häufig nur solche gezüchtet, denen lange Haare wachsen, zum Beispiel Schafe. Wenn man Hausschafe nicht schert, wird ihr Fell so dick, dass sie unglaublich schwitzen und bei Regen unter der Last ihres nassen Fells fast zusammenbrechen. Im Tierschutzgesetz ist deshalb vorgeschrieben, dass man Schafe scheren muss. Vielen Haustieren wurde ein längeres Fell gezüchtet, weil die Menschen es einfach hübscher fanden. Und so müssen Yorkshireterrier, Pudel oder einige Meerschweinchenarten regelmäßig „zum Friseur" gehen – sonst schränkt das lange Fell sie in ihrer Gesundheit ein. Manche hochgezüchteten Angorakatzen zum Beispiel bekommen schwere gesundheitliche Probleme, weil sie die Unmengen langer Haare, die sie beim Putzen ablecken, kaum bewältigen können. Es gibt aber auch Tiere, denen ein sehr langes Fell nützlich ist. Dem Tibet-Terrier zum Beispiel wächst das Fell über die Augen. Das ist von der Natur so vorgesehen, weil es seine Augen im tibetischen Hochgebirge, wo er herstammt, vor der Sonneneinstrahlung schützt. Menschen müssten sich eigentlich auch nicht die Haare schneiden. Das Haar wird dann eben immer länger, bis es nach etwa zwei bis sechs Jahren ausfällt. Wenn man es gut pflegt, kann langes Haar sehr schön aussehen. Wir schneiden uns die Haare nur, weil wir das praktischer und schöner finden – und nicht, weil es überlebenswichtig ist.

258. Warum werden Faultiere nicht von ihren Feinden gefressen?

B Sie bewegen sich so langsam, dass sie gar nicht wahrgenommen werden.

→ Das Faultier wird von seinen Feinden nicht gefressen, da es sich buchstäblich durch seine Faulheit vor seinen Widersachern rettet. Dadurch, dass es sich – wenn überhaupt – so unglaublich langsam bewegt, wird es von Jägern gar nicht als Beute wahrgenommen. Die meisten Tiere flüchten vor ihren Feinden. Das Faultier dagegen wird durch seine langsamen Bewegungen oft noch nicht einmal als Tier erkannt.

259. Wo sind die Eichhörnchen im Winter?

C Sie halten Winterschlaf.

→ Eichhörnchen halten Winterschlaf. Schon im Herbst sammeln sie fleißig Nüsse und legen in ihren Nestern in einem Baum oder in der Erde einen Vorrat an. Wenn es kalt ist, dann schläft das Eichhörnchen in seinem Nest die ganze Zeit über. Ab und zu wacht es auf und isst etwas von seinen Vorräten. An einem schönen sonnigen Wintertag wagt sich das Eichhörnchen sogar manchmal nach draußen, um sich nach neuen Vorräten umzusehen.

260. Klettern Ohrwürmer in die Ohren?

B Nein, sie heißen so aufgrund ihres ohrförmigen Hinterleibs.

→ Ohrwürmer sind Insekten. Sie würden niemals auf die Idee kommen, in unsere Ohren zu krabbeln. Sie essen nur Blätter. Ihren Namen haben die Ohrwürmer von ihrem Hinterleib. Der sieht nämlich bei genauerer Betrachtung ähnlich aus wie ein menschliches Ohr.

261. Was sind eigentlich Kakerlaken?

A Sie sind eine eigene Insektenordnung.

→ Kakerlaken oder Küchenschaben sind keine Käfer, sondern eine eigenständige Insektenordnung mit ganz speziellen unverkennbaren Körpermerkmalen. Schaben sind abgeflachte Insekten mit langen Fühlern (meist länger als der Körper) und sechs flinken Laufbeinen. Ihre ledrigen Deckflügel liegen dicht am Körper an und überlappen in der Körpermitte. In Mitteleuropa leben nur 16 Arten, von denen die Mehrzahl ein friedliches und unauffälliges Dasein in zerfallenem Laub führt. Drei Schabenarten sorgen jedoch für Aufsehen in deutschen Haushalten, da sie auf menschliche Nahrungsquellen angewiesen sind: die Küchenschabe, die Amerikanische und die Deutsche Schabe. Diese Schabenarten waren ursprünglich Bewohner wärmerer Zonen. Der Mensch hat sie aber mit dem Welthandel über die ganze Erde verbreitet. In unseren Breiten sind sie überwiegend in Gebäuden anzutreffen. Bäckereien, Restaurants, Großküchen, Gewächshäuser, aber auch der heimische Herd stehen ganz oben auf der Schabenliste. Nur hier finden sie neben einem oftmals paradiesisch anmutenden Nahrungsangebot auch Wohlfühltemperaturen zwischen 25 und 29 Grad Celsius. In freier Natur sind sie nicht überlebensfähig. Da die kleinen Plagegeister nachtaktiv sind, wissen wir oft gar nichts von ihrer Existenz. Erst wenn auch tagsüber die eine oder andere Schabe zu sehen ist, werden wir auf sie aufmerksam. Dies weist jedoch auf einen starken Befall hin, denn keine Kakerlake geht freiwillig bei Tageslicht spazieren.

Info:

Kakerlaken in der Wissenschaft
Kakerlaken sind zwar flugfaul, dafür sind sie aber schnell und wendig. Mit bis zu fünf Kilometern in der Stunde saust die Amerikanische Schabe dahin. Fangversuche scheitern oft kläglich. Auch bringt die Kakerlaken so leicht nichts aus dem Gleichgewicht. Selbst kleine Raketentreibsätze, die den Tieren quer auf den Rücken geklebt und beim Rennen gezündet wurden, brachten die Balancekünstler nicht aus dem Tritt. Ihre optimale Straßenlage hat bereits das Interesse von Roboterforschern geweckt. Wer weiß, vielleicht hat ja der Laufroboter von morgen Kakerlakenformat.

262. Warum ekeln wir uns vor Kakerlaken?

C Weil sie Müll fressen und Krankheiten übertragen.

➜ Schaben sind Allesfresser wie der Mensch. Die Kakerlake frisst jeden Essenskrümel bis hin zu Tapeten, der Plastikisolierung von Stromleitungen und manchmal sogar kranke oder alte Artgenossen. In schlechten Zeiten kann sie sogar monatelang hungern. Auf ihrer Suche nach Leckerbissen durchstreift die Kakerlake jeden Winkel der Wohnung, unter anderem auch den Müll. Dadurch wird sie zu einem gefährlichen Krankheitsüberträger. Aus diesem Grund werden Kakerlaken sofort bekämpft, sobald sie irgendwo auftauchen. Und deshalb sind sie auch als Schädlinge bekannt, vor denen wir uns ekeln.

263. Werden Grillen vom Zirpen taub?

A Nein, sie haben einen Schutzmechanismus.

➜ Wenn eine Grille zirpt, dann ist das für die Grille selbst ungefähr so laut, als würden wir neben einem Presslufthammer stehen oder auf der Tanzfläche einer Disco. Weil sich die Grille schlecht Ohrenschützer aufsetzen kann, hat sich die Natur einen Trick einfallen lassen: Die Nerven, die für das Zirpen zuständig sind, senden gleichzeitig ein Signal an die Grillenohren. Dadurch wird die Wahrnehmung gemindert – die Grille schaltet praktisch auf Durchzug. Macht die Grille eine kurze Zirppause, dann funktioniert ihr Ohr wieder einwandfrei.

264. Was sind Vampire wirklich?

B Eine Fledermausart.

➜ Vampire gibt es wirklich! Sie gehören zur Familie der Fledermäuse. Die drei Arten der Vampirfledermäuse ernähren sich tatsächlich nur von Blut. Aber nur die große Vampirfledermaus trinkt dabei das Blut von Säugetieren, zum Beispiel von Rindern und Schafen oder von größeren Wildtieren wie etwa Tapiren. Fast nie gehören Menschen zu ihren Blutquellen. Die kleinen Bisse spüren die Angezapften jedoch kaum, denn der Speichel der Vampire hat eine betäubende Wirkung. Die bei uns heimischen Fledermäuse sind allerdings keine Blutsauger. Und Graf Dracula ist nur die Erfindung des irischen Schriftstellers Bram Stoker.

265. Wie essen Fliegen?

A Sie nehmen Nahrung mit ihren Vorderbeinen auf.
B Sie haben einen Verdauungsrüssel.
C Sie saugen ihre Nahrung mit ihrer Zunge auf.

266. Warum fliegen Motten immer ins Licht?

A Damit es nicht irgendwann zu viele von ihnen gibt.
B Weil sie sich an Lichtquellen orientieren.
C Weil sie nach Wärme suchen.

267. Haben Insekten Ohren?

A Ja, aber sie sitzen an ungewöhnlichen Stellen.
B Ja, aber sie sind meist nur unter dem Mikroskop erkennbar.
C Nein, Insekten können nicht hören.

268. Wie bewegt sich eine Schlange?

A Mittels vieler Gelenke.
B Sie besitzt Tausende fast unsichtbarer Füße.
C Ohne Füße.

269. Warum klappert die Klapperschlange?

A Weil sie einen Partner finden möchte.
B Zur Verteidigung und Vertreibung von Feinden.
C Das Klappern beruhigt sie vor dem Einschlafen.

270. Sterben Giftschlangen, wenn sie sich selbst beißen?

A Ja, wenn sie richtig fest zubeißen.
B Nein, sie sind unempfindlich gegen ihr eigenes Gift.
C Nein, sie können mit ihren Zähnen die eigene Haut gar nicht verletzen.

271. Sind Blindschleichen blind?

A Nein, sie können sogar sehr gut sehen.
B Ja, deshalb heißen sie auch Blindschleichen.
C Nein, sie können hell und dunkel unterscheiden.

272. Warum weinen Krokodile?

A Weil sie nicht genug zu fressen bekommen.
B Weil sie beim Fressen zu gierig sind.
C Wasserdämpfe reizen ihre Augen.

273. Wieso können Wasserläufer auf dem Wasser laufen?

A Weil sie so leicht sind.
B Sie haben am Ende ihrer Beine kleine Flossen.
C Sie laufen nicht, sondern schweben über das Wasser.

274. Gibt es Fische, die angeln?

A Nein, weil sie keine Angel halten können.
B Ja, sie heißen sogar Anglerfische.
C Ja, sie benutzen kleine Stöcke als Köder.

275. Warum rutschen Geckos selbst auf glatten Spiegeln nicht aus?

A Sie haben kleine Saugnäpfe an den Füßen.
B Ihre Zehen sondern einen speziellen Kleber ab.
C Aufgrund der winzig kleinen Härchen an ihren Füßen.

276. Ist der Seehund ein Hund?

A Ja, er stammt von der gleichen Familie ab wie ein Hund.
B Nein, nur seine Geräusche klingen wie Hundegebell.
C Ja, es ist eine spezielle Züchtung mit Flossen.

265. Wie essen Fliegen?

C Sie saugen ihre Nahrung mit ihrer Zunge auf.

→ Fliegen können nicht kauen. Sie müssen ihr Essen aufsaugen, denn in ihrem Mund befinden sich keine Kauwerkzeuge. Ihr Mund ist innen wie ein Schwamm beschaffen und ihre Zunge ist wie ein Strohhalm geformt, deshalb muss ihre Nahrung flüssig sein. Wenn eine Fliege auf unserem Essen landet, dann erbricht sie sich zunächst darauf. Das Erbrochene besteht aus Verdauungssäften, Enzymen und Spucke und löst das Essen auf, damit die Fliege es aufsaugen kann. Weil Fliegen gerne auch verdorbene Nahrungsmittel essen, bleibt ein Teil der Bakterien in ihrem Mund haften und wird beim nächsten Mal wieder auf unser Essen erbrochen. Auf diese Weise können Fliegen Krankheiten übertragen. Fliegen legen ihre Eier gerne in Hundehaufen, Pferdeäpfel, Kuhfladen oder vergammeltes Fleisch, weil ihre Maden dort viel Nahrung haben, wenn sie schlüpfen. Da Fliegen klebrige Füße haben, bleiben immer kleine Spuren dieser unappetitlichen Dinge an ihnen haften, die sie dann fröhlich überall verteilen, wo sie entlanglaufen. Zum Beispiel auf unserem Esstisch oder unserem Wurstbrot.

Info:

Es gibt weltweit etwa 100.000 verschiedene Arten Fliegen – sogar in der Antarktis!

266. Warum fliegen Motten immer ins Licht?

B Weil sie sich an Lichtquellen orientieren.

→ Eine Kerze, eine starke Glühbirne oder eine elektronische Mottenfalle bedeuten den sicheren Tod für die Motte. Trotzdem fallen die Motten immer wieder darauf herein. Warum? Die Motte ist ein Nachtfalter. Um sich im Dunkeln zurechtzufinden, orientiert sie sich an natürlichen Lichtquellen wie dem Mond oder der Sonne. Sie kann aber nicht zwischen natürlichen und künstlichen Lichtquellen unterscheiden und stürzt sich deshalb auf eine Glühbirne, weil sie diese zum Beispiel für den Mond hält.

267. Haben Insekten Ohren?

A Ja, aber sie sitzen an ungewöhnlichen Stellen.

→ Die meisten Insekten können sehr gut hören – nur sitzen die Ohren bei den meisten Insekten nicht unbedingt dort, wo man sie vielleicht vermuten würde. Mücken haben ihr Hörorgan zum Beispiel im Saugrüssel. Bei den Nachtfaltern sitzen die Ohren am Bauch. Raupen hören mit den Enden kleiner Härchen, die auf ihrem ganzen Körper verteilt sind.

268. Wie bewegt sich eine Schlange?

C Ohne Füße.

→ Schlangen haben verschiedene Methoden entwickelt, um sich auch ohne Füße fortzubewegen. Einige Schlangen stützen sich an Wurzeln, kleinen Hügeln oder anderen Unebenheiten am Boden ab und bewegen sich wellenförmig hin und her. Andere ziehen ihren Körper wie eine Ziehharmonika zusammen und schieben dann ihren Kopf nach vorne. Besonders dicke Schlangen haben sehr stabile Bauchschuppen, die sie im Boden festhaken und sich so nach vorne schieben. Auf diese Weise sind sie auch in der Lage, Bäume hochzuklettern. Wüstenschlangen schieben sich durch schnelle Seitenbewegungen im Sand vorwärts. Schlangen können schwimmen und bewegen sich im Wasser durch seitliche Bewegungen. Seeschlangen können noch schneller schwimmen, weil sie einen abgeplatteten Schwanz haben, den sie wie eine Flosse benutzen.

269. Warum klappert die Klapperschlange?

B Zur Verteidigung und Vertreibung von Feinden.

➜ Klapperschlangen haben an ihrem Schwanzende mehrere harte Hautringe, mit denen sie jedes Mal klappern, wenn ihnen ein Feind zu nahe kommt. Die Klapper dient also der Verteidigung. Jedes Mal, wenn sich die Klapperschlange häutet (bis zu viermal im Jahr), entsteht ein neuer Hautring an ihrem Schwanzende. Die Anzahl der Ringe zeigt, wie alt die Schlange ist.

270. Sterben Giftschlangen, wenn sie sich selbst beißen?

B Nein, sie sind unempfindlich gegen ihr eigenes Gift.

➜ Eine Schlange kann sich kaum selbst beißen. Bei der Königskobra zum Beispiel werden die Giftzähne erst aktiv, wenn der Kiefer weit aufgesperrt ist. Sollte sich die Schlange doch einmal selbst beißen, dann besteht keine Gefahr für ihr Leben. Schlangen sind nämlich völlig unempfindlich gegenüber ihrem eigenen Gift.

271. Sind Blindschleichen blind?

A Nein, sie können sogar sehr gut sehen.

➜ Sie heißen nicht deshalb Blindschleichen, weil sie blind sind. Dieses Wort ist vielmehr von dem altdeutschen Wort „plintsicke“ abgeleitet, was so viel heißt wie „blendende Schleiche“. Unsere Vorfahren haben sie wegen ihres hellen Körpers so genannt. Blindschleichen gehören übrigens zur Gattung der Eidechsen.

272. Warum weinen Krokodile?

B Weil sie beim Fressen zu gierig sind.

➜ Wenn jemand herzzerreißend weint, sagt man: „Er weint Krokodilstränen.“ Krokodile weinen nicht, weil sie traurig sind. Vielmehr sind sie beim Fressen oft so gierig, dass sie sich viel zu große Brocken in den Mund stopfen und dann keine Luft mehr bekommen. Wenn sie hektisch nach Luft schnappen, dann drückt das auf die Tränendrüsen und den Krokodilen kullern dicke Tränen herunter.

273. Wieso können Wasserläufer auf dem Wasser laufen?

A Weil sie so leicht sind.

➜ Wasserläufer sind Insekten, die tatsächlich auf dem Wasser laufen können. Das funktioniert in erster Linie deshalb, weil sie sehr leicht sind. Sie haben sechs Beine, wobei die hinteren beiden länger sind als ihr Körper, die vorderen sehr viel kürzer. Die hinteren Beine liegen auf der Wasseroberfläche auf, ohne sie zu durchstoßen. Sie sind so leicht, dass die Oberflächenspannung des Wassers sie trägt. Beine und Körper des Wasserläufers sind mit winzigen silbernen Haaren überzogen. Diese Schicht wird oft geputzt und mit einem wasserabweisenden Fett versehen. Die Hinterbeine des Wasserläufers bilden ein riesiges X, damit das Gewicht besser auf dem Wasser verteilt wird. Der Wasserläufer berührt mit seinen Füßen, Knien oder Beinen das Wasser, aber niemals mit seinem Körper. Mit den Mittelbeinen rudert der Wasserläufer, mit den Hinterbeinen steuert er. Deshalb macht er auch so ruckartige Bewegungen.

Info:
Wasserläufer können sich zwar sehr schnell und geschickt auf dem Wasser fortbewegen – auf dem Land stellen sie sich eher ungeschickt an und werden deshalb schnell von anderen Tieren gefressen.

274. Gibt es Fische, die angeln?

B Ja, sie heißen sogar Anglerfische.

→ Tatsächlich gibt es Fische, die angeln: die Anglerfische. Sie benutzen ihre Flossen für ihre Fangtechnik. Und die funktioniert so: An der Rückenflosse befindet sich am Ende meist ein Anhängsel, das als Köder dient. Manche dieser Gebilde ähneln im Aussehen und Verhalten haargenau den künftigen Beutetieren. So sieht so ein Anhängsel beispielsweise wurmförmig aus, schimmert rötlich und bewegt sich wie ein Wurm hin und her. Wenn ein Wurm vorbeischwimmt, der einen Partner sucht, oder ein Fisch, der den Wurm fressen will, dann reißt der Anglerfisch sein riesiges Maul auf. Dabei entsteht ein Sog, der die Beutetiere in das Maul des Anglerfischs hineinsaugt.

275. Warum rutschen Geckos selbst auf glatten Spiegeln nicht aus?

C Aufgrund der winzig kleinen Härchen an ihren Füßen.

→ Scheinbar mühelos rasen Geckos selbst über spiegelglatte Oberflächen an der Zimmerdecke oder an der Wand. Wie die kleinen Reptilien das genau machen, das war auch Forschern lange Zeit ein Rätsel. Die Geckos haben nämlich keine Saugnäpfe an den Füßen, wie man vielleicht vermuten mag. Vielmehr befinden sich an ihren Füßen winzigste Härchen, die sich in Milliarden von kleinen Enden aufspalten. Wenn der Gecko einen Fuß auf die Glasscheibe setzt, haben all diese kleinen Fußhaare Kontakt mit der Scheibe. Insgesamt ergibt das eine relativ große Fläche. Die Moleküle, also die winzigsten Bausteine der Geckofußhaare, gehen bei jedem Schritt eine Verbindung mit den Molekülen der Glasscheibe ein. Dieser Vorgang wird auch Van-der-Waals-Kraft genannt. Diese Kraft sorgt dafür, dass alle vier Geckofüße eine Haftkraft von 140 Kilogramm haben.

Das heißt, zwei ausgewachsene Männer könnten theoretisch mit vier Geckofüßen an der Decke entlanglaufen, ohne herunterzufallen.

276. Ist der Seehund ein Hund?

B Nein, nur seine Geräusche klingen wie Hundegebell.

→ Der Seehund ist eine Robbe und gehört zu den Meeressäugetieren. Er macht lediglich Geräusche, die sich anhören wie Hundegebell. Das ist aber auch das Einzige, was ihn mit Hunden verbindet. Daher stammt auch sein Name.

277. Warum sind Flamingos rosa?

A Sie sind von Natur aus rosa.
B Sie baden in Seen mit rotem Schlamm.
C Der rote Farbstoff ihrer Nahrung färbt das Federkleid.

278. Was ist Bionik?

A Eine an den Mechanismen der Natur orientierte Technik.
B Das sind biologische Formeln.
C Eine besondere Form des Biologieunterrichts.

279. Haben Fische Durst?

A Nein, sie nehmen genug Wasser über ihre Hautschuppen auf.
B Ja, auch sie müssen trinken, um zu überleben.
C Nein, sie brauchen gar kein Wasser.

280. Können Fische schlafen?

A Nein, sie brauchen keinen Schlaf.
B Ja, aber sie schließen die Augen dabei nicht.
C Nein, sie fallen für wenige Stunden in eine Erholungsstarre.

281. Sind alle Fische stumm?

A Ja, sie können keine Laute erzeugen.
B Nein, viele Fische können sich durch Geräusche verständigen.
C Ja, denn Schallwellen sind unter Wasser nicht hörbar.

282. Was macht der Tintenfisch mit seinen langen Armen?

A Er nutzt sie zum Schwimmen, zum Beutefang und zur Begattung.
B Er benutzt sie nur zum Schwimmen.
C Er krabbelt in Windeseile über den Meeresboden.

283. Kann der Fliegende Fisch wirklich fliegen?

A Ja, denn er hat Flügel statt Flossen.
B Nein, er gleitet nur so schnell wie ein Flugzeug durchs Wasser.
C Nein, aber er kann aus dem Wasser schießen.

284. Was sägt der Sägefisch ab?

A Er setzt die Säge bei der Jagd ein, um seine Beute zu töten.
B Die Säge ist ein Hilfsmittel beim Höhlenbau.
C Er benutzt die Säge beim Kampf mit einem Konkurrenten.

285. Warum platzen Fische nicht durch den hohen Wasserdruck?

A Weil ihre Haut so dick ist.
B Weil Fische so klein sind.
C Weil ihre Zellen mit Wasser gefüllt sind.

286. Wozu hat der Hammerhai einen Hammer?

A Er schlägt damit seine Beute bewusstlos.
B Er hat nur einen hammerförmigen Kopf.
C Um sich seinen Weg durch die Unterwasserwelt zu bahnen.

287. Sind Killerwale gefährlich?

A Ja, denn sie greifen auch Menschen an.
B Nein, sie ernähren sich nur von Algen.
C Nein, sie gelten sogar als Gesundheitspolizei des Meeres.

288. Wie schläft der Delfin?

A Er schwimmt zum Schlafen in seine Höhle.
B Bei Delfinen schläft immer nur eine Gehirnhälfte.
C Delfine brauchen keinen Schlaf.

277. Warum sind Flamingos rosa?

C Der rote Farbstoff ihrer Nahrung färbt das Federkleid.

→ Flamingos ernähren sich von Algen, Insektenlarven und Krebsen, die einen roten Farbstoff enthalten, das Karotin. Diese Farbe wird vom Flamingomagen komplett aufgenommen und vom Blut in die Haut und in die Federn transportiert. Wenn sie andere Nahrung essen, dann werden die Flamingos wieder blass.

278. Was ist Bionik?

A Eine an den Mechanismen der Natur orientierte Technik.

→ Bionik ist Technik, die sich an Vorbildern aus der Natur orientiert. Tiere und Pflanzen haben viele ganz erstaunliche Fähigkeiten. Wissenschaftler klauen häufig die Techniken aus der Biologie und benutzen sie für ihre Erfindungen. Das Blatt der Lotuspflanze hat zum Beispiel eine Oberfläche, an der jeglicher Schmutz abperlt. Sie diente als Vorlage für extrem schmutzabweisende Lacke. Aus dem Prinzip der Klebkraft der Geckofüße entwickeln Forscher gerade einen neuen Klebstoff. Die Haut der Haifische diente als Modell für eine Beschichtung für Flugzeuge, die sehr viel Treibstoff spart. Und nicht zuletzt war auch der Klettverschluss eine Erfindung der Natur: Nach dem Vorbild der Klette schließen wir heute Turnschuhe, Skianzüge und Sporttaschen. Der Klettverschluss ist aus unserem Leben gar nicht mehr wegzudenken.

279. Haben Fische Durst?

B Ja, auch sie müssen trinken, um zu überleben.

→ Obwohl sie den ganzen Tag im Wasser umherschwimmen, haben sie Durst. Bei Fischen, die im Meer leben, wird das Salz im Wasser über die Nieren und spezielle Zellen der Kiemen ausgefiltert und wieder ausgeschieden.

280. Können Fische schlafen?

B Ja, aber sie schließen die Augen dabei nicht.

→ Um sich zu erholen, brauchen Fische genauso wie alle anderen höherentwickelten Wirbeltiere Schlaf. Weil Fische aber keine Augenlider haben, sieht man es ihnen nicht so leicht an, ob sie schlafen oder wach sind. Fische verlieren auch nicht völlig das Bewusstsein, wenn sie schlafen. Manche Fische klemmen sich zum Schlafen mit ihren Flossen in Riffspalten fest, damit sie nicht umhertreiben und leichte Beute für ihre Feinde werden. Andere legen sich sogar auf die Seite. Kleine Riffbarsche zum Beispiel ziehen sich für die Nachtruhe in das Geäst von Korallen zurück. Viele Fische schlafen auch tagsüber, um nachts für die Jagd fit zu sein. Muränen beispielsweise verbringen den Tag in ihrer Höhle und sind erst am Abend wieder aktiv. Manche Riffhaie brauchen

eine bestimmte Wasserbewegung auf ihren Kiemen, damit sie genügend Sauerstoff bekommen – darum schlafwandeln sie. Ihr Gehirn schaltet währenddessen immer eine Hälfte auf Energiesparmodus.

281. Sind alle Fische stumm?

B Nein, viele Fische können sich durch Geräusche verständigen.

➔ Viele Fische können sich sehr wohl mit Geräuschen verständigen. Ihre „Ohren" sitzen in kleinen Kapseln hinter den Augen. Tigerfisch, Knurrhahn, Katzenwels oder auch der Trommelfisch können sogar selbst relativ laute Geräusche erzeugen.

282. Was macht der Tintenfisch mit seinen langen Armen?

A Er nutzt sie zum Schwimmen, zum Beutefang und zur Begattung.

➔ Tintenfische haben je nach Art acht bis zehn Arme. Mit diesen sogenannten Tentakeln stopfen sie sich das Essen in den Mund und schwimmen durchs Wasser. Zusätzlich haben Tintenfische noch zwei Fangarme, mit denen sie ihre Beute einfangen. Das Männchen besitzt einen „Begattungsarm", mit dem es seine Samenpakete in die Mantelhöhle des Weibchens legt. Die Arme sitzen beim Tintenfisch direkt am Kopf. Deshalb nennt man ihn auch Kopffüßer.

283. Kann der Fliegende Fisch wirklich fliegen?

C Nein, aber er kann aus dem Wasser schießen.

➔ Fliegende Fische haben im Verhältnis zu ihrem Körper sehr große Flossen. Auch wenn die Flossen Flügeln ähneln, so kann der Fisch damit nicht wirklich fliegen, sondern eher segeln. Fliegende Fische schwimmen sehr dicht an der Wasseroberfläche. Wenn Raubfische nach ihnen jagen, dann schießen sie aus dem Wasser und gleiten manchmal bis zu 50 Meter weit in der Luft! Daher wird dieser Fisch Fliegender Fisch genannt. Dabei schlagen sie etwa 50-mal pro Sekunde mit der Schwanzflosse. 100 Meter legt ein Fliegender Fisch in sieben Sekunden zurück.

284. Was sägt der Sägefisch ab?

A Er setzt die Säge bei der Jagd ein, um seine Beute zu töten.

➔ Der Sägefisch benutzt seine Säge für die Jagd. Er fährt mit der Säge blitzschnell zwischen einen Fischschwarm und tötet dabei seine Beute. Auf dieselbe Weise macht er Jagd auf Fische, die ahnungslos zwischen Seetang schwimmen. Der Sägefisch gehört zu den Rochen. Er kann bis zu zehn Meter lang werden. Wegen seiner Säge wirkt er sehr gefährlich – für den Menschen ist er es aber nicht. In großen Aquarien wurden Sägefische sogar zahm und fraßen den Tauchern aus der Hand.

285. Warum platzen Fische nicht durch den hohen Wasserdruck?

C Weil ihre Zellen mit Wasser gefüllt sind.

➔ Je tiefer ein Taucher im Meer taucht, umso höher wird der Druck des Wassers auf seinen Körper. Auf eine Taucherkugel, die in elf Kilometer Tiefe taucht, wirkt ein Druck, der etwa dem Gewicht von 100.000 Autos entspricht. Fische haben damit kein Problem, denn der Wasserdruck drückt nur Luft zusammen. Da die Zellen, aus denen Fische bestehen, mit Wasser gefüllt sind, kann ihnen der Wasserdruck nichts anhaben.

286. Wozu hat der Hammerhai einen Hammer?

B Er hat nur einen hammerförmigen Kopf.

➔ Der Hammerhai schlägt natürlich keine Nägel in die Wand. Auf den Auswüchsen an seinem Kopf befinden

sich seitlich die Augen. Sie stehen so weit auseinander, dass der Hai sowohl links als auch rechts einen hervorragenden Rundblick hat. Auf diese Weise entgeht ihm kaum eine Beute. Neben den Augen liegen auch die Nasenlöcher auf dem „Hammer" ganz weit außen. So kann er seine Beute nicht nur rundherum gut sehen, sondern auch riechen. Hammerhaie werden bis zu 4,20 Meter lang.

287. Sind Killerwale gefährlich?

C Nein, sie gelten sogar als Gesundheitspolizei des Meeres.

→ Orcas sind Schwertwale. Sie werden auch Killerwale oder Mörderwale genannt, weil man in gestrandeten, toten Schwertwalen unglaubliche Mengen an gefressenen Tieren gefunden hat. Dabei sind die Orcas so etwas wie die Gesundheitspolizei des Meeres. Neben allen möglichen Fischen fressen sie auch erkrankte, schwache und leichtsinnige Delfine, Wale und Robben. Sie machen sich aber auch über Vögel her. Schwertwale sind die größten Exemplare der Familie der Delfine. Außerdem gehören sie zu den Zahnwalen und verfügen über ein durchaus furchteinflößendes Gebiss, das aus 40 kräftigen, dicht stehenden Zähnen besteht. Gegenüber Menschen ist der Orca neugierig und zugänglich.

288. Wie schläft der Delfin?

B Bei Delfinen schläft immer nur eine Gehirnhälfte.

→ Delfine gehören zu den Walen. Das heißt, dass sie, obwohl sie wie Fische im Wasser leben, Säugetiere sind. Im Gegensatz zu Fischen, die den Sauerstoff über ihre Kiemen aus dem Wasser filtern, atmen Delfine Luft über die Lungen. Während andere Säugetiere, wie auch wir Menschen, ständig atmen müssen und darauf meist keine besondere Aufmerksamkeit verwenden, holen Delfine „bewusst" Luft an der Wasseroberfläche und tauchen dann wieder ab. Wenn Delfine dieselben Schlafgewohnheiten hätten wie wir Menschen, könnten sie nicht regelmäßig auftauchen und Luft holen. Aus diesem Grund schläft bei Delfinen immer nur eine der beiden Gehirnhälften. Dann ruht das Tier an der Wasseroberfläche und bewegt sich kaum. Man sieht nur die Luftblasen in der Nähe des Luftlochs blubbern.

Info:

Kommunikation bei den Delfinen
Delfine sind sehr intelligente Tiere. Sie verständigen sich untereinander mit Klicklauten, Pfeifen und Schnattern. Sie kommunizieren darüber hinaus aber auch durch Körperkontakt mit ihren Artgenossen. Dieses ausgeprägte Sozialverhalten wird seit einigen Jahren auch zu Therapiezwecken, speziell für behinderte Kinder, genutzt.

289. Kann man Seegurken essen?

A Ja, sie gelten in China als Delikatesse.
B Nein, sie sind aus harten, unverdaulichen Muskelfasern.
C Ja, sie sind ein Gemüse.

290. Wie vermehren sich Muscheln?

A Indem sie eine Perle produzieren.
B Die weiblichen Eier werden von männlichen Samen befruchtet.
C Sie wachsen aus dem Meeresboden.

291. Bekommen Pinguine kalte Füße?

A Ja, deshalb rutschen sie auch auf dem Bauch über das Eis.
B Nein, sie sind durch eine wärmende Fettschicht geschützt.
C Nein, sie sind durch das warme Federkleid geschützt.

292. Wie lange überlebt ein Kaktus ohne Wasser?

A Drei bis vier Wochen.
B Mehrere Jahre.
C Viele Jahrhunderte.

293. Warum haben Pflanzen Blätter?

A Weil sie sich mithilfe der Blätter ernähren.
B Die Blätter spenden ihnen Schatten.
C Sie reinigen die Luft von Verschmutzungen.

294. Rauscht in Muscheln wirklich das Meer?

A Ja, weil sie aus dem Meer kommen.
B Nein, die Luft erzeugt in der Muschel ein eigenes Geräusch.
C Ja, weil sich in der Muschel noch Meerwasser befindet.

295. Können Muscheln schwimmen?

A Ja, aber nicht alle.
B Nein, Muscheln können nicht schwimmen.
C Ja, alle Muscheln können schwimmen.

296. Wächst der Panzer eines Krebses mit?

A Ja, denn er besteht wie der Körper aus Knochengewebe.
B Krebse haben keinen eigenen Panzer.
C Nein, stattdessen wächst ein neuer Panzer.

297. Was sind Sprossen?

A Ins Wasser gelegte Samen, die Keime treiben.
B Pflanzen, die aussehen wie eine Leiter mit Sprossen.
C So nennt man die „Ableger" einer Pflanze.

298. Warum haben manche Pflanzen Dornen und Stacheln?

A Zum Schutz vor anderen Pflanzen.
B Zum Schutz vor Tieren.
C Sie dienen als Waffe.

299. Warum hat die Kastanie Stacheln?

A Zum Schutz vor Mensch und Tier.
B Damit sie nicht zerbricht, wenn sie vom Baum fällt.
C Über die Stacheln erfolgt die Nahrungsaufnahme.

300. Wie „schlafen" Pflanzen?

A Gar nicht.
B Sie ziehen sich in den Boden zurück.
C Sie rollen nachts ihre Blätter zusammen.

289. Kann man Seegurken essen?

A Ja, sie gelten in China als Delikatesse.

→ Seegurken haben nur eines mit einer Gartengurke gemeinsam: ihr Aussehen. Sie bestehen aus einem länglichen Muskelschlauch und kriechen mit ihren winzigen Füßchen auf dem Meeresboden entlang. Seegurken ernähren sich, indem sie kleine Teile vom Meeresboden mit ihren Mundfüßchen aufsammeln und sich in den Mund an der Kopfseite stopfen. Hierzulande findet man die Seegurke so gut wie gar nicht auf der Speisekarte – in China hingegen gilt sie als Delikatesse. Angeblich fühlt sie sich beim Essen an wie eine eingeweichte Morchel und schmeckt nach gar nichts. Es gibt auch getrocknete Seegurken – die müssen allerdings rund zwölf Stunden lang eingeweicht werden, bevor sie überhaupt genießbar sind.

290. Wie vermehren sich Muscheln?

B Die weiblichen Eier werden von männlichen Samen befruchtet.

→ Wie bei den Menschen produzieren männliche Muscheln Samen und weibliche Muscheln Eier. Beide stoßen Samen und Eier einfach ins Meer ab. Wenn die sich dann zufällig treffen, dann entsteht aus dem befruchteten Ei eine Larve. Diese setzt sich dann auf Steinen oder Pflanzen fest und wächst zu einer neuen Muschel heran. Ob eine Muschel männlich oder weiblich wird, entscheidet sich erst nach zwei Jahren. So lange ist die Muschel nämlich beides.

Info:

Wie züchtet man Muscheln?
Die Austernzüchter zum Beispiel lassen viele Plastikstreifen, die an einer Leine hängen, ins Meer. Dort setzen sich die Muschellarven fest und können dann von den Züchtern an Plätze gebracht werden, wo sie in Ruhe heranwachsen können.

291. Bekommen Pinguine kalte Füße?

C Nein, sie sind durch das warme Federkleid geschützt.

→ Pinguine haben ihre Füße gut unter ihrem dicken, warmen Federkleid versteckt. Deshalb haben sie vermutlich höchstens einmal kalte Fußsohlen. Die Füße von Gänsen, Enten oder Pinguinen bestehen hauptsächlich aus Knochen und Sehnen und sind mit einer dicken Hornhaut bedeckt. Da sie wenig Muskeln haben, können sie auch nicht sehr frieren. Um die Füße trotzdem aufzuwärmen, stecken die Vögel sie unter ihr Gefieder. Manchmal auch abwechselnd – deswegen stehen manche nur auf einem Bein.

292. Wie lange überlebt ein Kaktus ohne Wasser?

B Mehrere Jahre.

→ Kakteen können riesige Mengen an Wasser speichern. Zusätzlich haben sie sehr lange Wurzeln, die das Wasser von ganz weit unten aus dem Boden saugen. Deshalb überleben sie problemlos in der trockenen Wüste – auch wenn es oft sehr lange, manchmal sogar Jahre bis zum nächsten Regenschauer dauern kann. In dieser Zeit nutzen sie die Feuchtigkeit aus dem Morgentau, der sich auch in der Wüste bildet. Es dauert sehr, sehr lange, bis ein Kaktus verdurstet. Er wird zwar runzelig und faltig – doch beim nächsten Regenguss füllt er seine Wassertanks wieder auf und sieht genauso frisch aus wie ehedem.

293. Warum haben Pflanzen Blätter?

A Weil sie sich mithilfe der Blätter ernähren.

→ Blätter sind ein wichtiger Bestandteil aller höherentwickelten Pflanzen. Sie dienen der Fotosynthese, also der Ernährung der Pflanzen, und ermöglichen der Pflanze, Wasser zu verdunsten. Die Pflanze verdunstet Wasser, damit aus der Wurzel neues Wasser mit Mineralstoffen nach oben gesaugt werden kann. Manche Blätter dienen den Pflanzen auch zur Anlockung von Tieren, die dann ihre Blüten bestäuben oder ihre Samen verbreiten sollen.Blätter wachsen an Moosen, Farnen und allen Blütenpflanzen. Auch die Nadeln der Nadelbäume sind Blätter, ebenso die Dornen der Kakteen. Algen, Flechten und Pilze haben dagegen keine echten Blätter. Auch wenn manche Teile dieser Pflanzen Blättern zum Verwechseln ähnlich sehen, sind es keine Blätter.

294. Rauscht in Muscheln wirklich das Meer?

B Nein, die Luft erzeugt in der Muschel ein eigenes Geräusch.

→ Muscheln, die eine Art Schneckengehäuse haben, rauschen, wenn man sie sich ans Ohr hält. Das ist jedoch nicht das Meer, was wir da hören. In der Muschel befindet sich eine Luftsäule – genau wie in einer Trompete oder Tuba. Diese Luft schwingt und erzeugt so ein Eigengeräusch. Durch die Geräusche, die von außen auf die Muschel einwirken, werden bestimmte Töne verstärkt. Somit rauscht in jedem hohlen Gegenstand etwas, wenn man ihn sich ans Ohr hält.

295. Können Muscheln schwimmen?

A Ja, aber nicht alle.

→ Nur sehr wenige Muscheln können schwimmen. Dazu klappen sie beide Muschelhälften ganz schnell auf und zu. Dadurch wird das Wasser am Rand herausgepresst und die Muschel schwimmt im Zickzack davon. Die Pilgermuschel lebt zum Beispiel auf dem Meeresboden und schwimmt bei Gefahr davon. Andere Muscheln besitzen einen Fuß, den sie aus ihrem Gehäuse herausstrecken können. Damit laufen sie über den Meeresboden oder graben sich ein, wenn Gefahr droht.

Info:

Die größte Muschel ist die Mördermuschel. Sie wird bis zu 1,40 Meter lang und kann etwa 500 Kilogramm schwer werden. Angeblich kann sie sogar die Beine von Tauchern einklemmen.

296. Wächst der Panzer eines Krebses mit?

C Nein, stattdessen wächst ein neuer Panzer.

→ Das Außenskelett eines Krebses, also der Panzer, kann nicht mitwachsen. Deshalb häuten sich alle Krebstiere von Zeit zu Zeit. Der neue Panzer wächst unter dem alten nach und der alte fällt dann einfach ab. Es gibt auch Krebse, die sich ihre Behausung selber suchen. Wenn sie wachsen, dann müssen sie sich ein größeres Zuhause suchen.

297. Was sind Sprossen?

A Ins Wasser gelegte Samen, die Keime treiben.

→ Sprossen oder Keime nennt man die Pflanzen, die entstehen, wenn man Samen durch Wasser sprießen lässt. Das geht einfach, schmeckt und ist sehr gesund, weil viele Vitamine entstehen. Fast aus allen Samen kann man Sprossen züchten. Besonders gut geht es mit Mungobohnen, Senfsamen, Alfalfa und Kichererbsen. Sprossen passen zu Salat, zu chinesischen Gerichten und sind auch aufs Brot sehr lecker. Achtung: vor dem Verzehr gründlich waschen!

Experiment:

Sprossen züchten

Sprossen züchtet man ganz einfach: in einem Glas!
Du brauchst dazu:
Papiertaschentücher
Alfalfa- oder Mungobohnen- oder andere Samen
1 Glas mit großer Öffnung
Fülle 1 Esslöffel voll Samen in das Glas. Bedecke die Samen mit Wasser und stelle das Glas über Nacht in den Kühlschrank, damit sich die Samen voller Wasser saugen können. Gieße am nächsten Tag das Wasser sorgfältig ab und lege ein mehrfach gefaltetes, nasses Papiertaschentuch über die Glasöffnung. Jetzt musst du die Sprossen jeden Tag zwei- bis dreimal mit Wasser spülen. Nach drei Tagen kannst du ernten.

298. Warum haben manche Pflanzen Dornen und Stacheln?

B Zum Schutz vor Tieren.

➔ „Keine Rose ohne Dornen." Fast jeder kennt diesen prägnanten Ausdruck für die Tatsache, dass alles Schöne leider auch Schattenseiten hat. Genau genommen ist dieses geflügelte Wort jedoch falsch. Rosen haben nämlich keine Dornen, sie haben Stacheln! Und die Kakteen, die für ihre Stacheln so berühmt sind, haben keine Stacheln, sondern Dornen! Wie das? Pflanzenwissenschaftler, auch Botaniker genannt, unterscheiden sehr genau zwischen Dornen und Stacheln: Dornen wachsen aus dem Körper der Pflanze und sind verkümmerte Kurztriebe – so etwas wie ein spitzer, kleiner Ast. Stacheln sind Auswüchse der Haut der Pflanze. Sie haben keinen Holzkern und bestehen aus Rinde. Die Dornen der Kakteen haben verschiedene Funktionen: Sie schützen die Pflanze vor der Sonne und können kleinste Mengen Wasser aufnehmen, zum Beispiel Tautropfen. Da Kakteen sehr große Mengen Wasser speichern und in sehr trockenen Gegenden leben, in denen Wasser meist sehr knapp ist, wären sie für viele Tiere als Futter ideal. Ihre Dornen schützen sie jedoch davor, gefressen zu werden. Andere Pflanzen, zum Beispiel der Feigenkaktus, haben Widerhaken an ihren Dornen. Wenn ein von der Pflanze abgebrochenes Stück zu Boden fällt, dann schlägt es Wurzeln. Der Feigenkaktus vermehrt sich auf diese Weise. Aus seinen Früchten, den Kaktusfeigen, kann man Marmelade machen.

299. Warum hat die Kastanie Stacheln?

A Zum Schutz vor Mensch und Tier.

➔ Die Kastanie ist der Samen des Kastanienbaums. Die braune Frucht ist umhüllt von einer stacheligen Schale. Esskastanien (Maroni) werden gerne von Mensch und Tier verzehrt. Um sich zu schützen, hat die Kastanie eine stachelige Verpackung. Außerdem versorgt die Schale den Samen mit Nährstoffen, damit er wachsen kann.

300. Wie „schlafen" Pflanzen?

C Sie rollen nachts ihre Blätter zusammen.

➔ Sicher hast du mal beobachtet, dass manche Pflanzen abends und morgens ganz seltsame Bewegungen machen. Ganz deutlich kannst du das bei Kleegewächsen und Hülsenfrüchten (wie Bohnen) beobachten. Sie lassen abends ihre Blätter ganz müde hängen und am Morgen strecken und recken sie sich der Sonne entgegen. Der Klee faltet seine dreiteiligen, herzförmigen Blätter zierlich zusammen. Auch junge Blüten falten ihre Blütenblätter nachts zusammen und öffnen sie morgens wieder. So schützen sie ihre zarten Staubfäden und Griffel vor Tau und Kälte.

301. Woher hat der Löwenzahn seinen Namen?

A Sein Saft lindert Zahnschmerzen bei Löwen.
B Seine gezackten Blätter erinnern an die Zähne eines Löwen.
C Die Farbe seiner Blüten erinnert an das Fell von Löwen.

302. Wieso wachsen Wurzeln nach unten?

A Weil sie Wasser in der Erde suchen.
B Weil die Wurzeln keine Nahrung aufnehmen können.
C Weil Wurzeln lichtempfindlich sind.

303. Was sind Schwämme?

A Eine Art Pilz.
B Kleine, rundliche Tiere, die viel Wasser speichern können.
C Wirbellose Lebewesen.

304. Wieso müssen wir beim Pilzesammeln aufpassen?

A Weil viele giftige Pilze gut riechen und schmecken.
B Weil Pilze giftige Dämpfe absondern können.
C Weil die meisten Pilze giftig sind.

305. Sind Pilze Pflanzen?

A Ja, weil sie wie Pflanzen aus der Erde wachsen.
B Nein, Pilze sind ganz einfach Pilze.
C Nein, sie gehören zu den Tieren.

306. Was sind fleischfressende Pflanzen?

A Eine Mischung aus Tier und Pflanze aus der Urzeit.
B Pflanzen, die Insekten fressen.
C Sie ernähren sich von den Beuteresten der Raubtiere.

307. Was sind eigentlich Heilpflanzen?

A Pflanzen, die heilende Wirkstoffe enthalten.
B Sie werden von heiligen Mönchen gesammelt.
C Pflanzen, die als heilig gelten.

308. Was ist eine Baumgrenze?

A Das ist der Übergang vom Laub- zum Nadelwald.
B Sie markiert ein Gebiet, in dem Bäume nicht mehr wachsen können.
C Bei den Römern waren die Grenzen durch Bäume markiert.

309. Haben Gräser auch Blüten?

A Nein, die Samen wachsen an den Rändern der Blätter.
B Nein, sie bestehen nur aus dem Grashalm.
C Ja, aber auf einem gemähten Rasen sieht man sie nicht.

310. Warum ist der Baumstamm rund?

A Weil Bäume aus einer runden Wurzel entstehen.
B Damit möglichst wenig Wasser verdunstet.
C Damit viele Bäume im Wald Platz haben.

311. Bevorzugt der Blitz bestimmte Baumarten?

A Nein, er schlägt bevorzugt in allein stehende, hohe Bäume ein.
B Ja, spitz zulaufende Nadelbäume.
C Ja, er schlägt besonders oft in Trauerweiden ein.

312. Wie alt können Bäume werden?

A 150 Jahre.
B So alt wie Menschen.
C Manchmal sogar mehrere tausend Jahre.

301. Woher hat der Löwenzahn seinen Namen?

B Seine gezackten Blätter erinnern an die Zähne eines Löwen.

➔ „Löwenzahn" ist nur eine von etwa 500 Bezeichnungen für diese Pflanze. Die gezackten Blätter erinnern viele Menschen an das Gebiss eines Löwen – daher der Name. Andere denken beim Anblick der Blätter mehr an das Gebiss eines Bären, weshalb die Pflanze auch als „Bärenzahnkraut" bekannt ist. In der Eifel sagt man auch „Backenzahn". Norddeutsche sprechen oft von der „Butterblume", der „Kuhblume" oder dem „Milchschreck". Die Schweizer nennen sie auch „Saublume". Andere originelle Bezeichnungen für den Löwenzahn sind „Pissblume", „Hundeblume", „bayerischer Enzian", „Bettschisser" und „Eierblume". Der lateinische Name für Löwenzahn lautet „Taraxacum officinale". Löwenzahn wächst in Europa, Asien und Nordamerika und hat sich mittlerweile fast auf der ganzen Welt verbreitet. Er gedeiht sogar im Gebirge bis etwa 2800 Meter. Wenn die gelben Blüten verblüht sind, dann bleiben die Samen mit den kleinen weißen „Fallschirmchen" stehen. Die kann man dann in alle Richtungen blasen – daher der Name „Pusteblume". Und weil die Samen so schön wollig aussehen, heißt der Löwenzahn mancherorts auch „Schäfchenblume".

302. Wieso wachsen Wurzeln nach unten?

A Weil sie Wasser in der Erde suchen.

➔ Mit ihren Wurzeln können Pflanzen lebenswichtiges Wasser und Nährsalze aufnehmen. Zusätzlich geben die Wurzeln der Pflanze Halt und verankern sie fest im Boden. Wurzeln wachsen aus zwei Gründen immer nach unten: zum einen, weil sie das Wasser suchen, und zum anderen wegen der Erdanziehungskraft. Das wird in folgendem Experiment deutlich: Lässt man eine Bohne keimen und hängt sie dabei frei schwebend auf, dann wächst die Wurzel nach unten, obwohl keine Erde in der Nähe ist. Selbst wenn man die Bohnen verkehrt herum aufhängt, wächst die Wurzel immer nach unten und der Stängel nach oben. Das liegt an einem chemischen Stoff, der in allen Pflanzen enthalten ist. Dieser Stoff heißt Auxin. Durch die Anziehungskraft der Erde sinkt das Auxin in jedem Samen immer zum Boden. Auxin wirkt sich unterschiedlich auf verschiedene Pflanzenzellen aus. Die Zellen, aus denen die Wurzel gebildet wird, wachsen in einem Bogen nach unten aus dem Samen. Die Zellen, aus denen der Stängel wächst, reagieren umgekehrt und wachsen in einem Bogen nach oben.

303. Was sind Schwämme?

C Wirbellose Lebewesen.

➔ Naturschwämme sind die Skelette von gestorbenen Schwämmen. Das sind wirbellose Lebewesen, die in allen Gewässern der Erde leben können. Es gibt über 7500 verschiedene Arten von Schwämmen. Sie können bis zu drei Meter hoch werden. Der Putzschwamm oder der Tafelschwamm sind in der Regel keine „echten" Schwämme, sondern werden aus Schaumgummi hergestellt.

304. Wieso müssen wir beim Pilzesammeln aufpassen?

A Weil viele giftige Pilze gut riechen und schmecken.

➔ Pilze sind eine leckere Delikatesse. Es gibt leider aber auch viele giftige Pilze. Das Aussehen, der Geruch oder der Geschmack eines Pilzes darf euch nie dazu verleiten, ihn als essbar oder giftig zu bezeichnen. 90 Prozent aller Pilzvergiftungen mit tödlichem Ausgang gehen zum Beispiel auf den grünen Knollenblätterpilz zurück. Er riecht angenehm süßlich und hat einen milden Geschmack. Besonders dramatisch ist bei ihm die Tatsache, dass sein Gift erst viele Stunden nach dem Verzehr zu wirken beginnt. Dann kann eine Magenentleerung nicht mehr helfen. Viele Gifte wirken erst fünf bis 20 Stunden nach dem Genuss. Sammelt also nur Pilze, die ihr ganz sicher kennt. Wer unsicher ist, ob sein Fund wirklich genießbar ist, kann sich an die öffentliche Pilzberatung wenden. Die Adressen bekommt man zum Beispiel beim örtlichen Gesundheitsamt.

305. Sind Pilze Pflanzen?

B Nein, Pilze sind ganz einfach Pilze.

→ Was sind Pilze eigentlich? Pflanzen, Tiere oder keines von beiden? Die Antwort ist einfach: Pilze sind Pilze! Sie bilden wie die Tiere und Pflanzen ein eigenes Reich. Die Diskussion, zu welchen Lebewesen die Pilze nun gehören, endete erst vor rund 40 Jahren. Bis dahin haben Generationen von Botanikern, das sind Pflanzenkundler, die Pilze der Pflanzenwelt zugeordnet. Kein Wunder, denn schließlich sprießen ihre Fruchtkörper wie Pflanzen aus der Erde. Doch es gibt einige gravierende Unterschiede zu den Pflanzen. Pilze besitzen im Gegensatz zu den Pflanzen kein Blattgrün und kommen ohne Tageslicht aus. Hinzu kommt, dass Pflanzensamen überall keimen können, wo feuchte Erde ist. Ein neuer Pilz bildet sich dagegen nur, wenn ein Sporenkörnchen auf etwas Nahrhaftes wie Laub, Nadelstreu, Holz oder ein totes Tier gefallen ist. Im Gegensatz zu den Pflanzen brauchen Pilze nämlich wie die Tiere grundsätzlich organische Nahrung. Das ist, vereinfacht gesagt, Nahrung, die selbst einmal gelebt hat. Als Zersetzer spielen Pilze eine wichtige Rolle in unserem Ökosystem. Sie recyceln organisches Material und führen es dem Kreislauf der Natur wieder zu.

306. Was sind fleischfressende Pflanzen?

B Pflanzen, die Insekten fressen.

→ Zunächst einmal sind es ganz normale Pflanzen. Sie haben grüne Blätter und beschäftigen sich den ganzen Tag damit, aus Sonnenlicht Zucker und Stärke zu produzieren. Aber warum fressen sie auch Fleisch? Aus „Hunger"? Nein, Energie besitzen die fleischfressenden Pflanzen genug, schließlich „ernähren" sie sich ja von Sonnenlicht. Aber neben Luft (Kohlendioxid und Sauerstoff), Licht und Wasser brauchen Pflanzen noch weitere Stoffe, die sie gewöhnlich im Boden finden. Dazu gehören unter anderem Kalium, Phosphor, Stickstoff. Fleischfressende Pflanzen wachsen aber an Orten, die sehr karg und nährstoffarm sind. Gewöhnliche Pflanzen haben dort große Probleme. Im Laufe der Entwicklung haben die fleischfressenden Pflanzen dann die Insekten als Nährstofflieferanten entdeckt und Methoden entwickelt, diese zu fangen und zu verdauen.

307. Was sind eigentlich Heilpflanzen?

A Pflanzen, die heilende Wirkstoffe enthalten.

→ Eine Heilpflanze ist eine Pflanze, die wegen ihrer Wirkstoffe zu Heilzwecken und zur Linderung von Krankheiten verwendet werden kann. „Heilpflanzen" ist ein Sammelbegriff. Er umfasst sowohl Kräuter, wie zum Beispiel Kamille, als auch andere Pflanzen, die der Heilung dienen, wie zum Beispiel das Gewürz Thymian.

308. Was ist eine Baumgrenze?

B Sie markiert ein Gebiet, in dem Bäume nicht mehr wachsen können.

→ Die Baumgrenze, oft auch Waldgrenze genannt, ist der Rand des Lebensraums, in dem Bäume wachsen können. Es gibt ganz verschiedene Gründe, warum Bäume in manchen Gebieten nicht wachsen können. Der trockenste Platz, an dem Bäume in der Wüste wachsen können, ist die Wüsten-Waldgrenze. Weiter im Inneren der Wüste gibt es zu wenig Wasser für die Bäume. Das Gegenteil davon ist die „hygrische Baumgrenze". An der hygrischen Baumgrenze beginnt eine Zone, in der es zu viel Wasser gibt, als dass dort Bäume gedeihen könnten, zum Beispiel in Sümpfen oder Mooren. Hier fehlt der Sauerstoff im Boden. Einige Bäume haben sich diesen Lebensbedingungen angepasst, zum Beispiel die Mangroven. Sowohl im Süden als auch im Norden der Erde gibt es die antarktische beziehungsweise arktische Baumgrenze. Jenseits dieser Grenzen ist es zu kalt für

Bäume. Die alpine Baumgrenze bezeichnet den höchsten Ort, an dem Bäume wachsen können. Weiter oben wird es zu kalt. In den Alpen liegt diese Region etwa auf 1600 bis 2000 Metern Höhe.

309. Haben Gräser auch Blüten?

C Ja, aber auf einem gemähten Rasen sieht man sie nicht.

→ Wenn man über eine Wiese geht, kann man eine große Vielfalt von Gräserblüten entdecken. Auf Fußballfeldern, Golfplätzen und in den meisten Gärten blüht Gras jedoch nicht. Das liegt aber nur daran, dass hier häufig gemäht wird. Weil sich das Gras dann jedoch kaum vermehren kann, müssen von Zeit zu Zeit immer wieder Samen ausgestreut werden.

Info:

Ohne Gräserblüten gäbe es zum Beispiel auch kein Müsli. Die Ähren von Getreide sind nichts anderes als die Blüten und später die Samen der Gräser. Hafer, Roggen, Gerste, Weizen, Reis und sogar Mais gehören zu den Gräsern. Bevor die Samen durch Windbestäubung entstehen, sitzen an den Ähren die Blüten unter dünnen Blättchen versteckt. Beim Mais kann man die Blüten sehr gut sehen. Es gibt nämlich männliche Blüten an der Spitze und weibliche Blüten am Stängel, aus denen später die Maiskolben werden. Aus den Samen der Getreide werden dann Mehl, Haferflocken, Sirup, Popcorn und vieles mehr hergestellt.

310. Warum ist der Baumstamm rund?

B Damit möglichst wenig Wasser verdunstet.

→ Baumstämme sind aus verschiedenen Gründen rund. Zunächst einmal bietet ein runder Baumstamm die kleinste Oberfläche. Dadurch verdunstet weniger Wasser. Wären Bäume eckig, würden sie auch dem Wind eine größere Angriffsfläche bieten. Alle Bestandteile eines Baumstammes sind ebenfalls rund. Wächst ein Stamm, dann bilden sich um die lang gestreckten runden Zellen herum immer neue Schichten, die sogenannten Jahresringe.

311. Bevorzugt der Blitz bestimmte Baumarten?

A Nein, er schlägt bevorzugt in allein stehende, hohe Bäume ein.

→ „Buchen sollst du suchen, Eichen sollst du weichen." An diesem Spruch ist allerdings wenig wahr. Während eines Gewitters soll man grundsätzlich nicht unter Bäumen Zuflucht suchen. Am sichersten ist es, sich im Freien auf den Boden zu hocken oder in einen Graben zu legen und sämtliche Metallgegenstände, also zum Beispiel Taschenmesser, Halsketten, Ringe und die Armbanduhr, abzulegen. Denn vor allem allein stehende, hohe Bäume ziehen Blitze regelrecht an. Woher stammt dann der Rat, nach dem man „Buchen suchen" soll? Die Wurzeln der Eiche und Buche wachsen unterschiedlich: Wegen ihrer langen Pfahlwurzel, die oft bis ins Grundwasser ragt, ist die Eiche wesentlich anfälliger für Blitzeinschläge als die Buche mit der flach gestreuten Herzwurzel. Dazu kommen die Unterschiede in der Rinde. Buchen haben eine glatte, Eichen eine zerklüftete Rinde. Wenn es regnet, wird der Blitz an der durchgängig feuchten Rinde der Buche besser an der Außenseite in den Boden geleitet als bei der Eiche, die wegen ihrer tiefen Furchen nicht durchgängig feucht wird. Die Wahrscheinlichkeit, dass der Baumstamm beim Blitzeinschlag im unteren Teil explodiert und den Schutzsuchenden verletzt, ist somit bei Buchen geringer als bei Eichen.

312. Wie alt können Bäume werden?

C Manchmal sogar mehrere tausend Jahre.

→ Meistens bewirken äußere Faktoren das Baumsterben. Das können schädliche Umwelteinflüsse, Klimaveränderungen oder schlicht das Abholzen durch den Menschen sein. Viele Bäume werden im Laufe der Jahre von Parasiten oder Krankheiten befallen, die ihnen die Lebenskraft rauben. Unter idealen Bedingungen können Bäume sehr alt werden. Wie alt ein Baum werden kann, hängt auch von der Art ab: Eichen können bis zu 1000 Jahre alt werden, Eiben bis zu 2000 Jahre, Buchen bis zu 300 Jahre und Mammutbäume sogar bis zu 4000 Jahre. Der älteste Baum, der bis heute gefunden wurde, heißt „Methusalem". Methusalem ist eine Grannenkiefer und wächst in Amerika in den White Mountains auf einer Höhe von 3000 Metern. Dieser Baum ist circa 4700 Jahre alt und damit das älteste Lebewesen der Erde.

313. Was sind Pyramiden?

A Pyramiden waren die Gebetstempel der alten Ägypter.
B Pyramiden dienten einst als Lagerhallen für Lebensmittel.
C Pyramiden sind Grabstätten.

314. Was ist Schaumgummi?

A Schaumgummi besteht aus Kunststoff.
B Süßigkeiten wie Gummibärchen.
C Kleine Kugeln für ein Schaumbad.

315. Woher kommt der Begriff „Olympiade“?

A Er bezeichnet den Zeitraum zwischen zwei Olympischen Spielen.
B Er bezeichnet eine Art Trainingslager.
C Er bedeutet Siegerehrung.

316. Was ist der „Kampf der Gladiatoren“?

A Ein Ringkampf im alten Rom.
B Ein blutiger und gefährlicher Wettkampf im alten Rom.
C Ein Stierkampf.

317. Wer waren die Wikinger?

A Die Wikinger waren Händler.
B So nannte man im Mittelalter kriminelle Menschen.
C Nordische Seeleute, Entdecker, aber auch Räuber.

318. Was haben die Wikinger alles entdeckt?

A Sie gelangten sogar bis nach Amerika.
B Die Wikinger entdeckten Irland.
C Sie gelten als die Entdecker Afrikas.

319. Was machte die Wikingerschiffe aus?

A Darauf war viel Platz für Diebesgut.
B Sie waren besonders prachtvoll.
C Die Schiffe waren blitzschnell unterwegs.

320. Wer suchte den „Stein der Weisen“?

A Asterix und Obelix.
B Die Chemiker des Altertums und des Mittelalters.
C Wissenschaftler auf der ganzen Welt.

321. Was sind die „Weltwunder“?

A Das sind sieben berühmte Bauwerke der Antike.
B Naturerscheinungen, die im Mittelalter noch unerklärlich waren.
C So bezeichnet man einen Menschen mit genialen Fähigkeiten.

322. Wer waren die Gladiatoren?

A Griechische Soldaten.
B Römische Berufskämpfer.
C Nordische Seefahrer.

313. Was sind Pyramiden?

C Pyramiden sind Grabstätten.

→ Viele ägyptische Könige (Pharaonen) des alten Reiches (um 2680–2180 vor Christus) und ihre Angehörigen wurden in Pyramiden begraben. Am Anfang waren die ägyptischen Pyramiden einstufige, also flache, quadratische Bauten aus Lehmziegeln. Auf diese wurden dann später weitere Stufen aus Lehmziegeln aufgesetzt. Die Bauweise der Pyramiden war sehr unterschiedlich. Erst in der letzten Generation von Pyramiden entstand die bekannteste Bauform, bei der die gesamte Pyramide aus Steinblöcken besteht. Das erstaunliche daran ist, wie die Ägypter ohne Kenntnis der neuzeitlichen Winkelmessung diese komplizierte geometrische Form errichten konnten.

314. Was ist Schaumgummi?

A Schaumgummi besteht aus Kunststoff.

→ Schaumgummi wird aus einem ganz speziellen Kunststoff angefertigt. Grundlage dafür sind sogenannte Polymere. Das sind chemische Stoffe, die in Verbindung mit anderen chemischen Zutaten einen Schaum bilden und ziemlich stabil bleiben. Entdeckt wurde dieser chemische Vorgang 1872 von Adolf Ritter von Baeyer. Weil das Gemisch aus Polymeren durch die chemische Reaktion von selbst warm wird und aufschäumt, lassen sich mit wenig Energie vielseitige Stoffe erzeugen.

315. Woher kommt der Begriff „Olympiade“?

A Er bezeichnet den Zeitraum zwischen zwei Olympischen Spielen.

→ Der Begriff „Olympiade“ kommt daher, dass die Spiele immer in einem bestimmten Rhythmus abgehalten wurden. Alle 49 oder 50 Monde, genannt Olympiade, sollte der Wettkampf bei Vollmond stattfinden. Das entspricht dem Vierjahresrhythmus, der auch im Jahr 1896 bei der Einführung der neuzeitlichen Spiele beibehalten wurde. Die Olympischen Spiele wurden zu Ehren des obersten griechischen Gottes Zeus abgehalten. Besonders wichtig war, dass alle sicher zu den Spielen hin- und auch wieder zurückkommen sollten. Deswegen herrschte während des Wettstreits Waffenstillstand, was in diesen kriegerischen Zeiten etwas Besonderes war. Der Gedanke des Friedens ist auch die Idee der modernen Olympischen Spiele.

316. Was ist der „Kampf der Gladiatoren“?

B Ein blutiger und gefährlicher Wettkampf im alten Rom.

→ Die Kämpfe liefen nach einem ganz speziellen Ritual ab. Nach einem Vorprogramm begannen die eigentlichen Kämpfe. Es gab viele verschiedene Arten von Gladiatorenkämpfern. Sie kämpften oft um ihr Leben und wenn ein Kämpfer beim Publikum sehr beliebt war, konnte er seine Freiheit erlangen. Es kämpften aber auch Frauen, sogenannte Amazonen, die, wenn sie Geschicklichkeit und Ausdauer bewiesen, auch gegen Männer antreten durften. Eine andere, ebenfalls sehr beliebte Art von Spielen waren die Tierkämpfe. Man hetzte Tiere, die dazu abgerichtet waren, aufeinander los. Eine abgewandelte Variante der Tierkämpfe war der Kampf von Gladiatoren gegen wilde Tiere. Man sperrte dazu die Kämpfer in die mit Tieren gefüllte Arena oder man jagte die Tiere zu den Kämpfern hinein.

317. Wer waren die Wikinger?

C Nordische Seeleute, Entdecker, aber auch Räuber.

→ Fast drei Jahrhunderte lang versetzten die Wikinger als Räuber und Plünderer das mittelalterliche Europa in Angst und Schrecken. Die rauen Nordmänner waren aber auch mutige Entdecker, herausragende Seeleute und geschickte Händler. Bis heute sind die Menschen von diesen Geschichten fasziniert. Der Begriff „vikingr" kommt aus dem Nordischen und heißt so viel wie „Seekrieger". Sie brachen zu Raubzügen, Ruhm und Abenteuern auf, um mit reicher Beute zurückzukehren. Ihre Heimat war Skandinavien, wo sie in den Küstenregionen des heutigen Dänemark, Schweden und Norwegen lebten. Obwohl sie kein eigener Stamm waren, sprachen sie in etwa die gleiche Sprache. Ebenso hatten sie Lebensart, Religion und die Vorliebe für die Seefahrt gemein. Sie brachten hervorragende Schiffskonstrukteure und Bootsbauer hervor, die unterschiedlichste Segelschifftypen entwickelten. Als schließlich im Jahre 1066 die Normannen unter Wilhelm dem Eroberer in England einfielen, begann das Ende der Wikingerzeit. Dieser machte England zu einem vorbildlichen christlichen Reich und aus den verhassten Seekriegern wurden geachtete Händler und Handwerker.

318. Was haben die Wikinger alles entdeckt?

A Sie gelangten sogar bis nach Amerika.

→ Die Wikinger kamen durch ihre berüchtigten Raubzüge durch weite Teile Europas. Sie drangen dabei im Süden bis weit ins Mittelmeer vor, entdeckten aber auch Island und Grönland. Sie gelangten sogar bis nach Amerika – und das schon 500 Jahre vor Kolumbus. Mit der Zeit siedelten sich mehr und mehr Wikinger auf dem eroberten Land an. Sie heirateten in einheimische Familien ein und passten sich an die örtlichen Gepflogenheiten an. So wurde aus den Wikingern ein sesshaftes Volk, das keine Raubzüge mehr plante, sondern ein ruhiges Leben führte.

319. Was machte die Wikingerschiffe aus?

C Die Schiffe waren blitzschnell unterwegs.

→ Die Vorgehensweise der Wikinger bei ihren Raubzügen war meistens gleich. Mit ihren wendigen Langschiffen näherten sie sich vom Meer aus blitzschnell ihrem Angriffsziel. Ihre Schiffe dienten ihnen als Truppentransporter, gekämpft wurde aber an Land. Durch ihre einzigartige Bauweise lagen die Schiffe so niedrig auf dem Wasser, dass man sie von Land aus erst kurz vor ihrer Landung ausmachen konnte. Meist war es dann schon zu spät für geeignete Abwehrmaßnahmen. Einmal an Land, verbrannten und plünderten die Wikinger alles, was ihnen in die Quere kam. Wen sie nicht niedermetzelten oder schwer verletzten, führten sie als Sklaven davon. Anschließend zogen sie sich – so schnell, wie sie gekommen waren – wieder in die Weiten des Meeres zurück. Nicht umsonst waren die Wikinger zu ihrer Zeit das am meisten gefürchtete Volk.

320. Wer suchte den „Stein der Weisen"?

B Die Chemiker des Altertums und des Mittelalters.

→ Der Ausdruck „Stein der Weisen" stammt aus der Alchemie. Diese kann man als die Chemie des Altertums und des Mittelalters bezeichnen. Die Alchemisten waren von der Anschauung beherrscht, dass sich ein Stoff in einen anderen verwandeln könne. Interessant und populär war diese Theorie vor allem deswegen, weil man glaubte, auf diese Art aus unedlen Metallen Gold herstellen zu können. Die Suche nach diesen Zauberformeln war damit gleichbedeutend mit dem Ziel, den „Stein der Weisen“ zu finden. Leider ging dieser Traum nicht in Erfüllung.

Info:

Die Alchemisten bemühten sich auch darum, ein Elixier zu finden, das das Leben verlängert. Trotz vieler unsystematischer wie ergebnisloser Experimente machten die Alchemisten aber auch eine Reihe wichtiger Entdeckungen: zum Beispiel Porzellan, Pottasche oder Messing. Viele berühmte Gelehrte des Mittelalters und der Neuzeit beschäftigten sich mit der Alchemie, so etwa Johannes Gutenberg (zwischen 1397 und 1400–1468), Albertus Magnus (um 1200–1280) und Sir Isaac Newton (1643–1727).

321. Was sind die „Weltwunder“?

A Das sind sieben berühmte Bauwerke der Antike.

➜ Die sieben Weltwunder sind sieben berühmte Bau- und Kunstwerke der Antike. Warum nun gerade sieben? Diese Zahl galt damals bei vielen Völkern als heilige Zahl. Der heute übliche Katalog der sieben Weltwunder geht auf den griechischen Schriftsteller Antipater aus Sidon aus dem 2. Jahrhundert vor Christus zurück. In dieser Zeit entstand die Liste der sieben eindrucksvollsten technischen Höchstleistungen des damaligen Weltkunstbereiches rings um das Mittelmeer. Diese ursprüngliche Liste bestand aus einem ägyptischen Weltwunder, zwei babylonischen und vier griechischen: die Pyramiden von Gizeh, die Festungsmauern von Babylon, die Hängenden Gärten der Semiramis in Babylon, die Zeusstatue des Phidias in Olympia, der Artemis-Tempel zu Ephesos, das Marmormausoleum zu Halikarnassos und der Helios-Koloss zu Rhodos. Bis auf die Pyramiden von Gizeh in Ägypten wurden alle anderen Weltwunder zerstört.

322. Wer waren die Gladiatoren?

B Römische Berufskämpfer.

➜ Gladiatoren (lateinisch „gladius“ für Stoßschwert) waren Berufskämpfer im antiken Rom (600 vor bis 500 nach Christus), die in öffentlichen Veranstaltungen auf Leben und Tod gegeneinander kämpften. Auch kämpften sie gegen wilde Tiere. Die Kämpfe, die blutig endeten, fanden meist in einem Amphitheater statt. Bei den ersten Kämpfern handelte es sich um Sklaven oder Kriegsgefangene, dann kamen noch Verbrecher dazu. Obwohl Gladiatoren gesellschaftlich noch niedriger als Sklaven standen, war das Interesse, Gladiator zu werden, manchmal so groß, dass sich sogar freie Bürger dafür bewarben. Heute kann man dies nur verstehen, wenn man weiß, dass die Menschen damals nicht sehr alt wurden und dass ein Gladiator ein- bis dreimal im Jahr zu kämpfen hatte und dafür sehr viel Geld bekam.

323. Wie kommen Radiowellen auf die andere Seite der Welt?

A Radiowellen bewegen sich unter der Erde fort.
B Sie werden von der Atmosphäre mehrfach reflektiert.
C Radiowellen werden von Funkmasten übertragen.

324. Wer hat das Radio erfunden?

A Der Erfinder der Glühbirne, Thomas Alva Edison.
B Nikola Tesla entwickelte die technischen Grundlagen.
C Der Erfinder des Morsetelegrafen, Samuel Finley Morse.

325. Warum können wir Filme sehen?

A Weil es Kameras gibt.
B Bei einem Film übertragen Radiowellen Bilder auf eine Leinwand.
C Weil elektromagnetische Wellen auf eine Leinwand projiziert werden.

326. Wer hat das Buch erfunden?

A Die Chinesen.
B Die Ägypter.
C Daran waren viele Menschen beteiligt.

327. Wie werden Bücher gemacht?

A Sie entstehen im Teamwork.
B Der Autor schreibt das Buch und verkauft es.
C Sie entstehen in der Buchdruckerei.

328. Seit wann gibt es Münzautomaten?

A Seit Anfang des 18. Jahrhunderts.
B Schon seit der Antike.
C Seit Erfindung der Münzen, circa 5000 Jahre vor Christus.

329. Was passiert bei einem Kurzschluss?

A Der Stromkreis wird unterbrochen.
B Das Elektrizitätswerk schaltet den Strom ab.
C Der Herd schaltet sich kurz vor dem Überkochen der Suppe ab.

330. Warum ist Radioaktivität gefährlich?

A Bei zu hoher Aktivität leidet der Mensch an Schlagstörungen.
B Zu viel Radiohören schädigt das Gehör.
C Radioaktive Strahlen schädigen unsere Körperzellen.

331. Seit wann gibt es U-Bahnen?

A Am 2. Mai 1896 startete in Ungarn die erste U-Bahn.
B Am 10. Januar 1863 startete in London die erste U-Bahn.
C 1892 wurde in Chicago die erste U-Bahn entwickelt.

332. Was sind elektrische Leiter?

A Materialien, durch die Strom besonders gut fließt.
B Materialien, die Strom transportieren.
C So werden elektrisch geladene Zäune genannt.

323. Wie kommen Radiowellen auf die andere Seite der Welt?

B Sie werden von der Atmosphäre mehrfach reflektiert.

➔ Radiowellen teilt man in einen Lang-, Mittel- und Kurzwellenbereich auf. Sie können praktisch jeden Ort der Erde erreichen, die Entfernung spielt keine Rolle. Die Wellen können so große Entfernungen überwinden, weil sie von der sogenannten Ionosphäre reflektiert werden. Das ist eine Region in unserer Atmosphäre, die sich 50 bis 300 Kilometer über der Erdoberfläche ausbreitet und aus elektrisch geladenen Teilchen besteht. Diese Teilchen sind Atome der Gase, aus denen die Luft besteht, und sie sind geladen. Wenn die von der Sendeantenne kommenden Radiowellen im schrägen Flug die Ionosphäre erreichen und zur Erde zurückgeworfen werden, kommen sie viele Kilometer von der Sendestation entfernt wieder zur Erde. Sie werden dann von der Erde wieder zur Ionosphäre reflektiert und dieses Spiel setzt sich fort, sodass auf diese Weise Radiowellen die ganze Erde umkreisen.

Info:

Ultrakurze Radiowellen des UKW-Funks und die sehr kurzen Fernsehwellen werden von der Ionosphäre nicht reflektiert, also nicht zurückgeworfen. Sie durchdringen diese und können deshalb nicht über weite Entfernungen gesendet werden. Man kann sie nur im Sichtbereich der Sendeantenne empfangen, über den Horizont hinaus wandern sie von der Erdoberfläche in den Weltraum.

324. Wer hat das Radio erfunden?

B Nikola Tesla entwickelte die technischen Grundlagen.

➔ An der Erfindung des Radios waren mehrere Wissenschaftler beteiligt. Grundlage dafür war die Entdeckung der elektromagnetischen Wellen von Heinrich Hertz (1857–94). Das sind Wellen, die es ermöglichen, Signale über die Luft, also ohne Drähte, zu verbreiten. Die technischen Grundlagen des Rundfunks wurden im ausgehenden 19. Jahrhundert von Nikola Tesla (1856–1943) erfunden. Er kam darauf, wie ein Sender akustische Informationen mittels elektromagnetischer Wellen versenden und mit einem Radio wieder in Schall umwandeln kann. Um die Jahrhundertwende wurden viele Erfindungen fast zeitgleich von mehreren Menschen gemacht und wie im Falle von Tesla war es nicht immer der Patentinhaber (das ist der, der eine Erfindung als Erster offiziell anmeldet), der sich schließlich durchsetzte. So verdiente er nichts am Radio und erst nach seinem Tod wurden seine Verdienste anerkannt.

325. Warum können wir Filme sehen?

A Weil es Kameras gibt.

➔ Weder Film noch Fernsehen gäbe es ohne Kameras. Sie funktionieren ähnlich wie Fotoapparate. Der große Unterschied liegt darin, dass Kameras viele Bilder in kurzer Zeit aufnehmen können. Eine Filmkamera zeichnet in einer Sekunde 24 Einzelbilder auf. Das geschieht im Gehäuse der Kamera: Der Film läuft an dem Bildfenster der Kamera vorbei. Hier wird er kurz angehalten: Das reflektierte (zurückgeworfene) Licht des gefilmten Gegenstandes trifft auf den Film. Das ist der Moment, in dem der Film belichtet wird und das Bild auf den Film kommt. Im Bruchteil einer Sekunde läuft der Film ein Stückchen weiter, das nächste Einzelbild wird aufgenommen. Das Ganze passiert 24-mal in einer Sekunde. Da unser Auge träger ist als die Geschwindigkeit der Bilder, nimmt es nicht einzelne Fotos, sondern eine fließende Bewegung wahr.

326. Wer hat das Buch erfunden?

C Daran waren viele Menschen beteiligt.

➔ Die Entstehungsgeschichte des Buches ist so lang, dass man nicht sagen kann, dass es eine bestimmte Person erfunden hat. Die ältesten Vorläufer des Buches waren die Papyrusrollen (aus dem Mark der Papyruspflanze gepresst) der Ägypter, von denen das älteste bekannte Exemplar über 5000 Jahre alt ist. Die Griechen und Römer übernahmen die Papyrusrollen, bis diese im 1. Jahrhundert vom sogenannten Codex abgelöst wurden. Der bestand aus mehreren Lagen Pergament (dünne Schicht aus Tierhaut), die in der Mitte gefaltet und zusammengeheftet wurden. Ab dem 15. Jahrhundert wurde das Pergament durch das billigere Papier (aus China) ersetzt. Dies und der Buchdruck machten das Buch für alle erschwinglich.

327. Wie werden Bücher gemacht?

A Sie entstehen im Teamwork.

→ Die wichtigsten an der Entstehung eines Buches beteiligten Berufsgruppen sind Autor, Verleger, Buchdrucker und Buchbinder. Der Autor denkt sich eine Geschichte aus. Dann sucht er sich einen Verlag, den er überzeugen kann, dass sein Buch gut ist. Der kümmert sich dann darum, dass das Buch entsteht und gedruckt und, wenn es fertig ist, an die Händler weitergeleitet wird. Beim Verlag arbeiten Lektoren und Lektorinnen, die die Autoren auswählen und unterstützen. Dann gibt es noch die Korrektoren, die das fertige Buch auf Fehler hin durcharbeiten. Schließlich geht es noch um die Technik. Früher gab es noch den komplizierten handwerklichen Drucksatz. Heute arbeiten Buchdrucker größtenteils mit dem sogenannten Offsetdruck, allerdings ist auch hier die digitale Technik auf dem Vormarsch. Buchbinder sorgen dann dafür, dass die einzelnen Seiten des Buches zusammengehalten werden.

328. Seit wann gibt es Münzautomaten?

B Schon seit der Antike.

→ Den ersten Verkaufsautomaten konstruierte der griechische Mathematiker und Ingenieur Heron von Alexandria in der Antike. Seine genauen Lebensdaten

sind nicht überliefert. Man nimmt an, dass er zwischen 20 bis circa 62 nach Christus gelebt hat. Einige Hinweise in seinen Werken sprechen auch für das 1. Jahrhundert nach Christus. Mit diesem ersten Automaten konnte man durch Münzeinwurf Weihwasser erwerben. Dabei lag eine Holzscheibe auf der Wasseroberfläche des Weihwassers. Sobald eine Münze eingeworfen wurde, drückte deren Gewicht das geweihte Nass durch ein Metallrohr nach oben, das dann vom Gläubigen in Empfang genommen werden konnte.

329. Was passiert bei einem Kurzschluss?

A Der Stromkreis wird unterbrochen.

→ Ein Kurzschluss ist in der Regel ungewollt und führt meistens dazu, dass eine Stromquelle überlastet wird oder die Leitungen durchbrennen. Kurzschluss bedeutet, dass zwei Kräfte aufeinander stoßen und dass es zu

Info:

Zweite Bedeutung
Als Kurzschluss bezeichnet man auch eine Gefühlsregung, die zu einer unüberlegten Handlung, zum Beispiel aus einem Wutanfall heraus, führt, die sogenannte Kurzschlusshandlung. Dabei kann der Mensch nicht mehr richtig denken und die Folgen seiner Handlung abschätzen.

einem Zusammenprall von Energie kommt, was sehr gefährlich ist. Um Kurzschlüssen entgegenzuwirken, werden elektrische Leitungen normalerweise abgesichert. Beim Kurzschluss unterbricht die Sicherung dann den Stromkreis, was bedeutet, dass der Strom automatisch abgestellt wird. Erst wenn der Schaden behoben worden ist, kann man die Sicherung wieder einschalten und der Strom fließt wieder.

330. Warum ist Radioaktivität gefährlich?

C Radioaktive Strahlen schädigen unsere Körperzellen.

➔ Bei der Radioaktivität unterscheidet man zwischen der natürlichen Radioaktivität und künstlich erzeugter Radioaktivität. Künstlich kann Radioaktivität durch Kernspaltung in einem Atomkraftwerk erzeugt werden. Radioaktive Strahlen beschädigen und verändern das Erbgut in unseren Zellen. Dadurch kann erstens Krebs entstehen, weil die Zellen nicht mehr wissen, wann sie sich teilen dürfen und wann nicht. Zweitens werden alle Zellen zerstört, die sich oft teilen und darum die entstandenen Erbgutschäden aus Zeitgründen nicht reparieren können. Dazu gehören unter anderen die Keimdrüsen (Hoden und Eierstöcke) und blutbildenden Organe. Die Kurzzeitfolge einer zu hohen Dosis Radioaktivität wird Strahlenkrankheit genannt. Sie äußert sich durch ein geschwächtes Immunsystem und Verbrennungen. Die Langzeitfolgen der Radioaktivität sind Mutationen, das heißt Veränderungen am Erbgut, und Krebsgeschwüre.

Info:

Als Radioaktivität bezeichnet man die Eigenschaft bestimmter Atomkerne eines Elementes, von selbst, das heißt ohne äußere Einwirkung, zu zerfallen. Sie wandeln sich in andere radioaktive oder auch stabile Atomkerne des gleichen oder eines anderen Elementes um. Dabei wird radioaktive beziehungsweise ionisierende Strahlung ausgesandt. Diese wird je nach Art als Alpha-, Beta- oder Gammastrahlung bezeichnet. Wie gefährlich die Strahlung ist, hängt stark von der Art der Strahlung und der Strahlendosis ab. Die Strahlendosis ist umso größer, je näher man sich an der Strahlenquelle befindet.

331. Seit wann gibt es U-Bahnen?

B Am 10. Januar 1863 startete in London die erste U-Bahn.

➔ Als erste U-Bahn, auch Untergrundbahn genannt, gilt die am 10. Januar 1863 in London eröffnete „Metropolitan Railway". Es handelte sich dabei zunächst noch um eine von Dampflokomotiven gezogene Eisenbahn. Die erste elektrische U-Bahn war die „City & South London Railway", die am 4. November 1890 eröffnet wurde. Diese U-Bahn löste einen weltweiten U-Bahn-Boom aus. Damals suchten viele europäische Metropolen nach Möglichkeiten, ihre Verkehrsprobleme zu lösen. Die erste elektrische U-Bahn auf dem europäischen Festland wurde am 2. Mai 1896, nur sechs Jahre nach der „City & South London Railway", in Budapest eröffnet. Diese Linie entstand auf Initiative des deutschen Erfinders und Industriellen Ernst Werner von Siemens (1816–1892). Ursprünglich war sie für Berlin geplant. Da sich die Berliner Behörden jedoch nicht einigen konnten, ließ Siemens die Budapester U-Bahn als Demonstrationsobjekt für weitere europäische U-Bahn-Netze bauen. Ihre Einweihung erlebte der 1892 verstorbene von Siemens jedoch nicht mehr.

332. Was sind elektrische Leiter?

A Materialien, durch die Strom besonders gut fließt.

➔ Elektrische Leiter nennt man alle Materialien, durch die der Strom ganz besonders leicht durchfließen kann, ohne auf Widerstand zu stoßen. Solche Materialien sind zum Beispiel Metalle wie Kupfer und Silber. Ein besonders guter Leiter ist auch Wasser. Da Wasser Strom so gut leitet, ist es auch besonders gefährlich, wenn man in der Badewanne mit elektrischen Geräten hantiert oder bei Blitzgefahr schwimmen geht.

333. Wer war der erste Mann auf dem Mond?

A Der Kosmonaut Juri Gagarin im Jahr 1961.
B Der amerikanische Astronaut Neil Armstrong im Jahr 1969.
C Es war Armstrongs Kollege Edwin Aldrin.

334. Warum können wir uns im Spiegel sehen?

A Weil das Licht vom Spiegelglas reflektiert wird.
B Weil ein Spiegel aus speziellem Kristall besteht.
C Aufgrund einer Wasserschicht im Inneren des Spiegels.

335. Woraus sind Raumanzüge gemacht?

A Sie sind wie Taucheranzüge aus Neopren gemacht.
B Sie bestehen aus Hightechmaterialien.
C Sie sind aus atmungsaktiven Stoffen gearbeitet.

336. Wozu braucht man Kugellager?

A Um darin Kugeln aufzubewahren.
B Um zwei bewegliche Teile fest zusammenzupressen.
C Für die Rollen von Inlineskates oder Skatebords.

337. Wieso stoßen Flugzeuge in der Luft nicht zusammen?

A Dafür sorgen die Fluglotsen.
B Die Flugkapitäne sprechen sich untereinander ab.
C Eine Flugzentrale koordiniert alle Flüge per Satellit.

338. Seit wann gibt es Flugzeuge?

A Seit dem 15. Jahrhundert.
B Seit dem 19. Jahrhundert.
C Seit dem 17. Dezember 1903.

339. Warum brauchen Flugzeuge Tragflächen?

A Die Tragflächen wirken der Erdanziehung entgegen.
B Um die Balance in der Luft halten zu können.
C Die Tragflächen dienen als Halterung für die Triebwerke.

340. Wie macht man Parfüm?

A Aus gepressten Blütenblättern.
B Aus ätherischen Ölen.
C Es werden künstliche Duftstoffe entwickelt.

341. Wer „erfand" die Seide?

A Seide ist ein Naturprodukt der Seidenraupe.
B Der indische Maharadscha Prithviraj von Delhi.
C Kleopatra von Ägypten.

342. Wie funktioniert eine Klimaanlage?

A In der Klimaanlage wird Eis erzeugt.
B Sie bläst kalte Luft in den Raum.
C Sie funktioniert so ähnlich wie ein Kühlschrank.

343. Wer hat die Heizung erfunden?

A Die Griechen.
B Die Römer.
C Die Wikinger.

344. Woher kommt das Frisbee?

A Aus Amerika.
B Aus dem alten Ägypten.
C Aus England.

333. Wer war der erste Mann auf dem Mond?

B Der amerikanische Astronaut Neil Armstrong im Jahr 1969.

➔ Drei amerikanische Astronauten, Neil Armstrong, Michael Collins und Edwin Aldrin, wagten 1969 mit der Rakete „Apollo" den über 384.000 Kilometer langen Weg zum Mond. Nach einigen Schwierigkeiten, die sie aber alle überwinden konnten, war Neil Armstrong am 21. Juli der erste Mensch, der einen Schritt auf den Mond machte. Michael Collins blieb in der Apollo-Kapsel „Columbia". 13 Minuten später kam Edwin Aldrin aus der Landefähre. Er trat auf felsiges und staubiges Geröll. Auf dem Mond gibt es keine Luft, keinen Wind und keinen Regen. Die Fußstapfen der Astronauten bleiben für immer sichtbar. Zwei Stunden hielten sich die beiden Raumfahrer auf dem Mond auf. Aus Angst, ein Risiko einzugehen, war das Programm von Armstrong und Aldrin begrenzt. Sie installierten eine Kamera, die amerikanische Flagge, einen Seismografen und einen Laserreflektor. Sie sammelten 24 Kilogramm Gesteinsproben ein.

334. Warum können wir uns im Spiegel sehen?

A Weil das Licht vom Spiegelglas reflektiert wird.

➔ Jeder Spiegel besteht aus ganz normalem Glas, bei dem die Rückseite mit Silber oder einem anderen glänzenden Metall überzogen ist. Das Licht, das nun auf dieses Glas fällt, wird reflektiert. Einen ähnlichen Effekt kannst du auch im Wasser sehen.

Info:

Wahrheit oder Lüge?

Allerdings muss man auch darauf hinweisen, dass es Zweifler gibt, die glauben, die Amerikaner hätten diese erste Mondlandung in einem Studio inszeniert. Sie berufen sich dabei unter anderem auf Unstimmigkeiten bei verschiedenen Aufnahmen, den Schattenwurf trotz nur einer Lichtquelle, auf ungeklärte Zwischenfälle, mysteriöse Todesfälle unter den Wissenschaftlern, die an diesem Unternehmen beteiligt waren, und auf die Position der amerikanischen Fahne auf dem Mond, die im Wind zu flattern scheint, obwohl es dort gar keinen gibt.

335. Woraus sind Raumanzüge gemacht?

B Sie bestehen aus Hightechmaterialien.

➔ Im Weltall, im direkten Sonnenlicht, herrschen Temperaturen von plus 100 Grad Celsius, im Sonnenschatten bis minus 269 Grad Celsius. Der Raumanzug muss das aushalten und gleichzeitig vor gefährlichen Strahlen schützen. Bei Arbeiten außerhalb der Raumfahrzeuge (Shuttles) brauchen die Astronauten deshalb besondere Anzüge. Jeder davon ist in 13 Schichten aufgebaut. Jede einzelne besteht aus einem bestimmten Hightechmaterial. In die Innenschicht sind dünne Schläuche und Kabel eingearbeitet, durch die kühlendes Wasser fließt, das die Haut während des schweißtreibenden Außeneinsatzes kühlt. Bei den Schichten des Raumanzugs werden nur Werkstoffe benutzt, die nicht brennen können. Innerhalb der Shuttles tragen die Astronauten bequeme Kleidung, zum Beispiel Jogginganzüge.

336. Wozu braucht man Kugellager?

C Für die Rollen von Inlineskates oder Skatebords.

➔ Betrachtet man die Rollen von Inlineskatern oder Skateboards genau, so kann man unter den Plastikreifen lauter winzige Metallkugeln erkennen. Das ist das Kugellager. So ein Rad besteht aus zwei Teilen: einer Achse und einem Gehäuse, das sich um diese Achse dreht. Wenn das Gehäuse direkt auf der Achse aufliegen würde, würde sehr viel Reibung entstehen. Fährt man dann sehr schnell mit dem Skateboard, dann wird der Gummireifen durch die Reibung heiß und schmilzt. Außerdem würden sich die beiden Teile ganz rasch abnutzen. Deshalb sind die beiden Teile durch lauter kleine Kugeln voneinander getrennt. Die Kugeln vermindern durch ihre kleine Fläche die Reibung und verteilen die Wärme auf viele kleine Oberflächen. Dadurch werden die Rollen nicht heiß und nutzen sich weniger ab. Kugellager gibt es in vielen verschiedenen Ausführungen. Sie werden überall eingesetzt, wo die Reibung zwischen zwei beweglichen Teilen gemindert werden soll.

337. Wieso stoßen Flugzeuge in der Luft nicht zusammen?

A Dafür sorgen die Fluglotsen.

➔ Der Fluglotse hat die Aufgabe, den Luftraum zu überwachen. Er überwacht und leitet den Flugverkehr, der automatisch abläuft, und manchmal leitet er auch den Sichtflug, bei dem der Pilot danach fliegt, was er sieht. Dies geschieht in erster Linie, um Zusammenstöße zu vermeiden. Der Fluglotse macht das mithilfe des Flugfunks: Die Flugzeuge werden in ihrer Bewegung gelenkt, das heißt, es werden ihnen Kurse und Flughöhen zugewiesen. Bei Bedarf werden die Piloten navigatorisch unterstützt, Höhendaten des Anflugflughafens an den Piloten weitergegeben und Windrichtungen gemeldet. Towerlotsen, also diejenigen, die den Verkehr in unmittelbarer Flughafennähe kontrollieren und im sogenannten Tower (Aussichtsturm) sitzen, sind auch für den rollenden Verkehr auf dem Flughafen zuständig. Dies schließt auch alle Kraftfahrzeuge ein, die die Pisten benutzen. Towerlotsen müssen auch gestartete Flugzeuge lotsen. Fluglotsen sind immer für einen bestimmten Bereich (Sektor) zuständig. Flugzeuge, die in diesen Bereich einfliegen wollen, müssen sich bei dem zuständigen Fluglotsen melden. Ein Flugzeug wird so immer weitergegeben und durchgehend vom Start bis zur Landung kontrolliert.

338. Seit wann gibt es Flugzeuge?

C Seit dem 17. Dezember 1903.

➔ Am 17. Dezember 1903 flogen die Amerikaner Wilbur (1867–1912) und Orville Wright (1871–1948) offiziell zum ersten Mal mit Motorkraft. In nur zwölf Sekunden wurden 36 Meter zurückgelegt. Der zweite Flug reichte 260 Meter weit. Der Motorflug war erfunden. Schon 1901 soll der Deutsche Gustav Weißkopf ebenfalls in den USA mit Motorkraft geflogen sein. Im Gegensatz zu den Wrights versäumte er es aber, seine Pioniertat zu dokumentieren. 1905 gelangen den Wrights Flüge von 38 Minuten Dauer und 39 bis 45 Kilometern Länge. Im September 1908 führte Orville eine Neukonstruktion des ersten Flugzeugs vor. Er hielt sich damit länger als eine Stunde in der Luft. Ebenfalls im September 1908 gelang Wilbur, dem älteren der Brüder Wright, ein Flug von 115 Metern Höhe mit einer Flugzeit von zwei Stunden und 53 Minuten. Die zurückgelegte Strecke betrug 225 Kilometer. Nach den Erfolgen ihrer ersten Flugapparate produzierten sie das Wright Model A, einen Doppeldecker, mit dem sie in Flugshows rund um die Welt ihre Technik vorführten.

339. Warum brauchen Flugzeuge Tragflächen?

A Die Tragflächen wirken der Erdanziehung entgegen.

➔ Damit ein Flugzeug in der Luft fliegen kann, braucht es nicht nur ein Triebwerk und Benzin, sondern auch Tragflächen. Da ein Flugzeug schwerer als Luft ist, braucht es eine Kraft, die der Erdanziehung entgegen wirkt. Durch die Tragflächen wird eine Kraft erzeugt, die das Flugzeug in die Luft hebt.

340. Wie macht man Parfüm?

B Aus ätherischen Ölen.

➔ In der Natur gibt es viele Pflanzen, die ganz besonders gut duften. Weil man diesen Duft gerne festhalten möchte, hat man begonnen, Parfüm herzustellen. Dazu muss zunächst der Duft der Pflanzen gewonnen werden. Das funktioniert, indem man kochendes Wasser durch Blütenblätter oder Wurzeln dampfen lässt und diesen Dampf wieder auffängt. Auf diesem Wasser entsteht ein Ölfilm, der sich leicht abschöpfen lässt: Das sind die ätherischen Öle, die Grundstoffe für jedes Parfüm. Ein „Parfümeur“ mischt nun verschiedene ätherische Öle zusammen – zum Beispiel Öle aus Rosen, Lavendel, Jasmin oder auch aus Gewürzen wie Nelken und Pfeffer oder Kräutern wie Rosmarin, Pfefferminze oder Salbei. Wenn er den Duft zusammengemischt hat, der ihm gefällt, dann werden die Öle noch mit Alkohol verdünnt und fertig ist das Parfüm. Was so einfach klingt, ist in Wahrheit eine Wissenschaft für sich. Ein guter Parfümeur muss mindestens zwei Jahre lang trainieren, bis er richtig gute Parfüms zusammenmischen kann.

341. Wer „erfand" die Seide?

A Seide ist ein Naturprodukt der Seidenraupe.

➜ Seide ist eine sehr feine, natürliche Textilfaser, die aus den Kokons der Seidenraupe gewonnen wird. Seide stammt aus China, wo sie vermutlich bereits im 3. Jahrtausend vor Christus hergestellt wurde. Der Legende nach soll der Kaiser Fuxi als Erster auf den Gedanken gekommen sein, Seidenraupen zur Herstellung von Textilien zu nutzen. Um Seide zu gewinnen, muss man die Fäden, in die sich der Seidenspinner einwickelt, vom Kokon trennen. Um Qualitätsseide zu erhalten, sind bei der Aufzucht der Seidenraupen besondere Bedingungen ausschlaggebend, die früher geheim gehalten wurden. Es stand die Todesstrafe darauf, Raupen oder ihre Eier außer Landes zu bringen. Es gibt viele Geschichten darüber, wie die Seidenraupe nach Europa gelangte. Nach der Bekanntesten gelang es erst im 6. Jahrhundert zwei Mönchen, einige Eier und das Wissen, das sie bei ihrem Aufenthalt in China über die Aufzucht von Seidenspinnern erworben hatten, außer Landes zu schmuggeln. Seide ist bis heute eine weltweit stark nachgefragte Handelsware.

342. Wie funktioniert eine Klimaanlage?

C Sie funktioniert so ähnlich wie ein Kühlschrank.

➜ Eine Klimaanlage funktioniert ähnlich wie ein Kühlschrank, nur muss sie sehr viel mehr leisten. Eine normale Klimaanlage produziert ungefähr so viel Kälte wie 17 Kühlschränke zusammen. Eine Klimaanlage besteht aus zwei Teilen: Ein Teil ist im Haus angebracht, der andere außerhalb. Beide sind durch dünne Schläuche miteinander verbunden. Wenn man die Klimaanlage einschaltet, muss zunächst das Kühlmittel aufgeheizt werden. Dafür ist ein Kompressor zuständig, der die Flüssigkeit zusammendrückt. Dadurch wird sie warm. Durch die Außenluft wird die Flüssigkeit abgekühlt und in den Teil, der sich im Haus befindet, weitergeleitet. Dort bläst ein Ventilator die warme Luft auf das Kühlmittel, das dadurch verdampft. Dieser „kalte Dampf" sorgt dann im Sommer für angenehme Temperaturen im Raum.

343. Wer hat die Heizung erfunden?

B Die Römer.

➜ Die alten Römer waren die Ersten, die Räume mit einem technisch ausgeklügelten Heizungssystem erwärmt haben. Das römische Heizungssystem, Hypokaustenheizung genannt, stammt somit aus dem 2. Jahrhundert vor Christus und ähnelte zunächst dem Prinzip einer modernen Fußbodenheizung. Dabei wurde aus einer Feuerungskammer im Keller heiße Luft in einen Hohlraum („hypokausis") unter den Fußboden des Wohnhauses geleitet. Dies war möglich, weil der Fußboden damals auf Ziegelpfeilern verlegt war. Einige Jahrzehnte später kam dann die Verwendung von hohlen Wandziegeln oder Tonritzen dazu, die die Wärme zusätzlich in den Wänden aufsteigen ließ.

344. Woher kommt das Frisbee?

A Aus Amerika.

➜ Die fliegende Plastikscheibe kommt ursprünglich aus Amerika. Dort hat ein Student namens Walter Frederick Morrison in den 1940er-Jahren Kinder beobachtet, die sich die weggeworfenen Kuchenbleche einer Großbäckerei aus den Mülleimern schnappten. Sie drehten die Bleche um und warfen sie sich zu. Die Großbäckerei trug den Namen „Frisbie". Morrison fand dieses Spiel so toll, dass er 1947 aus Plastik die erste Frisbeescheibe schnitzte. Zehn Jahre später wurden die Plastikscheiben dann in der Fabrik produziert. Seit 1964 sieht das Frisbee so aus wie heute. Mittlerweile werden auf der ganzen Welt Meisterschaften im Frisbeespielen ausgetragen.

Info:

1968 testete die US-Army sogar, ob das Frisbee als Waffe eingesetzt werden kann. Sie gaben 400.000 Dollar aus, um glücklicherweise herauszufinden, dass sich das Frisbee nicht als Waffe eignet.

345. Warum kommt ein Bumerang zum Werfer zurück?

A Weil seine Flügel in Kreisform angeordnet sind.
B Nur der Sportbumerang kehrt zum Werfer zurück.
C Nur sehr leichte Bumerangs kehren zum Werfer zurück.

346. Was ist der Nobelpreis?

A Ein Preis für besonders nobles Verhalten.
B Ein Preis für Menschen, die Großartiges geleistet haben.
C Ein Preis für herausragende Sportler.

347. Was ist Glas?

A Glas ist ein Kunststoff.
B Glas kommt in der Natur vor und wird vom Menschen hergestellt.
C Glas ist unzerbrechlich.

348. Warum zerspringen Autoscheiben in runde Scherben?

A Weil sie aus Verbundglas bestehen.
B Weil bei der Herstellung Klebstoff ins Glas gegeben wurde.
C Weil Autoscheiben aus vielen runden Einzelteilen bestehen.

349. Wie funktioniert eine Glasfaserlampe?

A In den Glasfasern glühen elektrische Leitungen.
B Glasfasern leiten das Licht wie ein Tunnel.
C Sie besteht aus vielen feinen Metallröhren.

350. Warum leuchtet ein Feuerwerk bunt?

A Weil ihm verschiedene Chemikalien beigemischt sind.
B Weil sie bunte Sprengstoffe enthalten.
C Weil farbige Glitterplättchen freigesetzt werden.

351. Wie funktioniert ein Mobiltelefon?

A Über das Satellitennetz.
B Über Antennen.
C Über unterirdische Glasfaserkabel.

352. Wie geht Schweißen?

A Das Schweißgerät klebt die beiden zu verbindenden Stücke zusammen.
B Das Schweißgerät versprüht einen chemischen Dampf.
C Das Schweißgerät erzeugt Hitze.

353. Wie funktioniert ein Feuerzeug?

A Mit Benzin oder Gas.
B Mit einem Gasgemisch.
C Mit leicht entzündlichem Alkohol.

354. Wie funktioniert ein Airbag?

A Der Airbag bläst sich durch Fahrtwind auf.
B Er bläst sich auf, wenn man zu schnell fährt.
C Er mindert bei einem Unfall den Aufprall der Autoinsassen.

345. Warum kommt ein Bumerang zum Werfer zurück?

B Nur der Sportbumerang kehrt zum Werfer zurück.

→ Dass ein Bumerang zum Werfer zurückkommt, stimmt nur zum Teil. Es sind nämlich nur die sogenannten Sportbumerangs, die diese Eigenschaft besitzen. Jagdbumerangs fliegen nicht zum Werfer zurück. Ihr besonderer Pluspunkt ist, dass sie weiter, geradliniger und damit auch zielsicherer als gerade Stöcke geworfen werden können. Wie aber funktioniert ein Sportbumerang? Ein Bumerang mit „Rückkehrfunktion" sieht aus wie ein L mit zwei gleich langen Armen. Es gibt auch Wurfhölzer mit drei oder mehr Armen. Egal, wie viele Arme ein solcher Bumerang besitzt, entscheidend ist ihr Profil. Die Arme eines Sportbumerangs sind wie die Tragflächenflügel eines Flugzeugs konstruiert. Sie haben, vereinfacht ausgedrückt, die Form eines lang gezogenen, leicht gewölbten Tropfens. Und so fliegt ein Sportbumerang: Durch den Wurf erhält er einen kräftigen Stoß nach vorn und fliegt vorwärts. Weil die Luft an der geschwungenen und leicht nach außen gewölbten Oberseite eines Armes schneller vorbeiströmt als an der glatten Unterseite, entsteht ein Sog. Bei einem Flugzeug bewirkt dieser Sog eine Kurvenbewegung, die nach oben führt – das Flugzeug steigt auf. Bei einem Bumerang werden – anders als beim Flugzeug – die Flügel ständig von einer anderen Richtung angeströmt: Der Bumerang rotiert und bewegt sich vorwärts. Der Sog zieht den Bumerang zu einer Seite. Dieser „Seitendrall" wird dadurch verstärkt, dass sich der Bumerang um die eigene Achse dreht: Der Bumerang geht in die Kurve. Stück für Stück dreht der Bumerang an seiner Flugrichtung, bis er sie um 360 Grad gedreht hat – und damit wieder am Abwurfpunkt ankommt. Auf diese Weise kommt es zu der berühmten Kreisbewegung – der Bumerang kehrt zu seinem Werfer zurück.

Info:

Bumerangs sind bei uns vor allem als das traditionelle Jagdinstrument der Aborigines bekannt. Doch der Bumerang ist keine Erfindung der Ureinwohner Australiens. Man geht davon aus, dass Bumerangs in zahlreichen Steinzeitkulturen auf der ganzen Welt verbreitet waren. Ein Beweis für diese Annahme ist der weltweit älteste Bumerang aus Mammut-Stoßzahn, der Mitte der 1980er Jahre in Polen entdeckt wurde. Er soll über 20.000 Jahre alt sein. In den Niederlanden, in Deutschland, Amerika, Afrika und Indien wurden weitere Jagdbumerangs gefunden. Dazu kommen Felsmalereien, auf denen Jagdbumerangs abgebildet sind. Einige Indianerstämme Nordamerikas jagen bis heute mit Bumerangs.

346. Was ist der Nobelpreis?

B Ein Preis für Menschen, die Großartiges geleistet haben.

→ Nach dem Testament des schwedischen Erfinders Alfred Nobel (1833–1896), der das Dynamit erfand, erhalten diesen Preis Menschen und Institutionen, die in der Physik, Chemie, Medizin, Literatur, für den Frieden oder in den Wirtschaftswissenschaften Bahnbrechendes geleistet haben.

347. Was ist Glas?

B Glas kommt in der Natur vor und wird vom Menschen hergestellt.

→ Glas ist ein durchsichtiger oder durchscheinender Stoff, der entsteht, wenn eine glutflüssige Schmelze sehr schnell erstarrt. Nicht nur Menschen können Glas herstellen. Glas kommt auch in der Natur vor. Diese Gläser heißen Obsidian, Moldavit oder Fulgurit. Natürliche Gläser entstehen unter höchsten Temperaturen, etwa bei Vulkanausbrüchen, Meteoriten- und Blitzeinschlägen. Obsidian besteht aus den gleichen Mineralien wie Granit, Feldspat, Quarz und Glimmer. Während im Granit mit bloßem Auge einzelne Kristalle zu erkennen sind, sind Obsidiane in der Regel durchgängig tiefschwarz. Natürliche Gläser sind sehr selten. In der Industrie und im Glasbläserhandwerk wird Glas aus einer Schmelze aus Kieselsäure/Quarzsand (50–70 Prozent), versetzt mit Soda, Pottasche, Salzen und verschiedenen Stabilisatoren wie Blei und Zink, hergestellt. Die Rohstoffe werden gemahlen, vermengt und bei etwa 1400 bis 1600 Grad Celsius geschmolzen. Je nach Zusammensetzung können die physikalischen und chemischen Eigenschaften des Glases gestaltet werden. Das Erstarren der Schmelze muss sehr schnell ablaufen, sodass sich zwar Kristallkeime bilden können, aber für das eigentliche Kristallwachstum nicht genügend Zeit bleibt. Deshalb ist Glas so starr und hart. Glas hat eine amorphe Struktur, das heißt, dass die Atome keine geordneten Strukturen, sondern ein unregelmäßiges Muster bilden. Man sieht das, wenn amorphe Substanzen brechen, denn dann ergibt sich eine muschelartig geformte Bruchfläche. Regelmäßig strukturierte Materialien heißen Kristalle, die Bruchflächen von kristallinen Substanzen sind glatt.

348. Warum zerspringen Autoscheiben in runde Scherben?

A Weil sie aus Verbundglas bestehen.

→ Autoscheiben bestehen nicht aus normalem Glas, sondern aus Verbundglas. Dieses Verbundglas sorgt dafür, dass die Autoscheibe bei einem Unfall oder einem Steinschlag zwar brechen, aber nicht splittern kann und sehr viel stabiler ist als ein normales Fensterglas. Um Verbundglas herzustellen, werden zwei Glasscheiben benötigt. Zwischen diese beiden Glasscheiben wird eine äußerst reißfeste Kunststofffolie geklebt. Die riesigen Scheiben werden in der Fabrik gewaschen und angewärmt. Dann wird die Folie zwischen die beiden Glasscheiben gelegt und dieses „Sandwich" wird in einen Brennofen geschoben. Bei 300 Grad Celsius wird die Folie weich und verbindet die beiden Scheiben miteinander. Riesige Walzen drücken die letzten Luftbläschen aus dem neuen Verbundglas heraus. Dann wird das Glas noch einmal in einem größeren Brennofen für vier bis fünf Stunden erhitzt. Nach einer Qualitätsprüfung werden die Verbundglasscheiben an die Autohersteller geliefert und dort zu Autoscheiben verarbeitet.

Info:

Was ist Panzerglas?

Panzerglas ist ebenfalls Verbundglas. Es wird zum Beispiel für Schalter von Banken oder für Limousinen von Politikern verwendet, also überall dort, wo Menschen besonders geschützt werden müssen. Panzerglas hält sogar Schüssen aus einem Gewehr oder einer Pistole stand. Mehrere Lagen Verbundglas bilden eine kugelsichere Schicht. In den Fabriken, die dieses Glas herstellen, wird das sogar getestet: Ein Sicherheitsexperte muss mit einer Pistole dreimal auf die Glasscheiben feuern und dabei darf das Glas nicht zersplittern.

Info:

Wer hat das Verbundglas erfunden?

Der Erfinder des Verbundglases ist der französische Chemiker Edouard Benedictus (1879–1930). Er verband als Erster zwei Glasscheiben unter Druck mit einer Zelluloidfolie. Das ist die Folie, aus der auch Filme gemacht werden. Seit 1910 wird Verbundglas industriell gefertigt.

349. Wie funktioniert eine Glasfaserlampe?

B Glasfasern leiten das Licht wie ein Tunnel.

→ Eine Glasfaserlampe besteht aus einem dicken Bündel Glasfasern. Unter diesem Bündel ist in einem Ständer eine Glühbirne und eine Glasscheibe in verschiedenen Farben montiert. Glasfasern haben die Eigenschaft, das Licht wie ein Tunnel weiterzuleiten. Das heißt, das Licht tritt nur in diesem winzigen Punkt am Ende der Faser aus. Die Glasfasern sind alle farblos. Das Licht beleuchtet sie von unten, deshalb leuchten sie an den Enden. Die Farbverläufe entstehen dadurch, dass sich über der Glühbirne eine Farbscheibe dreht und dadurch stets verschiedenfarbiges Licht durch die Fasern schickt.

350. Warum leuchtet ein Feuerwerk bunt?

A Weil ihm verschiedene Chemikalien beigemischt sind.

→ Sicher hast du an Silvester schon einmal ein schönes buntes Feuerwerk bewundert. Aber weißt du auch,

woher die bunten Farben kommen? Damit diese Farben am Himmel erstrahlen können, werden dem Feuerwerkskörper Chemikalien beigemischt. Wenn nun die Feuerwerkskörper angezündet werden, reagieren diese Chemikalien in unterschiedlicher Weise auf die entstehende Wärme. Die Energie, die dabei erzeugt wird, wird in Form von buntem Licht abgegeben. Und da die Chemikalien unterschiedliche Energiemengen freisetzen, leuchten sie dann auch in unterschiedlichen Farben.

351. Wie funktioniert ein Mobiltelefon?

B Über Antennen.

→ Wenn ein Handy eingeschaltet wird, dann begibt es sich zunächst auf Netzsuche, das heißt, es meldet sich bei der nächsten Antenne an. Wird nun eine Nummer gewählt, so sendet das Handy diese zur Antenne. Von dort aus wird sie über Funk oder Kabel an einen Zentralcomputer weitergeleitet. Dieser Computer überprüft, ob der gewünschte Gesprächspartner ebenfalls bei einer Antenne angemeldet ist. Wenn er oder sie das Telefon eingeschaltet hat, dann wird der Anruf vom Zentralcomputer wieder über Funk oder Kabel zu der Antenne weitergeleitet, an der der gewünschte Gesprächspartner angemeldet ist. Diese Antenne wiederum nimmt Kontakt zum Gerät des Angerufenen auf und es klingelt. Wenn der Gesprächspartner abhebt, dann legen seine Worte denselben Weg wieder umgekehrt zurück.

352. Wie geht Schweißen?

C Das Schweißgerät erzeugt Hitze.

→ Wenn man zwei Metallteile zusammenfügen möchte, dann muss man diese schweißen. Das funktioniert, indem man die Ränder des Metalls so stark erhitzt, dass sie flüssig werden und schmelzen. Dann werden sie zusammengepresst und verbinden sich miteinander. Die Nahtstelle wird wieder hart und bleibt zusammen. Die Hitze entsteht durch elektrische Funken aus dem Schweißgerät. Weil beim Schweißen ein grelles Licht erzeugt wird, das den Augen schadet, muss man eine Schutzbrille tragen.

353. Wie funktioniert ein Feuerzeug?

A Mit Benzin oder Gas.

→ Es gibt verschiedene Sorten von Feuerzeugen: Manche funktionieren mit Gas, andere mit Benzin. Bei den einen wird der Funke elektrisch erzeugt, bei anderen mechanisch. Die gebräuchlichste Methode ist das Einwegfeuerzeug mit dem Drehrädchen. In dem Tank des Feuerzeugs befindet sich ein leicht entzündliches Gas. Drückt man nun mit dem Daumen den kleinen Hebel nach unten, öffnet sich das Ventil und das Gas entweicht aus dem Tank, weil es leichter ist als Luft. Das kann man sogar hören, wenn es ganz still ist. Mit dem Daumen wird das Rädchen gedreht. In der Mitte zwischen den beiden Rädchen befindet sich die Reibefläche. Durch das Drehen reibt diese Fläche an einem kleinen Feuerstein und es entsteht ein winziger Funke. Der Daumen landet direkt nach dem Drehen des Rädchens auf dem Ventilschalter, der Tank wird geöffnet und das Gas entzündet sich an dem Funken. Sobald man das Ventil schließt, hört das Feuerzeug wieder auf zu brennen.

354. Wie funktioniert ein Airbag?

C Er mindert bei einem Unfall den Aufprall der Autoinsassen.

→ Ein Airbag ist ein aufblasbarer Sack, der den Aufprall bei einem Autounfall für die Insassen lindert. Zum Beispiel, wenn der Kopf trotz Sicherheitsgurt bei einem Auffahrunfall auf das Lenkrad schlagen würde. Doch wie kann sich der Ballon so schnell aufblasen? Eine Steuereinheit misst die Beschleunigung des Autos. Wenn diese einen bestimmten Grenzwert überschreitet, gibt sie den Befehl zum Auslösen des Airbags. Damit sich der Airbag in Bruchteilen von Sekunden aufblasen kann, wird ein Sprengsatz – ähnlich wie in einer Silvesterrakete – gezündet, der jede Menge Gas freisetzt. Dieses Gas bläst den Airbag schlagartig auf. Die Idee für den Airbag hatte Walter Linderer bereits 1951. Es hat jedoch sehr lange gedauert, bis sein Patent umgesetzt wurde.

355. Wer hat die Rollschuhe erfunden?

A Gottlieb Daimler (1834–1900), bevor er sein erstes Auto baute.
B Der Komponist Andrew Lloyd Webber, für sein Musical „Starlight Express“.
C Joseph Merlin stellte 1760 die ersten Rollerskates vor.

357. Wer hat den Alkohol entdeckt?

A Die Ägypter und Sumerer.
B Die Römer.
C Die Russen.

359. Wie funktioniert ein Aufzug?

A Mittels Stahlseilen, die über eine Spule laufen.
B Eine Hebebühne senkt den Aufzug oder hebt ihn in die Höhe.
C Durch Magnete, die an jedem Stockwerk angebracht sind.

361. Was sind Steuern?

A Geld, das Rentner bekommen.
B Geld, das man sich bei der Bank leihen kann.
C Geld, das jeder Arbeitnehmer dem Staat zahlt.

363. Wie stellt man Luftballons her?

A In einer Keramikform.
B In einer Gummimaschine.
C Mithilfe eines Holzmodells in Größe des fertigen Ballons.

356. Wie funktioniert ein Kopiergerät?

A Wie ein Fotoapparat.
B Wie eine Kombination aus Fotoapparat und Drucker.
C Mittels unzähliger, kleiner Stempel.

358. Wie funktioniert eine Batterie?

A Batterien werden mit Strom aufgeladen.
B Eine Batterie funktioniert mittels Chemikalien.
C Sie kann Lichtenergie in elektrische Energie umwandeln.

360. Warum ist bei einem Hubschrauber der Propeller oben?

A Damit der Hubschrauber abheben kann.
B Damit der Hubschrauber in der Luft das Gleichgewicht hält.
C Weil sich unten die Kufen befinden.

362. Kann ich mit Luftballons von der Erde abheben?

A Nein, die Erdanziehungskraft ist zu stark.
B Ja, ein leichter Mensch kann in die Luft gezogen werden.
C Ja, mit sehr, sehr vielen Heliumballons.

364. Wer hat das Stricken erfunden?

A Die Chinesen, die Strickgarn von den Seidenraupen erhielten.
B Fischer, die vor Tausenden Jahren Netze knüpften.
C Das Volk der Mayas, die Spinnen bei der Netzherstellung beobachteten.

355. Wer hat die Rollschuhe erfunden?

C Joseph Merlin stellte 1760 die ersten Rollerskates vor.

→ Der Rollschuh entstand aus dem Wunsch, ebenso praktisch, schnell und elegant über den Erdboden gleiten zu können wie mit Schlittschuhen über das Eis. Schon circa 1000 vor Christus verwandte man Pferdeknochen als Fortbewegungsmittel auf dem Eis, woraus sich im Laufe der Zeit ein Sport- und Freizeitvergnügen entwickelte: das Eislaufen. Ab Anfang des 18. Jahrhunderts gab es nun in verschiedenen Ländern zahlreiche Versuche, „Schlittschuhe" für den Straßengebrauch zu konstruieren: So montierte ein unbekannter holländischer Erfinder für seine „Skeelers" Holzspulen an einen Holzblock und der Belgier J. Merlin stellte 1760 auf einem Ball in London erste „Rollerskates" mit Metallrollen vor – allerdings ohne Stopper, sodass dieser Auftritt unsanft endete. Der Holländer van Lede baute 1790 einen „Erdschlittschuh", mit dem er sich sowohl im Winter auf Eis als auch im Sommer fortbewegen konnte. Im 19. Jahrhundert erhielt dann Monsieur Petitbled aus Frankreich das erste Patent auf Rollschuhe und viele Erfinder in den USA und in Europa versuchten sich an immer weiteren Neuerungen und Verbesserungen. Dabei ähnelte der „Urrollschuh", den man sich an den normalen Schuh anschnallte, den heutigen Inlineskates, waren doch die Rollen in einer Linie hintereinander angeordnet. Doch erst mit der paarweisen Anordnung der Rollen an gummigelagerte Achsen vorne und hinten wurden die Rollschuhe stabil und flexibel. Diese Anordnung entwickelte der sogenannte „Urvater" des Rollschuhs, der New Yorker J. L. Plimpton im Jahr 1863.

Info:

Rollerblades und Inlineskates

Erst 1970 fand man erneut zum Inline-Prinzip der hintereinander gesetzten Rollen. Den Durchbruch erlangte dieser Rollschuh durch die amerikanischen Gebrüder Olsen, die einen Kunststoffstiefel auf flexiblen Polyurethan-Rollen mit Fersen- und Schuhspitzenstopper konzipierten und seit 1983 unter dem Namen „Rollerblade" bis heute erfolgreich für Fitnesstraining, Ausdauersport, Rollkunstlaufen und Halfpipe-Fun verkaufen. Aufgrund des Inline-Prinzips heißen die Rollerblades auch „Inlineskates".

356. Wie funktioniert ein Kopiergerät?

B Wie eine Kombination aus Fotoapparat und Drucker.

→ Das zentrale Element des Kopiergeräts ist eine Trommel mit einem flexiblen Band, das mit einer lichtempfindlichen Beschichtung versehen ist. Diese Beschichtung ist im Dunkeln elektrisch nicht leitend. Beim Kopiervorgang wird zunächst diese Schicht mit einer starken Lichtquelle, zum Beispiel einer Halogenlampe, belichtet. So wird das Vorlagenbild auf die Trommel elektrofotografisch übertragen. Dann wird mit einer Art Bürste der Toner, also das Farbpulver, aufgetragen. Die an den Bildstellen verhaftende Farbe wird schließlich auf das Papier gedruckt. Um das Bild haltbar zu machen, wird es zum Schluss fixiert und dazu durch zwei beheizte Walzen geführt. Dabei schmelzen die Tonerteilchen und verbinden sich fest mit dem Bedruckstoff. Und so hast du dann das Vorlagenbild in kopierter Form vorliegen.

357. Wer hat den Alkohol entdeckt?

A Die Ägypter und Sumerer.

→ Der Verzehr alkoholhaltiger Speisen und Getränke und der Genuss seiner berauschenden Wirkung ist vermutlich so alt wie die Menschheit. Alkohol ist ein natürliches Produkt. Er entsteht, wenn Hefe oder Bakterien den

Zucker in reifen Früchten und Säften zu Kohlendioxid und Äthanol abbauen. Die ersten Völker, die alkoholische Getränke herstellten, waren die Ägypter und Sumerer. Sie erzeugten Bier, später auch Wein. Im Mittelalter wurde die Destillation verstärkt angewandt, die erstmals um 1000 nach Christus in Europa verzeichnet ist. Mit diesem Verfahren kann man den Alkoholgehalt in Getränken erhöhen. Hochprozentiger Alkohol mit einem Alkoholgehalt von mindestens 60 Prozent tötet Bakterien ab, wirkt desinfizierend und wurde bis zur Einführung von Penicillin als Desinfektionsmittel verwendet.

358. Wie funktioniert eine Batterie?

B Eine Batterie funktioniert mittels Chemikalien.

→ In einer Batterie befinden sich zwei Chemikalien, die miteinander reagieren und dadurch Strom erzeugen. Dabei wirkt die eine Chemikalie als positive Elektrode, die andere als negative Elektrode. Reagieren nun die beiden Chemikalien miteinander, dann entsteht ein Überschuss an Elektronen an der negativen Elektrode und dadurch fließt Strom.

359. Wie funktioniert ein Aufzug?

A Mittels Stahlseilen, die über eine Spule laufen.

→ Die Kabine eines gewöhnlichen Aufzugs hängt an Stahlseilen, die im oberen Teil des Aufzugschachts über eine Spule laufen. Auf der anderen Seite der Spule hängt ein Gegengewicht. Ein Motor im oberen Teil des Fahrstuhlschachts dreht die Spule. Je nachdem, in welche Richtung die Spule gedreht wird, fährt nun der Aufzug nach oben oder nach unten. Sowohl die Kabine als auch das Gegengewicht bewegen sich in Führungsschienen, damit sie nicht hin und her wackeln können, wenn der Aufzug in Bewegung gerät. In der Regel hängt ein Aufzug an vier bis acht Stahlseilen, wobei jedes einzelne alleine schon ausreichen würde, um den Aufzug zu halten. Selbst wenn mehrere Seile reißen würden, so würde der Aufzug nicht haltlos nach unten sausen. Außerdem gibt es noch weitere Sicherheitssysteme: Auf der Spule sind Metallhaken angebracht, die die Spule sofort stoppen, wenn der Fahrstuhl zu schnell fährt. Zudem werden elektromagnetische Bremsen durch den Strom zurückgehalten. Falls der Strom ausfällt, fahren sie sofort aus und halten die Kabine davon ab, herunterzustürzen. Die Wahrscheinlichkeit, in einem Fahrstuhl in den Abgrund zu stürzen, ist äußerst gering. Falls all diese Sicherheitssysteme trotzdem versagen sollten, gibt es am unteren Ende des Fahrstuhls noch eine Art Aufprallschutz.

Info:

Fahrstühle gibt es schon seit sehr langer Zeit. Schon Kaiser Nero ließ sich an einem Seil befördern und hatte für den Fall, dass das Seil reißt, einen Berg Kissen untergelegt. Der französische König Ludwig XV. hatte in seinem Schloss einen „fliegenden Sessel", damit er nicht zu Fuß vom Erdgeschoss in den ersten Stock laufen musste. Im 18. Jahrhundert gab es in Bergwerken viele Aufzüge, die jedoch nicht ganz sicher waren. Den ersten sicheren Aufzug stellte der Amerikaner Elisha Graves Otis 1853 in New York vor.

360. Warum ist bei einem Hubschrauber der Propeller oben?

A Damit der Hubschrauber abheben kann.

→ Die Propellerblätter, die auch Rotor genannt werden, sitzen auf dem Dach des Hubschraubers und drücken durch ihre Drehung die Luft über dem Hubschrauber nach oben. Dadurch entsteht ein Unterdruck unter den Blättern und der Hubschrauber kann fliegen. Je schneller sich der Rotor dreht, umso höher fliegt der Hubschrauber. Der Pilot kann den Hubschrauber nach links, nach rechts, geradeaus oder sogar rückwärts lenken. Am Schwanzende des Hubschraubers befindet sich noch ein ganz kleiner Propeller – der sorgt dafür, dass sich der Hubschrauber nicht um die eigene Achse dreht.

361. Was sind Steuern?

C Geld, das jeder Arbeitnehmer dem Staat zahlt.

➜ Die Steuer ist das Geld, das man an den Staat zahlt, ohne direkt etwas dafür zu bekommen. Dieses Geld wird für Dinge verwendet, die alle Bürger benutzen. Zum Beispiel für Straßen, Schulen und Krankenhäuser. Auch das Gehalt des Bundeskanzlers, die Löhne der Bundeswehrsoldaten und die Verwaltungskosten für Ämter und Behörden werden davon bezahlt. Ein Teil der Steuern wird für Menschen verwendet, die sehr arm sind und nicht selber für ihren Lebensunterhalt sorgen können. Es gibt zwei verschiedene Arten von Steuern: Unter direkten Steuern versteht man das Geld, das vom Lohn abgezogen wird, das heißt die Lohnsteuer. Als indirekte Steuern bezeichnet man das Geld, das von allem, was wir kaufen, an den Staat abgeführt wird – ganz egal ob es sich dabei um einen Schokoriegel oder um Benzin handelt.

362. Kann ich mit Luftballons von der Erde abheben?

C Ja, mit sehr, sehr vielen Heliumballons.

➜ Wenn du einen Luftballon mit normaler Luft aufbläst, sinkt er wieder zu Boden, sobald du ihn loslässt. Er ist durch die Gummihülle schwerer als die Luft, die ihn umgibt, deshalb sinkt er nieder. Wenn du ihn allerdings mit dem Gas Helium aufpumpst, fliegt er in den Himmel, wenn du ihn nicht mehr festhalten kannst. Das kommt daher, dass das Helium siebenmal leichter als Luft ist und so die Gummihülle mitträgt. Im Selbstversuch hat ein Luftballonhersteller getestet, ob er mit vielen Luftballons auch abheben kann: Ja, es hat geklappt! Mit 180 heliumgefüllten Luftballons ist der 75 Kilogramm schwere Mann bis unter die Decke einer Turnhalle geschwebt.

363. Wie stellt man Luftballons her?

A In einer Keramikform.

➜ Zunächst einmal werden für die Herstellung von Luftballons Formen gebraucht. Sie sind aus Keramik und sehen so aus wie der zukünftige Luftballon, wenn er noch nicht aufgeblasen ist. Also zum Beispiel rund, in Herzform oder wie eine längliche Wurst. Diese Formen werden nun kurz in einen Behälter mit flüssigem Kautschuk getaucht. Der Kautschuk wird anschließend an den Formen getrocknet. Nun wird das Gummi von der Form abgezogen – und der Luftballon ist schon fast fertig. Die Ballons werden noch gewaschen und anschließend gepudert, damit sie nicht aneinander festkleben können. Dann werden sie verpackt und an die einzelnen Verkäufer geliefert.

364. Wer hat das Stricken erfunden?

B Fischer, die vor Tausenden Jahren Netze knüpften.

➜ Das Stricken ist vermutlich eine Weiterentwicklung der Netze, die die Fischer schon vor sehr, sehr langer Zeit geknüpft haben. Schon vor 3000 Jahren haben die Menschen aus Wollfäden Kleidungsstücke gestrickt. Während man früher nur mit zwei Nadeln gestrickt und anschließend die Teile zusammengenäht hat, ist erst später die Technik mit fünf Nadeln entwickelt worden, zum Beispiel, um Socken zu stricken. In den 1980er-Jahren war das Stricken so beliebt, dass kaum ein Student ohne Strickzeug die Vorlesungen besuchte.

365. Können die Eskimos in ihren Iglus kochen?

A Nein, dann würde das Schneehaus schmelzen.
B Ja, denn es ist kalt genug, damit ein Iglu nicht schmilzt.
C Ja, aber nur in einem speziellen Kochschrank.

366. Was sind Asylanten?

A Menschen, die in einem anderen Land um Schutz bitten.
B Menschen, denen es zu Hause nicht mehr gefällt.
C Menschen, die Flüchtlingen Schutz gewähren.

367. Reden Bauchredner mit dem Bauch?

A Ja, die Schwingungen des Kehlkopfes werden in den Magen geleitet.
B Nein, in ihrer Handpuppe spielen sie eine Kassette ab.
C Nein, ihre Lippenbewegungen sind kaum sichtbar.

368. Was ist Jugend?

A Ein Jugendlicher ist zwischen 14 und 18 Jahre alt.
B Wer sich jung fühlt, ist ein Jugendlicher.
C Nur Jungen gehören zu den Jugendlichen.

369. Seit wann gibt es die Jugend als Lebensabschnitt?

A Seit es Menschen gibt.
B Seit dem 19. Jahrhundert.
C Seit den 1960er-Jahren.

370. Wann ist man volljährig?

A Ab 18 Jahren.
B Ab 16 Jahren.
C Ab 21 Jahren.

371. Lesen alle Menschen von links nach rechts?

A Ja, das wurde festgelegt.
B Nein, in vielen anderen Völkern sind andere Richtungen möglich.
C Ja, weil die Augen nur so funktionieren.

372. Wo leben die meisten Menschen?

A Auf Inseln.
B In den armen Entwicklungsländern.
C In den Vereinigten Staaten von Amerika.

373. Warum knallt eine Peitsche?

A Weil ihre Enden zusammenprallen.
B Das Leder der Peitsche erzeugt Geräusche.
C Weil die Peitschenschnur die Schallgeschwindigkeit überschreitet.

374. Woher kommt die Briefmarke?

A Briefmarken gibt es, seit Briefe geschrieben werden.
B Sie wurde 1840 in England erfunden.
C Aus dem alten Rom.

375. Was ist ein Veganer?

A Ein Mensch, der keine Tierprodukte verwendet.
B Ein Mensch, der nichts Rohes isst.
C Ein Mensch, der nur Biolebensmittel kauft.

376. Was ist Karneval?

A Eine Feier zu Ehren des germanischen Gottes Odin.
B Die Zeitspanne zwischen Winter und Frühling.
C Die närrische „fünfte Jahreszeit“.

365. Können die Eskimos in ihren Iglus kochen?

B Ja, denn es ist kalt genug, damit ein Iglu nicht schmilzt.

➜ Ein Iglu ist eine Schneehütte mit sehr dicken Mauern aus Eis und Schnee. In der Eskimosprache bedeutet „Iglu" einfach „Haus". Die wenigsten Eskimos leben allerdings heute noch in Iglus. Doch auch wenn die meisten Eskimos in festen Häusern leben, werden Iglus noch immer als Jagd- oder Notquartiere errichtet. Auch wenn es erstaunlich klingt, aber das dicke Eis isoliert sehr gut gegen Kälte. Im Inneren eines Iglus kann es deshalb wärmer sein als draußen. Und natürlich können die Eskimos in ihren Iglus auch kochen. In Grönland und im hohen Norden Kanadas ist es so kalt, dass die Hütte während des Kochens nicht schmilzt. Und wenn es doch einmal zu warm wird, können die Eskimos kleine Löcher in die Iglus bohren. So kann genug kalte Luft von außen in das Innere des Iglus kommen und es kühl genug halten.

366. Was sind Asylanten?

A Menschen, die in einem anderen Land um Schutz bitten.

➜ Das Wort „Asyl" kommt aus dem Griechischen und bedeutet soviel wie „Schutz bieten". Asylanten sind Menschen, die nicht länger in ihrem Heimatland bleiben können, weil ihr Leben dort in Gefahr ist. Häufig ist dies in Staaten der Fall, deren Anführer andere Meinungen, Religionen oder Nationalitäten nicht dulden. Deshalb werden Menschen dort verfolgt und sogar umgebracht. Oft bleibt ihnen dann nichts anderes übrig, als aus ihrem Heimatland zu fliehen und in einem anderen Land um „Asyl" zu bitten.

367. Reden Bauchredner mit dem Bauch?

C Nein, ihre Lippenbewegungen sind kaum sichtbar.

➜ Mit dem Bauch kann man nicht reden. Ein Bauchredner arbeitet mit einem Trick: Er zieht den Gaumen zusammen, legt die Zunge zurück und verengt dadurch den Kehlkopfeingang. So wird die Resonanz der Stimme gemindert und man sieht keine Lippenbewegung beim Sprechen mehr. Es scheint, als würde er aus dem Bauch reden.

368. Was ist Jugend?

A Ein Jugendlicher ist zwischen 14 und 18 Jahre alt.

➜ Wenn die Phase der Jugend beginnt, passiert neben körperlichen Veränderungen noch vieles mehr: Die Jugendlichen nabeln sich mehr und mehr von ihren Eltern ab, um ihr eigenes Leben zu leben. Das ist manchmal sehr schwierig, weil jeder erst einmal herausfinden muss, wie dieses Leben denn aussehen soll. Auch verlieben sich die meisten Jungen und Mädchen in ihrer Jugendzeit zum ersten Mal. Letztendlich ist die Jugend der letzte Schritt vor dem Erwachsensein. Es geht darum, seine Persönlichkeit zu entwickeln und eigenständig leben und denken zu können. Rein rechtlich gilt bei uns als Jugendlicher, wer zwischen 14 und 18 Jahre alt ist. Jugendliche können zwar für alles, was sie tun, zur Verantwortung gezogen werden, sie werden jedoch nicht wie Erwachsene, sondern nach dem Jugendstrafrecht verurteilt. Jugendliche dürfen keine Verträge unterschreiben oder alleine die ganze Nacht ausgehen. Weil es zur Jugend dazugehört, Grenzen zu suchen oder Dinge zu tun, die man später vielleicht bereut, beschützt der Staat die Jugendlichen letztendlich vor sich selbst. Ab dem 18. Geburtstag ist man schließlich volljährig. Der Staat geht davon aus, dass der Jugendliche inzwischen gelernt hat, für sich selbst und seine Mitmenschen verantwortlich zu handeln.

369. Seit wann gibt es die Jugend als Lebensabschnitt?

B Seit dem 19. Jahrhundert.

→ Früher unterschied man nur zwei Lebensalter: Kindheit und Erwachsenenalter. Wer kein Kind mehr war, war also erwachsen. Das galt bis zu Beginn des 19. Jahrhunderts. Damals lebten die meisten Menschen auf dem Land und arbeiteten in der Landwirtschaft. Die Jungen wurden auf den Feldern und im Stall als Arbeitskraft benötigt, die Mädchen mussten sich zu Hause um die Geschwister kümmern. Nur in der obersten Schicht der Gesellschaft, bei den Adeligen, die großen Wert auf Bildung und Ausbildung legten, gab es einen Abschnitt im Leben, der an unsere heutige Jugendphase erinnert. Mit der Industrialisierung, die Anfang des 19. Jahrhunderts einsetzte, wurde Bildung für alle Schichten immer wichtiger. Die Menschen arbeiteten nicht mehr vorwiegend in der Landwirtschaft, sondern immer mehr in Fabriken. Die Kinderarbeit, die bis dahin üblich war, wurde vermehrt ersetzt durch eine systematische Ausbildung von Fähigkeiten und Fertigkeiten. Daher wurden auch die allgemeine Schulpflicht und die Ausbildung an einer Berufsschule eingeführt. Der Lebensabschnitt, in dem sich die Heranwachsenden für ihren Beruf qualifizierten, entspricht unserer heutigen Jugend. Heute ist die Lebensphase der Jugend anerkannt und gesetzlich geregelt.

370. Wann ist man volljährig?

A Ab 18 Jahren.

→ 18-Jährige dürfen zur Wahl gehen und sich für die meisten politischen Ämter zur Wahl stellen. Theoretisch könntest du mit 18 Jahren sogar zum Bundeskanzler gewählt werden. Wann sind Jugendliche eigentlich erwachsen? Wenn sie nicht mehr wachsen? Wenn sie Auto fahren können? Wenn sie Kinder bekommen können? Wenn sie nicht mehr zur Schule gehen? Das hat alles mit dem Erwachsensein zu tun, deshalb wird man in den meisten Ländern um das 20. Lebensjahr herum volljährig. In Deutschland beschloss der Bundestag 1974, das Volljährigkeitsalter von 21 Jahren auf 18 Jahre zu senken. Für die Abgeordneten war es besonders wichtig, dass junge Erwachsene sich früh an demokratischen Entscheidungen beteiligen können und so zu verantwortungsbewussten Bürgern werden.

371. Lesen alle Menschen von links nach rechts?

B Nein, in vielen anderen Völkern sind andere Richtungen möglich.

→ Für uns ist es ganz selbstverständlich: Wir schlagen ein Buch auf und beginnen auf der ersten Seite oben links. War das schon immer so? Und gibt es Kulturen, in denen Bücher von „hinten" nach „vorne" gelesen werden? Am lockersten gingen wohl die alten Ägypter mit dieser Frage um. Sie zeichneten ihre Hieroglyphen üblicherweise von rechts nach links, aber manchmal auch von links nach rechts und auch mal von oben nach unten. Wie herum die Hieroglyphen dann entziffert werden mussten, das konnte man an den tier- oder menschenähnlichen Zeichen erkennen. Die Richtung, in welche diese blickten, legte die Richtung fest, in der die Zeichen gelesen werden mussten. In China sind bis heute mehrere Schreibrichtungen üblich. Seit den 1950er-Jahren schreibt – und liest – man in der Regel jedoch von links nach rechts. Man kann die Zeichen aber auch von oben nach unten oder von rechts nach links anordnen. Viele andere Sprachen werden nur von rechts nach links geschrieben. So zum Beispiel Arabisch, Hebräisch, Farsi und Urdu. Farsi und Urdu werden unter anderem in Indien, Pakistan, Tadschikistan, Afghanistan, im Iran und Irak gesprochen.

372. Wo leben die meisten Menschen?

B In den armen Entwicklungsländern.

→ In den letzten zehn Jahren ist die Weltbevölkerung um fast eine Milliarde Menschen gewachsen. Sie nahm von 5,5 Milliarden Menschen im Jahr 1994 auf mittlerweile etwa 6,4 Milliarden Menschen zu. Der Zuwachs fand zu 99 Prozent in den Entwicklungsländern statt. Das sind hauptsächlich Länder in Asien, im südlichen Afrika und in Südamerika. Zwar hat sich das Bevölkerungswachstum insgesamt inzwischen verlangsamt, doch in den 49 ärmsten Ländern wächst die Bevölkerung weiterhin rasant an. Dies ist vor allem eine Folge der hohen Anzahl an Kindern, die eine Frau dort bekommt. Rund fünf Kinder bekommt eine Frau im Laufe ihres Lebens in den ärmsten Ländern der Welt, der Weltdurchschnitt liegt dagegen bei 2,6 Kindern pro Frau. Die schwierige Ernährungssituation wird dadurch in den armen Ländern noch drastischer.

373. Warum knallt eine Peitsche?

C Weil die Peitschenschnur die Schallgeschwindigkeit überschreitet.

→ Wenn eine Peitsche sehr schnell durch die Luft gewirbelt wird, knallt sie. Aber nicht, weil ihre Enden gegeneinanderschlagen. Vielmehr überschreitet die Peitschenschnur die Schallgeschwindigkeit. Das Schnurende ist also für einen kleinen Moment schneller als 1100 Kilometer pro Stunde. Deshalb hören wir einen Knall.

374. Woher kommt die Briefmarke?

B Sie wurde 1840 in England erfunden.

→ Bevor es Briefmarken gab, musste immer der Empfänger den Boten bezahlen, der ihm den Brief oder das Paket brachte. Die Briefträger erhielten auf diese Weise ihren Lohn. Wenn nun jemand einen Brief gar nicht annehmen wollte, dann ging der Bote leer aus. Deshalb hat man als Erstes in England eingeführt, dass der Absender für den Transport bezahlen muss. Das tut er, indem er eine Briefmarke auf den Brief klebt.

375. Was ist ein Veganer?

A Ein Mensch, der keine Tierprodukte verwendet.

→ Veganer sind Menschen, die völlig auf die Verwendung von Tierprodukten verzichten. Sie meiden nicht nur alle Nahrungsmittel, die ihren Ursprung bei den Tieren haben, wie zum Beispiel Fleisch, Honig, Eier und Milch. Sie verwenden auch keine anderen Tierprodukte wie etwa Wolle, Daunen, Bienenwachs, Leder und Seide. Veganer sind grundsätzlich dagegen, Tiere in irgendeiner Form zu „benutzen". Sie sind gegen die Jagd, gegen Tierversuche und lehnen auch das Reiten, Zoos und Tiere im Zirkus ab. Sie sind der Ansicht, dass Menschen und Tiere gleichberechtigte Lebewesen sind und deswegen auch gleich behandelt werden müssen. Wenn man mal einen Tag lang darauf achtet, wie viele Tierprodukte – angefangen vom Lederschuh über den Wollpulli, das Gummibärchen bis zum Wurstbrot – wir ständig verwerten, dann wird einem sehr schnell bewusst: Veganer sein, ist nicht leicht. Deshalb gibt es nur sehr wenige Menschen, die diese Lebensweise konsequent umsetzen. Veganer sind in der Regel sehr engagierte Tierschützer. Sie sind darüber hinaus der Ansicht, dass es gesünder und vor allem sinnvoller ist, auf Fleischprodukte zu verzichten: Von der Gesamtmenge an Getreide, die weltweit produziert wird, wird der größte Teil nicht von uns Menschen verzehrt, sondern an Tiere verfüttert. Wenn man statt des Getreides, das als Tierfutter angebaut wird, mehr Obst und Gemüse anpflanzen und essen würde, dann müssten nach Ansicht der Veganer viel weniger Menschen auf der Welt hungern. Diese Auffassung ist grundsätzlich richtig. Doch um sie umzusetzen, müssten sehr viele Menschen überall auf der Welt Veganer werden. Ob Veganer gesünder leben als Menschen, die sich „normal" ernähren, oder nicht – darüber sind sich bis heute Wissenschaftler und Veganer uneins.

376. Was ist Karneval?

C Die närrische „fünfte Jahreszeit".

→ Als Karneval wird in Deutschland offiziell die Zeit zwischen dem 11. November bis zum Aschermittwoch bezeichnet. Man singt, tanzt und feiert ausgelassen auf den Straßen und verkleidet sich nach Belieben. Je nach Region nennt man diese Zeit auch Fastnacht oder Fasching. Die verschiedenen Begriffe sind auf dieselbe Begründung zurückzuführen: Ob Fastnacht, Fasching oder Karneval – die fröhliche „fünfte Jahreszeit" umfasst die Zeitspanne vom 11. November um 11.11 Uhr bis zum Beginn der österlichen Fastenzeit. Das Wort Karneval kommt aus dem Italienischen „carnevale". Es bedeutet sinngemäß „Fleisch, lebe wohl". „Fastnacht" stammt aus dem Althochdeutschen und erinnert daran, dass „Fasten naht". Höhepunkte sind in Deutschland der letzte Donnerstag (Altweiberfasching), der Rosenmontag und der Faschingsdienstag, die traditionell mit bunten Straßenumzügen begangen werden. Hochburgen des Karnevals sind Mainz, Köln und Düsseldorf. Weltweit berühmt sind die Karnevalsfeiern in Venedig (Italien) und Rio de Janeiro (Brasilien).

377. Was ist die Walpurgisnacht?

A Sie findet in der Nacht zum 1. Mai statt.
B Sie wird am 30. Oktober gefeiert.
C Es gibt zwei Walpurgisnächte, im Herbst und im Frühling.

378. Gibt es Hexen?

A Nein, sie sind eine Erfindung.
B Ja, sogar bis heute.
C Ja, man kann Hexenkunst sogar studieren.

379. Warum sind in Indien die Kühe heilig?

A Weil die Kuh als Mutter des Lebens gilt.
B Damit sie besonders viel Milch geben.
C Weil sich Gott in Gestalt einer Kuh zeigt.

380. Warum wollen alle Schauspieler den „Oscar"?

A Er ist der wichtigste Filmpreis der Welt.
B Weil er so schön aussieht.
C Weil er sich als Briefbeschwerer verwenden lässt.

381. Haben Adelige „blaues Blut"?

A Ja, weil sie früher untereinander heirateten.
B Ja, das ist genetisch bedingt.
C Nein, das hat mit ihrer vornehmen Blässe zu tun.

382. Warum fällt der Toast immer auf die Marmeladenseite?

A Weil die bestrichene Seite schwerer ist.
B Das hängt von der Höhe des Tisches ab.
C Das liegt an der Erdanziehungskraft.

383. Glauben alle Menschen an denselben Gott?

A Ja, es gibt nur verschiedene Namen für ihn.
B Nein, denn es gibt männliche oder weibliche Götter.
C Nein, denn es gibt viele verschiedene Religionen.

384. Warum sind Duschvorhänge so anhänglich?

A Das liegt am Unterdruck, den das Wasser erzeugt.
B Das Wasser zieht den Stoff des Vorhangs an.
C Das liegt am Duschgel.

385. Was ist Religion?

A Wenn wir in die Kirche gehen.
B Der tiefe Glaube an Gott.
C Die Verehrung des Papstes.

386. Was ist ein Trojanisches Pferd?

A Dieser Ausdruck stammt aus der griechischen Mythologie.
B Ein aus dem antiken Troja stammendes Pferd.
C Das ist ein Holzspielzeug.

387. Wieso gibt es so viele Begriffe für Raumfahrer?

A Verschiedene Länder haben eigene Bezeichnungen.
B Die Begriffe weisen auf den militärischen Rang des Raumfahrers.
C Die Begriffe beziehen sich auf verschiedene Aufgaben im All.

388. Was passiert mit einem Astronauten, der aus dem Raumschiff fällt?

A Er würde in der Erdatmosphäre verglühen.
B Er könnte zur Erde zurückfliegen.
C Er würde ohnmächtig werden und sein Körper erfrieren.

377. Was ist die Walpurgisnacht?

A Sie findet in der Nacht zum 1. Mai statt.

→ In dieser Nacht reiten Hexen auf Besen, Ziegenböcken oder Katzen zum Hexensabbat auf den Blocksberg (Brocken) im Harz, um sich mit dem Teufel und anderen dämonischen Wesen zu treffen. So heißt es jedenfalls in der Sage. Natürlich gibt es zu der Entstehung der Sage auch eine Erklärung: Zur Zeit Karls des Großen, im 8. Jahrhundert, trafen sich die Menschen im Harz genau in dieser Nacht zu gemeinsamen Opferfesten. Nachdem das Land jedoch christianisiert worden war und viele Menschen getauft wurden, war es bei Todesstrafe verboten, heidnische Bräuche zu feiern. Alte Bräuche kann man aber nicht so leicht abschaffen. Um nicht erkannt zu werden, versammelten sich die Menschen jetzt vermummt oder in schrecklicher Verkleidung. So könnten die Spukgeschichten von den Hexen entstanden sein. Ihren Namen hat die Walpurgisnacht allerdings von der heiligen Walpurga (710–779). Sie war eine Benediktinerin (das ist ein Nonnenorden), stammte aus England und lebte als Äbtissin in Deutschland. An sie soll in der Nacht zum 1. Mai gedacht werden. Heute treffen sich viele als Hexen verkleidete Menschen in dieser Nacht auf dem Brocken, um zu feiern und um die Geister des Winters zu vertreiben.

378. Gibt es Hexen?

B Ja, sogar bis heute.

→ Leider gibt es ein dunkles Kapitel über Hexen, und zwar nicht im Märchen, sondern in unserer Geschichte. Im Mittelalter endeten Hexen oftmals auf dem Scheiterhaufen. Hexen waren dem Volksglauben nach zauberkundige Frauen, die über magische Kräfte verfügten. Sie kannten sich gut mit Heilkräutern aus, wurden bei Krankheiten und Geburten geholt und hatten zum Teil auch seherische Fähigkeiten. Es waren oft auch Frauen, die das Lesen und Schreiben beherrschten, eine Fähigkeit, die in diesen Zeiten eher eine Seltenheit war. Ein Merkmal der Hexe konnte auch schon ihr Äußeres sein: rote Haare und grüne Augen. Aber das konnte auch anders sein. Während der Hexenverfolgung wurden junge, alte, hübsche oder auch hässliche „Hexen" verfolgt. Ursprünglich hatte die christliche Kirche Zauberei, Magie und Hexerei lediglich als heidnischen Aberglauben abgetan. Ab dem 14. Jahrhundert glaubten die Christen jedoch, Hexen hätten einen Pakt mit dem Teufel. Unglücke wie Naturkatastrophen, Hungersnöte, Seuchen oder Pest wurden Hexen zugeschrieben. Der Verfolgungswahn endete erst im 18. Jahrhundert. Heute gibt es wieder einige Frauen, die sich in der Tradition der guten Hexen sehen, sich mit Heilkräutern auskennen und oft auch einer Naturreligion angehören.

379. Warum sind in Indien die Kühe heilig?

A Weil die Kuh als Mutter des Lebens gilt.

→ In Indien haben Kühe überall Vortritt: Es kommt deshalb immer wieder vor, dass sich Autos stauen, weil eine Kuh die Straße überquert. Doch das ist nur eine von vielen Vergünstigungen, die Kühe in Indien genießen: Sie dürfen sich frei bewegen und alles fressen. Auch dürfen Kühe nicht geschlachtet werden. Denn in Indien sind Kühe heilig. Die meisten Inder sind Hindus, also Anhänger der Religion des Hinduismus. Und im Hinduismus gilt die Kuh als Mutter allen Lebens. Denn alles, was eine Kuh produziert, hat großen Nutzen: Kuhdung wird zum Hausbau und in der Volksmedizin verwendet. Butterschmalz nimmt man als Lampenöl und Milch ist ein wichtiges Nahrungsmittel. In der Landwirtschaft werden Kühe darüber hinaus als Arbeitstiere eingesetzt. Es gibt aber auch noch andere Gründe, warum Kühe in Indien als heilig gelten: Der hinduistische Gott Krishna soll als Hirtenjunge unter Kühen aufgewachsen sein. Er war auf der Flucht vor Menschen, die ihn umbringen wollten. Er überlebte, weil die Kühe ihn so gut versorgten. Wer in Indien eine Kuh füttert, tut also nicht nur der Kuh etwas Gutes. Er zeigt damit zugleich, wie sehr man Gott Krishna verehrt. Darüber hinaus spielt wie in anderen Religionen auch im Hinduismus das Prinzip der Wiedergeburt eine große Rolle. Wenn ein Mensch stirbt, dann wird er als Tier, Pflanze oder göttliches Wesen wiedergeboren. Darum haben Hindus grundsätzlich sehr viel Respekt vor allen Lebewesen.

380. Warum wollen alle Schauspieler den „Oscar“?

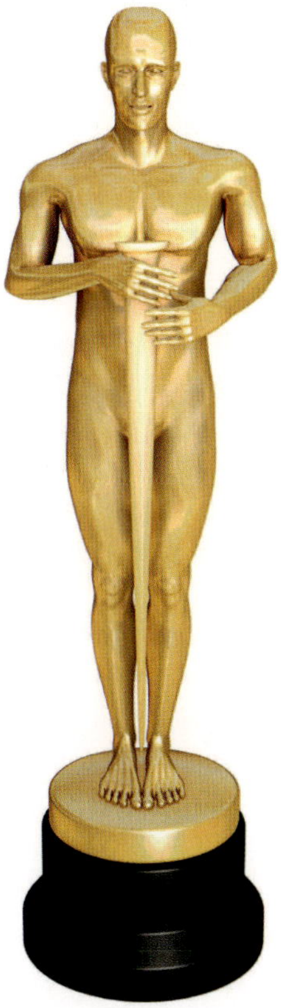

A Er ist der wichtigste Filmpreis der Welt.

→ Der Oscar ist 34 Zentimeter groß und vier Kilogramm schwer. Goldüberzogen steht der Ritter mit seinem Schwert auf einer Filmspule. Eine Oscarverleihung dauert eine ganze Nacht. Und in dieser Nacht gibt es für Milliarden von Fernsehzuschauern auf der ganzen Welt nichts Spannenderes. Meist fließen bei der 45-sekündigen Dankesrede Freudentränen, obwohl viele Preisträger den Oscar zu Hause gar nicht so nett behandeln: Sie sollen ihn als Briefbeschwerer benutzen oder sogar als Türstopper.

381. Haben Adelige „blaues Blut“?

C Nein, das hat mit ihrer vornehmen Blässe zu tun.

→ Blaues Blut haben nur einige Schnecken, Tintenfische oder Spinnen. Bei allen Menschen fließt aber rotes Blut durch die Adern, egal welcher Herkunft sie sind. Trotzdem sagt man Adeligen nach, sie hätten blaues Blut. Bis ins 19. Jahrhundert galt jemand als sehr vornehm, der möglichst blass im Gesicht war. Dies war ein Zeichen dafür, dass er es nicht nötig hatte, zu arbeiten. Einfache Arbeiter und Bauern waren dagegen immer braungebrannt von der Sonne. Wenn man sehr blass ist, dann schimmern die Adern durch die Haut und sehen blau aus. Daher nannte man Adelige auch „Blaublüter“.

382. Warum fällt der Toast immer auf die Marmeladenseite?

B Das hängt von der Höhe des Tisches ab.

→ Ein Toast, der von der Tischkante fällt, landet fast immer auf der bestrichenen Seite. Entscheidend ist dabei die Höhe des Tisches. Fällt es von einem gewöhnlichen Esstisch mit rund 77 cm Höhe landet das Brot recht zuverlässig auf der Marmeladenseite. Das liegt daran, dass das Brot sofort anfängt, sich im Flug zu drehen. Bei dieser Höhe schafft es aber nur eine Drehung um 180 Grad. Das ist genau eine halbe Drehung. Da der Toast vorher immer mit der Marmeladenseite nach oben auf dem Tisch liegt, muss er zwangsläufig andersrum auf dem Boden auftreffen. Schubst man den Toast von einem Stehtisch aus etwa 112 cm Höhe, so bleibt die Marmeladenseite fast immer oben. Dann hat der Toast nämlich mehr Zeit, sich im Sturz ganz herumzudrehen.

383. Glauben alle Menschen an denselben Gott?

C Nein, denn es gibt viele verschiedene Religionen.

→ Es gibt sehr unterschiedliche Religionen. Viele Religionen, zum Beispiel das Christentum, der Islam und das Judentum, glauben an die Existenz eines einzigen Gottes. Dieser eine Gott hat in den drei Religionen verschiedene Namen – Gott, Jahwe und Allah. Auch die Vorstellung von dessen Eigenschaften ist in den drei Religionen sehr unterschiedlich. Es gibt auch zahlreiche Religionen, die mehrere Götter verehren, wie die meisten Religionen der Antike, zum Beispiel die der alten Ägypter, der Griechen und Römer. Darüber hinaus gibt es Religionen, die in allen Lebewesen das „Göttliche“ sehen. Viele Naturvölker haben solche pantheistischen Vorstellungen. Die weltweit am weitesten verbreiteten Religionen sind das Christentum, der Islam, der Hinduismus und der Buddhismus.

384. Warum sind Duschvorhänge so anhänglich?

A Das liegt am Unterdruck, den das Wasser erzeugt.

→ Kaum stehen wir unter der Dusche, drängt sich uns auch schon der nasskalte Duschvorhang entgegen. Wie kommt es, dass er so anhänglich ist? Wenn wir den Wasserhahn aufdrehen, dann verdrängt das Wasser einen Teil der Luft. Die Luft dringt von der Seite her wieder ein und reißt dabei den Duschvorhang mit. Wenn man heißer duscht, dann entweicht die warme Luft aus der Dusche nach oben und verstärkt den Unterdruck. Dann geht der Duschvorhang noch mehr auf Tuchfühlung.

385. Was ist Religion?

B Der tiefe Glaube an Gott.

→ Schon immer haben die Menschen versucht, sich die Welt zu erklären. Früher war das noch sehr viel schwieriger, weil Wissenschaft und Technik noch nicht so weit entwickelt waren, um viele Fragen beantworten zu können. Also haben sich die Menschen selber Erklärungen geschaffen. Je nachdem, auf welchem Teil der Erde sie lebten, sind diese Erklärungen unterschiedlich ausgefallen. Religionen bieten Antworten auf all die Fragen, die niemand mit Gewissheit beantworten kann. Deswegen spricht man auch von Glauben. Dieser Glaube hat im Laufe der Jahrhunderte geholfen, bestimmte Umgangsformen zu entwickeln. Bis heute hilft vielen Menschen ihr Glaube, sich in der Welt zurechtzufinden.

386. Was ist ein Trojanisches Pferd?

A Dieser Ausdruck stammt aus der griechischen Mythologie.

→ Der Begriff „Trojanisches Pferd“ wird häufig als Ausdruck für eine besondere List verwendet. Zum Beispiel in der Computersprache: Wenn jemand zum Beispiel über eine unverdächtige E-Mail oder ein harmloses Programm einen Virus in einen Computer einschleust, dann spricht man von einem „Trojanischen Pferd“. Doch woher stammt dieser Ausdruck? Die Wendung „Trojanisches Pferd“ geht zurück auf eine Sage aus der griechischen Mythologie, die der Dichter Homer wohl im achten Jahrhundert vor Christus aufgeschrieben hat. Er beschreibt den Kampf der Griechen gegen die Trojaner. Die Griechen hatten die Stadt Troja belagert, schafften es jedoch nicht, sie zu erobern. Weil die Stadtmauern zu mächtig waren, als dass man mit Gewalt etwas hätte ausrichten können, haben sie sich folgende List ausgedacht: Epeios, ein griechischer Held, baute aus Holzbalken ein Pferd, das riesig groß war, aber dennoch durch das Stadttor von Troja passte. Im Bauch des Pferdes versteckten sich griechische Soldaten. Die übrigen Griechen taten so, als hätten sie ihre Armee bereits abgezogen, und ließen das Holzpferd vor dem Stadttor stehen. Den Trojanern sagten sie, es sei ein Geschenk der Griechen an den Gott Poseidon, das die Trojaner auf keinen Fall ablehnen dürften. Die Trojaner holten das Pferd schließlich in die Stadt. In der Nacht krochen dann die Soldaten aus dem Pferd und öffneten die Stadttore. Daraufhin stürmte die griechische Armee Troja und zerstörte die Stadt.

387. Wieso gibt es so viele Begriffe für Raumfahrer?

A Verschiedene Länder haben eigene Bezeichnungen.

→ Das Wort „Astronaut“ ist eine Neuschöpfung. Es setzt sich aus den griechischen Wörtern „astro“ für Stern und „nauta“ für Seefahrer zusammen. Ein Astronaut ist, wörtlich übersetzt, ein „Seefahrer, der zu den Sternen fährt“. Mit dem Begriff Astronaut bezeichneten die US-Amerikaner ihre Teilnehmer an der ersten Weltraumexpedition. Die Sowjetrussen, die sich in den 1950er- und 1960er-Jahren mit den US-Amerikanern eine Art Wettlauf im All lieferten, nannten ihre Weltraumfahrer „Kosmonauten“. Auch dieser Begriff ist eine Neuschöpfung. „Kosmos“ ist das griechische Wort für Weltall. Wörtlich übersetzt heißt Kosmonaut „Seefahrer im Weltraum“. Doch damit nicht genug: Chinesische Raumfahrer werden als „Taikonauten“ bezeichnet. Das bedeutet so viel wie „Seefahrer im universalen Himmel“. Französische Weltraumfahrer heißen „Spacionaut“ – abgeleitet vom französischen Wort „Espace“ für Weltraum. Expeditionen in den Weltraum können nur Staaten unternehmen, die viel Geld in Forschung investieren und eine hoch entwickelte Technologie besitzen. Ein Staat, der intensiv Raumforschung betreibt und bemannte Raumschiffe ins All schickt, zeigt damit der ganzen Welt, dass er zu Spitzenleistungen fähig ist. Die bemannte Raumfahrt ist also sehr prestigeträchtig. Wohl auch aus diesem Grund gibt jedes Land seinen Weltraumfahrern eine eigene Bezeichnung.

388. Was passiert mit einem Astronauten, der aus dem Raumschiff fällt?

C Er würde ohnmächtig werden und sein Körper erfrieren.

→ Würde ein Astronaut aus seinem Raumschiff ins All geschleudert werden, dann würde er innerhalb kurzer Zeit wegen des Sauerstoffmangels ohnmächtig. Etwa eine Minute lang würde er überleben. Falls er dann nicht zurück ins Raumschiff geholt werden würde, erstickte er oder sein Herz bliebe stehen. Sein Körper würde tiefgefroren und die Haut vermutlich durch die hohe UV-Strahlung verbrennen.

389. Woher kommt das Sparschwein?

A Es wurde von den Ägyptern erfunden.
B Die ältesten Sparschweine der Welt wurden in China gefunden.
C Das Schwein gibt es erst seit 1924 als Spardose.

390. Wieso bringt ein Hase die Ostereier?

A Weil der Hase als Fruchtbarkeitssymbol galt.
B Er wurde aufgrund seiner Schnelligkeit ausgewählt.
C Das kommt daher, dass Hasen selbst so gerne Eier fressen.

391. Warum gelten Hufeisen als Glückbringer?

A Weil ihre Form eine alte, magische Bedeutung hat.
B Weil Eisen früher sehr teuer war.
C Weil es früher bedeutete, nie hungern zu müssen.

392. Wie entsteht Rost?

A Rost ist eine Alterserscheinung bei Kunststoffen.
B Durch die Reaktion von Salzwasser mit Gold oder Silber.
C Durch eine chemische Reaktion von Eisen mit Sauerstoff.

393. Was sind Drogen?

A Heilmittel, die nur aus Heilpflanzen hergestellt werden.
B Alle Produkte, die man in einer Drogerie kaufen kann.
C Rauschmittel, die die Wahrnehmung des Gehirns verändern.

394. Was ist Staub?

A Staub besteht aus kleinen Sandkörnchen.
B Staub besteht aus winzigen, in der Luft schwebenden Teilchen.
C Er entstand durch den Urknall.

395. Warum sind Mumien so gut erhalten?

A Weil die Toten gleich nach dem Sterben eingefroren wurden.
B Weil die toten Körper haltbar gemacht wurden.
C Weil sie kühl und dunkel gelagert wurden.

396. Wie lesen Blinde?

A Sie lesen mit ihren Händen.
B Es gibt eine spezielle Schrift, die sie ertasten können.
C Blinde können nicht lesen.

397. Gibt es Außerirdische?

A Ja, sie bewohnen ferne Galaxien.
B Nein, Außerirdische gibt es nur in Büchern und Filmen.
C Das lässt sich nicht mit Sicherheit sagen.

398. Warum benutzen Männer Rasierschaum?

A Weil sich die Haare dann besser abrasieren lassen.
B Er löst die Barthaare auf.
C Sie könnten ihn ebenso gut weglassen.

389. Woher kommt das Sparschwein?

B Die ältesten Sparschweine der Welt wurden in China gefunden.

→ Das Schwein als Glückssymbol kennt man schon seit dem Mittelalter. Damals erhielt bei volkstümlichen Wettbewerben der schlechteste Mitstreiter ein Ferkel, begleitet von spöttischen Glückwünschen. Für diese Verlierer war das Schwein trotzdem ein unverhofft erworbenes Wertobjekt und somit ein Glücksbringer. Das Tier war zudem von jeher als Nahrungs- und Einkommensquelle in knappen Zeiten hoch geschätzt. Vom Symboltier für Glück und Fruchtbarkeit war es dann nur noch ein kleiner Schritt zum Sparschwein. Eine andere Geschichte weist darauf hin, dass im mittelalterlichen England Tongefäße aus einer billigen Tonmischung namens „pygg“ („pig“ ist das englische Wort für „Schwein“) hergestellt wurden. Wenn Hausfrauen einen Penny sparen konnten, legten sie ihn in das Gefäß, „pygg bank“ genannt. Schließlich hat ein findiger Mitarbeiter einer Töpferei eine „piggy bank“ in Form eines Schweins geschaffen. In China gab es bereits im 13. Jahrhundert Sparschweine aus Ton. In Deutschland kamen die Sparschweine wahrscheinlich ab dem 17. Jahrhundert auf. Sparbüchsen in Form einfacher Tontöpfe mit einem Schlitz für den Geldeinwurf gibt es allerdings schon seit dem 3. Jahrhundert vor Christus.

390. Wieso bringt ein Hase die Ostereier?

A Weil der Hase als Fruchtbarkeitssymbol galt.

→ Die Entstehung dieser Geschichte reicht bis in die Zeit der alten Germanen zurück. Der Hase spielte zunächst nur eine untergeordnete Rolle beim Osterfest. Eier waren das Hauptsymbol. Sie standen für Fruchtbarkeit und die Entstehung von Lebendigkeit. Selbstverständlich durfte es sich in dieser Funktion nicht um herkömmliche Eier einer Henne handeln. So waren die Ostereier bunt und es hieß zunächst, dass sie von verschiedenen Tieren wie Fuchs, Hahn, Storch oder auch Kuckuck gebracht würden. Der Hase galt in dieser Zeit ebenfalls als Fruchtbarkeitssymbol. Jedes Jahr zu Ostern waren auf den Feldern seltsame Geschehnisse zu beobachten. Es sah so aus, als ob die Hasen tanzten, und als sie weg waren, lagen bunte Eier auf den Wiesen. So entstand mit der Zeit der Mythos vom Hasen, der bunte Ostereier bringt, und die anderen Tiere wurden aus den Ostergeschichten verdrängt. Heute weiß man, dass die bunten Eier von bodenbrütenden Wildvögeln stammen, die durch den Balzkampf der Hasen verscheucht wurden.

391. Warum gelten Hufeisen als Glücksbringer?

B Weil Eisen früher sehr teuer war.

→ Ein Hufeisen ist ja so etwas wie der Schuh des Pferdes und das Pferd gilt seit jeher als Symbol für Kraft und Stärke. Für unsere Vorfahren war ein Pferd als Arbeitskraft und Fortbewegungsmittel sehr wertvoll. Es heißt, die Griechen hätten das Beschlagen der Pferdehufe erfunden, womit ja der ohnehin schon kostbare Fuß des Tieres noch veredelt wurde. Eisen war aber teuer und wer daher ein Hufeisen fand, galt natürlich als Glückspilz. Der Legende nach muss man deswegen Hufeisen finden, damit sie wirklich Glück bringen, aber heutzutage werden sie gerne als Geschenk, insbesondere an Silvester, überreicht. Hufeisen hängen vor allem über Türschwellen und dienen als Talisman, der Haus und Hof schützt. Die offene Seite zeigt nach oben und der Bogen nach unten, damit das Glück nicht herausfallen kann.

392. Wie entsteht Rost?

C Durch eine chemische Reaktion von Eisen mit Sauerstoff.

→ Nur Gegenstände aus Metall können rosten. Rost entsteht, wenn das Eisen mit Sauerstoff in Berührung kommt. Sauerstoff ist in der Luft enthalten. Feuchtigkeit beschleunigt das Rosten. Eisen rostet zwar auch in trockener Luft – jedoch sehr viel langsamer. Unter Wasser ist sehr viel weniger Sauerstoff enthalten als in der Luft. Deshalb rosten zum Beispiel Schiffswracks sehr viel langsamer. Es gibt verschiedene Methoden, das Eisen vor dem Rosten zu schützen. Zum Beispiel kann man es einfetten oder mit einer Rostschutzfarbe oder einem Lack streichen. Deshalb rosten Autos auch nur an den Stellen, an denen der Lack abgegangen ist.

393. Was sind Drogen?

C Rauschmittel, die die Wahrnehmung des Gehirns verändern.

→ Das Wort „Droge" ist eigentlich ein Begriff für Heilmittel. Doch wenn wir von Drogen sprechen, meinen wir meistens Rauschmittel. Wenn jemand Drogen nimmt, dann werden bestimmte Vorgänge in seinem Gehirn geändert. Deshalb nimmt er die Welt anders wahr, als sie wirklich ist. Die meisten Drogen machen süchtig und hinterlassen bleibende Schäden im Körper. Alkohol und Zigaretten sind Drogen, die für Erwachsene erlaubt sind – obwohl sie süchtig machen können und sehr schädlich für die Gesundheit sind. „Härtere" Drogen sind zum Beispiel Kokain, Haschisch, Heroin oder Marihuana. Sie werden aus Pflanzen gewonnen. Als Designerdrogen bezeichnet man Drogen, die künstlich in Laboren hergestellt werden. Zum Beispiel Ecstasy oder LSD. Es ist in Deutschland verboten, Drogen anzubauen, herzustellen, zu verkaufen oder zu kaufen. Wer sich nicht daran hält, dem drohen hohe Gefängnisstrafen.

Info:

Jedes Jahr sterben in Deutschland ungefähr 1800 Menschen an „harten" Drogen. An den Folgen von Tabak sterben rund 100.000 Menschen jährlich und an den Folgen von übermäßigem Alkoholgenuss etwa 40.000!

394. Was ist Staub?

B Staub besteht aus winzigen, in der Luft schwebenden Teilchen.

→ Staub besteht aus winzigen Teilchen, die in der Luft schweben. Er ist überall und kann nie verschwinden. Selbst wenn wir putzen, verschieben wir ihn nur woandershin. Tonnen von Staub rieseln alleine aus dem Weltall auf die Erde nieder. Es sind Reste von Meteoriten, die verglüht sind. Vulkane sind regelrechte Staubschleudern. Künstliche Staubquellen sind der Verkehr und die Industrie. Auch der Mensch erzeugt ständig Staub: Abgestorbene Hautzellen, kleine Haare und Fussel unserer Kleidung fliegen durch die Gegend, wenn wir uns bewegen. Wenn wir mit unseren Schuhen über den Teppichboden laufen, lösen sich winzige Leder- oder Gummiteilchen aus dem Schuh, wir tragen Staub von der Straße nach drinnen und Fasern aus dem Teppichboden werden abgerieben. Durch das Fenster gelangen Pollen und Abgase in die Wohnung. Selbst der Staubsauger vernichtet den Staub nicht – und wenn wir den vollen Beutel in den Müll werfen, dann wird der Inhalt spätestens auf der Mülldeponie teilweise wieder vom Wind in alle Richtungen geweht. Von dort aus macht er sich dann wieder auf den Weg in die nächsten Wohnungen.

Info:

Was sind Wollmäuse?

Als Wollmäuse bezeichnet man Staubballen. Sie bestehen hautsächlich aus Haaren und Fasern. Sie haben die Angewohnheit, zusammenzuklumpen und sich gegenseitig einzufangen. Wenn in der Wohnung entsprechende Luftströmungen herrschen, dann können ziemlich große Gebilde entstehen. Nachts verlieren wir zum Beispiel jede Menge Haare und Hautschuppen. Durch die Bewegung auf der Bettwäsche und der Matratze werden Fasern gelöst. All diese Dinge sammeln sich dann gerne unter dem Bett als Wollmäuse.

395. Warum sind Mumien so gut erhalten?

B Weil die toten Körper haltbar gemacht wurden.

→ Mumien sind die Körper von Toten, die mit einer besonderen Methode haltbar gemacht wurden. Dazu wurden dem Toten zunächst einmal sämtliche Eingeweide entfernt. Stattdessen füllte man den leeren Körper mit duftenden Ölen und Gewürzen. Anschließend legte man die Leiche mindestens zwei Monate in eine Salzlauge. Danach wurde der Körper getrocknet und anschließend fest mit Bändern umwickelt. So vorbereitet, wurde der Tote in einen besonderen Holzsarg gelegt, der meistens die Form eines Menschen hatte. Die Ägypter glaubten früher, dass sich die Seele eines Menschen nach seinem Tod in einen Vogel verwandelt: Dieser Vogel fliegt tagsüber herum und kehrt abends wieder in den toten Köper zurück. Deshalb war es für die Ägypter so wichtig, den Körper des Toten so gut wie möglich zu erhalten.

396. Wie lesen Blinde?

A Sie lesen mit ihren Händen.

B Es gibt eine spezielle Schrift, die sie ertasten können.

→ Die Blindenschrift besteht aus kleinen Erhöhungen auf dem Papier. Diese Schrift hat Louis Braille (1809–53) erfunden. Nach ihm heißt sie Brailleschrift. Jeder Buchstabe besteht aus mehreren winzigen fühlbaren Punkten. Außer den Buchstaben des Alphabets kann man mit den Punkten auch mathematische und chemische Zeichen, Noten und eine Kurzschrift darstellen. Es gibt heutzutage viele Bücher, die für Blinde „übersetzt" worden sind. Allerdings brauchen sie sehr viel mehr Platz als normale Bücher. Der Duden besteht in der Blindenschrift zum Beispiel aus 25 Bänden! Mittlerweile werden auch spezielle Computer eingesetzt, mit denen Blinde lesen und schreiben können. Das spart viel Platz und Zeit.

397. Gibt es Außerirdische?

C Das lässt sich nicht mit Sicherheit sagen.

→ Im Weltall gibt es Milliarden von Planeten, Sternen, Sonnen, Galaxien und anderen Himmelskörpern. Die Menschen kennen bislang nur einen kleinen Teil dieses unendlich großen Universums. Deshalb kann niemand so genau sagen, ob es nicht auf irgendeinem weit entfernten Planeten noch andere Lebewesen gibt. Bislang gibt es zwar keine echten Beweise dafür, dass es Außerirdische gibt. Aber das mag vielleicht daran liegen, dass die „Aliens" einfach zu weit weg wohnen oder so ganz anders aussehen als wir Menschen und wir sie gar nicht erkennen können. Deshalb bietet die Vorstellung von Aliens viel Spielraum für die Fantasie. Wann immer Menschen Erscheinungen gesehen haben, die sich nicht erklären ließen, meinten sie, Ufos gesehen zu haben. In Science-Fiction-Filmen werden Außerirdische meist als schreckliche Monster dargestellt, die unsere Erde bedrohen. Diese Vorstellung rührt daher, dass der Mensch grundsätzlich Angst vor allem hat, was er nicht so genau kennt und einordnen kann. Möglicherweise sind die Außerirdischen sehr freundliche Wesen und haben gar kein Interesse, unsere Erde zu zerstören. Vielleicht sind sie ja auch sehr lustig und würden sich kaputtlachen, wenn sie uns besuchen kämen.

398. Warum benutzen Männer Rasierschaum?

A Weil sich die Haare dann besser abrasieren lassen.

→ Männer, die keinen elektrischen Rasierer benutzen, schmieren sich einen weißen, zähen Schaum ins Gesicht, bevor sie sich rasieren. Dieser Schaum funktioniert ähnlich wie Seife: Er entfernt das Fett, das die einzelnen Barthaare umgibt. Dadurch kann Wasser in die Haare eindringen und sie weich machen. So lassen sich die Haare besser abschneiden und die Rasierklinge gleitet ohne größeren Widerstand über die Haut. Deshalb entstehen auch weniger Schnittwunden. Rasierschaum enthält heutzutage natürlich auch viele pflegende Stoffe, damit die Haut nach der Rasur nicht zu trocken wird, sich gut anfühlt und duftet.

399. Warum heißen unsere deutschen Ziffern arabisch?

A Weil sie von einem Araber erfunden wurden.
B Ursprünglich stammen die Zahlen aus Indien.
C Weil die Araber sie nach Deutschland brachten.

400. Wie springt ein Springbrunnen?

A Das Wasser wird unter hohem Druck nach oben gespritzt.
B Das Wasser wird durch ein kleines Sieb gepresst.
C Durch den Antrieb einer Windmaschine.

401. Was ist eigentlich Halloween?

A Dieses Fest geht auf die Zeit der Kelten zurück.
B Halloween wurde in Amerika erfunden.
C Das Fest ist italienischen Ursprungs.

402. Trugen die Gallier wirklich Gürtel und Zöpfe?

A Ja, das war bei ihnen Tradition.
B Nein, das ist eine Erfindung.
C Ja, sie haben auch die Gürtelschnalle erfunden.

403. Warum sparen Energiesparlampen Strom?

A Weil ihre Glühfäden viel kürzer sind.
B Energiesparlampen leuchten viel schwächer.
C Weil das Gas darin weniger Energie braucht.

404. Seit wann gibt es Schulen?

A Seit circa 100 Jahren nach Christus.
B Seit den ägyptischen Tempelschulen.
C Seit Beginn des 18. Jahrhunderts.

405. Warum leuchten die Sterne an der Kinderzimmerdecke im Dunkeln?

A Aufgrund ihrer speziellen Beschichtung.
B Das liegt an der mit Phosphor gemischten Farbe.
C Weil sie gelb sind.

406. Wie werden Tätowierungen gemacht?

A Die Farbe wird mit speziellen Nadeln tief in die Haut gestochen.
B Mit unlöslichen Spezialfarben.
C In die Haut werden Muster gebrannt.

407. Was ist ein Parabolspiegel?

A Das ist ein Vergrößerungsspiegel.
B Das ist die Bezeichnung für ein Spiegelkabinett.
C Es ist eine Antenne.

408. Wer gibt den Straßen ihre Namen?

A Ausschüsse in der Stadtverwaltung.
B Der Bundeskanzler oder die Bundeskanzlerin.
C Die Bürger in einem Volksentscheid.

409. Warum reicht man sich zur Begrüßung die Hand?

A Um Zusammengehörigkeit zu demonstrieren.
B Das stammt aus der Zeit der Gladiatorenkämpfe.
C Das ist ein alter germanischer Brauch.

410. Warum klebt der Sekundenkleber nicht in der Tube fest?

A Weil die Tubenwand mit Antiklebschutz ausgestattet ist.
B Weil er nur in Verbindung mit Luft klebt.
C Der Kleber in der Tube ist von einer Flüssigkeit umgeben.

399. Warum heißen unsere deutschen Ziffern arabisch?

B Ursprünglich stammen die Zahlen aus Indien.

➜ Die arabischen Ziffern stammen ursprünglich gar nicht aus Arabien, sondern aus Indien. Im 7. Jahrhundert lernten Araber dort eine völlig neue Art des Zählens kennen. Für alle neun Grundzahlen gab es ein anderes Zeichen. Den Arabern gefiel dieses System so gut, dass sie sogar zahlreiche Bücher darüber schrieben. Europäer nahmen diese Bücher mit nach Hause und übersetzten sie dort. Im 10. Jahrhundert brachte Papst Silvester II. die arabischen Ziffern nach Deutschland.

400. Wie springt ein Springbrunnen?

A Das Wasser wird unter hohem Druck nach oben gespritzt.

➜ Obwohl das Wasser aus einem dicken Strahl aus dem Springbrunnen nach oben gespritzt wird, fällt es in lauter kleinen Bögen wieder zu Boden. Wenn das Wasser herausgespritzt wird, dann geschieht das mit hohem Druck, sodass die Schwerkraft überwunden wird. Je höher der Wasserstrahl nach oben schießt, umso langsamer wird er. Irgendwann reicht der Schwung nicht mehr aus und der Wasserstrahl fällt aufgrund der Schwerkraft zurück. Dabei teilt sich das Wasser unter dem Widerstand der Luft in viele kleine Tropfen, die sich voneinander entfernen.

401. Was ist eigentlich Halloween?

A Dieses Fest geht auf die Zeit der Kelten zurück.

➜ Die „Erfinder" von Halloween sind keine Amerikaner, sondern die Kelten. Sie feierten am 1. November den Beginn des neuen keltischen Jahres. Nach ihrem Glauben kehren die Seelen der Verstorbenen des letzten Jahres am letzten Tag des Jahres, also am 31. Oktober, nach Hause zurück. Um sich vor den Hexen, Geistern und Dämonen zu schützen, entzündeten die Kelten an diesem Abend große Feuer und verkleideten sich mit Tierfellen und Tierköpfen, um die Geister zu erschrecken. Vor ihren Häusern stellten sie kleine Geschenke auf, um die Geister zu besänftigen und von Untaten abzuhalten. Später stellten sie Rüben mit geschnitzten Gesichtern vor ihren Häusern auf, damit die Geister glauben, dort wohne bereits eine verdammte Seele. Der keltische Brauch wurde lange beibehalten, bis Papst Gregor IV. fast tausend Jahre später beschloss, den 1. November als christlichen Tag aller Hei-

Info:

Die Legende von Jack O'Lantern

Das Kürbisschnitzen geht zurück auf die Legende von Jack, einem Schmied, der sehr geizig war. Außerdem trank er gerne und viel Alkohol. An einem Halloweenabend erschien ihm der Teufel und wollte ihn mit in sein Reich nehmen. Jack bot ihm seine Seele für einen letzten Drink an. Der Teufel ließ sich auf diesen Tausch ein und verwandelte sich selbst in eine Geldmünze. Jack steckte ihn blitzschnell in seinen Geldbeutel und weil er dort auch ein silbernes Kreuz verwahrte, konnte der Teufel sich nicht zurückverwandeln. Jack ließ ihn erst wieder frei, als der Teufel ihm noch zehn weitere Lebensjahre versprach. Nach zehn Jahren kam der Teufel also wieder, um Jack zu holen. Doch dem gelang es erneut, den Teufel hereinzulegen, und er handelte diesmal mit ihm aus, dass dieser niemals seine Seele holen werde. Als Jack einige Jahre später starb, wurde ihm der Zutritt zum Himmel verwehrt, weil er sein Leben lang so geizig, falsch und hinterlistig gewesen war. Auch in der Hölle nahm man ihn nicht auf, denn das hatte der Teufel ja versprochen. So gab der Teufel Jack noch ein Stück Kohle aus dem Höllenfeuer mit auf den Weg, weil es so kalt und windig war. Jack legte die Kohle in eine ausgehöhlte Rübe und machte sich wieder auf den Weg. Seit diesem Tage, so sagt die Legende, wandelt er mit seiner Laterne an Halloween durch die Dunkelheit zwischen Himmel und Hölle hin und her.

ligen zu feiern. Daher kommt auch der Name des Festes: Allerheiligen heißt auf Englisch „All hallows". Und weil es ja der Abend (englisch „evening") vor Allerheiligen ist, also „All Hallows Evening", wurde später das Wort „Halloween" daraus.

402. Trugen die Gallier wirklich Gürtel und Zöpfe?

B Nein, das ist eine Erfindung.

➔ Asterix und Obelix tragen in den weltberühmten Comics immer Gürtel und Zöpfe. In Wirklichkeit haben die Gallier jedoch ihre Hosen mit Hosenträgern gehalten. Ihre Haare kämmten die Gallier mit Kalkwasser, damit es blonder und fettiger aussah. Sie kämmten es nach hinten. Zöpfe und Gürtel sind also eine lustige Erfindung des Zeichners.

403. Warum sparen Energiesparlampen Strom?

C Weil das Gas darin weniger Energie braucht.

➔ Eine Energiesparlampe hat keinen Glühfaden, sondern ist mit einem Gas gefüllt. Es verbraucht weniger Energie, das Gas zum Leuchten als einen Glühfaden zum Glühen zu bringen. Die Energiesparlampe ist eine kleine Leuchtstofflampe, die im Gegensatz zu Neonröhren den Vorteil hat, dass sie durch ausgefeilte Technik sofort zündet. Eine Energiesparlampe leuchtet zum selben Preis wie eine herkömmliche Glühbirne ungefähr fünfmal so lange.

404. Seit wann gibt es Schulen?

B Seit den ägyptischen Tempelschulen.

➔ Schulen gibt es auf jeden Fall schon seit etwa 2000 Jahren. In Ägypten durften nur Jungen die Tempelschule besuchen, um zu guten Bürgern erzogen zu werden. In Deutschland hat Karl der Große um das Jahr 800 zunächst eine Schule an seinem Hof gegründet. Damals durften nur wenige Mädchen und Jungen zur Schule gehen. Noch vor 100 Jahren blieben viele Kinder zu Hause, weil sie ihren Eltern bei der Arbeit helfen mussten. Erst dann wurde die Schulpflicht eingeführt. Seitdem haben arme und reiche Kinder dieselben Chancen.

405. Warum leuchten die Sterne an der Kinderzimmerdecke im Dunkeln?

A Aufgrund ihrer speziellen Beschichtung.

➔ Die Sterne, die man an die Zimmerdecke kleben kann, leuchten nachts. Und das, obwohl sie nicht an die Steckdose angeschlossen sind. Das funktioniert nur deshalb, weil sie in einer Chemiefabrik mit ganz besonderen Mitteln beschichtet wurden. Dazu wird ein weißes Pulver namens Zinksulfid verwendet. Das wird ganz fein gemahlen und mit Kupfer, Chlor und etwas Salz gemischt und dann in großen Tiegeln erhitzt, damit sich die „Zutaten" gut miteinander verbinden. Nachdem diese Masse abgekühlt ist, wird sie noch mit Leim versetzt und anschließend auf die Folie verteilt, aus der Sterne, Monde oder andere lustige Dinge ausgeschnitten werden. Die „Leuchtmasse" leuchtet nur dann, wenn sie vorher mit Licht bestrahlt wurde. Das liegt daran, dass das Licht die Elektronen – das sind die kleinen Teilchen, die um das Atom herumfliegen – in Bewegung versetzt. Je länger und intensiver das Licht darauf scheint, umso mehr kommen sie in Schwung und bewegen sich deshalb auch noch eine ganze Weile weiter, wenn das Licht aus ist. Deshalb leuchten die Leuchtsterne nachts auch nur, wenn sie tagsüber genug Licht tanken konnten. Die Leuchtbeschichtung wird natürlich nicht nur für Sterne verwendet, sondern zum Beispiel auch für die Kennzeichnung von Notausgängen und Warnhinweisen für den Fall, dass in einem Gebäude einmal der Strom ausfallen sollte.

406. Wie werden Tätowierungen gemacht?

A Die Farbe wird mit speziellen Nadeln tief in die Haut gestochen.

➔ Um eine Tätowierung anzufertigen, wird mit einer Nadel in die Haut gestochen und dabei eine spezielle Farbe unter die mittlere Hautschicht gebracht. Jeder einzelne winzige Punkt eines Tattoos ist ein kleiner Nadelstich. Tätowiermaschinen stechen ganz schnell hintereinander viele kleine Nadeln in die Haut, sodass der Tätowierer feine Striche ziehen kann. Weil die Farbe genau so tief in der Haut sitzt, dass sie nicht herauswachsen kann, bleiben Tätowierungen meist ein Leben lang erhalten. Das Entfernen dieses Körperschmucks ist auch heute noch äußerst schwierig und teuer. Deshalb sollte man sich wirklich gut überlegen, ob man sich tätowieren lässt. Meistens ist das eine Entscheidung für das ganze Leben, die man nicht mehr rückgängig machen kann. Und wer weiß schon als junger Mensch, ob er sein Tattoo im Alter auch noch schön findet?

407. Was ist ein Parabolspiegel?

C Es ist eine Antenne.

➜ Ein Parabolspiegel ist eine Antenne, die Signale an Satelliten im All senden und empfangen kann. Er heißt so, weil er eine Krümmung wie eine Parabel hat – das ist ein Begriff aus der Mathematik. Je nachdem, wie viele Signale man in welcher Qualität senden oder empfangen will, sind die Satellitenschüsseln größer oder kleiner. Jede Schüssel hat einen Mittelpunkt, den Brennpunkt. Dort werden die eintreffenden Signale gebündelt. Das funktioniert so ähnlich, wie wenn man Wasser in einen Trichter füllt. Je größer der Trichter ist, desto weniger Wasser geht verloren und desto kräftiger ist der Strahl, der unten herauskommt. Auf den Sendestationen der Fernsehsender stehen riesige Parabolspiegel, die das Fernsehprogramm in Form von Signalen zu bestimmten Satelliten im Weltall schicken. Die Satelliten empfangen das Signal und senden es an die Erde zurück. Dort wird es von vielen kleinen Parabolantennen empfangen und mittels komplizierter Technik wieder in das Fernsehbild umgewandelt, das der Sender kurz zuvor losgeschickt hat. Und das sehen wir dann, wenn wir den Fernseher einschalten.

408. Wer gibt den Straßen ihre Namen?

A Ausschüsse in der Stadtverwaltung.

➜ Es gibt zwei verschiedene Sorten von Straßennamen: Einerseits werden Straßen nach berühmten Persönlichkeiten benannt. Zum Beispiel Goethestraße oder Mozartstraße. Es ist dann immer eine Ehre für die Person, wenn eine Straße nach ihr benannt wird. Laut Gesetz dürfen Straßen nur nach Personen benannt werden, die bereits verstorben sind. Andererseits gibt es die Möglichkeit, Straßen auch mit anderen Namen zu benennen. Zum Beispiel die Blumenstraße oder der Kaktusweg. In den Gremien der Stadtverwaltung werden für jede neue Straße mehrere Vorschläge gemacht und dann wird darüber abgestimmt.

409. Warum reicht man sich zur Begrüßung die Hand?

C Das ist ein alter germanischer Brauch.

➜ Das Brauchtum des Händeschüttelns kommt aller Wahrscheinlichkeit nach von den alten Germanen. Sie gaben sich die Hände, um zu bekunden, dass sie keine Waffen in der Hand halten und dem anderen friedlich gesinnt sind. Auch heute noch drückt man durch das Händeschütteln aus, dass man jemanden freundlich begrüßt. In anderen Ländern herrschen verschiedene Formen. In Japan verbeugt man sich zur Begrüßung. Die Eskimos reiben ihre Nasen aneinander. Die Ureinwohner Neuseelands strecken sich zur Begrüßung die Zunge heraus. Franzosen küssen sich dreimal auf die Wange und in Russland küsst man sich sogar auf den Mund.

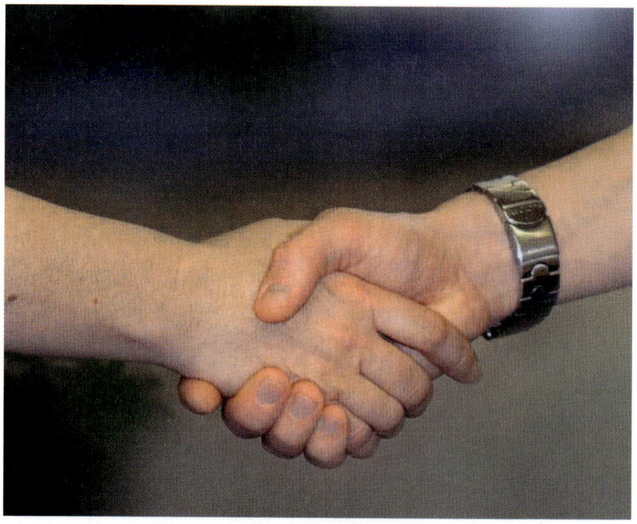

410. Warum klebt der Sekundenkleber nicht in der Tube fest?

B Weil er nur in Verbindung mit Luft klebt.

➜ Sekundenkleber kann auf zwei Arten funktionieren: Entweder muss er sich an der Luft mit einem zweiten Stoff verbinden – das kann auch die Feuchtigkeit oder der Wasserstoff aus der Luft sein –, um zu kleben, oder er klebt, weil das Lösungsmittel verdampft und der Kleber aushärtet. In der Tube befindet sich keine Luft, deshalb kann der Sekundenkleber nur außerhalb der Tube kleben. Es sei denn, die Tube hat ein Loch oder wurde nicht richtig verschlossen, dann wird der Kleber auch in der Tube hart.

411. Wie schützt Sonnencreme vor Sonne?

A Durch Filtereigenschaften.
B Sonnencremes verdicken die Haut.
C Sie überziehen die Haut mit einer abweisenden Schicht.

412. Warum stellen wir einen Weihnachtsbaum auf?

A Damit es besonders gut riecht.
B Als Symbol für Fruchtbarkeit und Schutz.
C Als Symbol der Hoffnung.

413. Warum finden wir manche Klamotten cool und andere nicht?

A Markenklamotten sehen einfach besser aus.
B Weil wir die Menschen cool finden, die sie tragen.
C Das ist Geschmackssache.

414. Wie kann man herausfinden, wie viele Zuschauer eine Fernsehsendung gesehen haben?

A Jeder eingeschaltete Fernseher wird automatisch registriert.
B Das wird anhand der Zuschauerpost errechnet.
C Das wird anhand der Einschaltquoten ermittelt.

415. Bekommt man vom Fernsehen eckige Augen?

A Ja, wenn man mehr als zwölf Stunden fernsieht.
B Nein, die Augen werden aber überanstrengt.
C Nein, nur die Pupillen verändern ihre Form.

416. Was ist eine Zeitungsente?

A Eine bestimmte Entenart.
B Ein Zeitungsartikel über das Tierreich.
C Eine falsche Zeitungsmeldung.

417. Warum leuchten die Ampeln in den Farben Rot, Gelb und Grün?

A Weil es auffällige Farben sind.
B Das geht auf die Farbenlehre und -bedeutung zurück.
C Das ist Zufall.

418. Warum bleibt die Zunge bei Kälte an Metall kleben?

A Weil die Speichelflüssigkeit bei Frost am Metall festfriert.
B Metall sondert bei Frost eine klebrige Masse ab.
C Weil die Zunge eine Art Klebstoff absondert.

419. Warum muss ich mit Messer und Gabel essen?

A Weil seit 150 Jahren der Gebrauch von Besteck üblich ist.
B Weil es hygienischer ist.
C Weil das Essen so heiß ist.

420. Wie haben sich Menschen verabredet, bevor es Uhren gab?

A Sie haben sich gar nicht verabredet.
B Sie orientierten sich am Sonnenstand.
C Sie verabredeten nur den Ort.

421. Wie viel Blei ist in einem Bleistift?

A Nur die dünne Bleistiftmine ist aus Blei.
B Der Bleistift besteht zu 100 Prozent aus Blei.
C Gar keines.

422. Was ist ein Faulpelz?

A Ein alter Pelzmantel, der zu faulen beginnt.
B Pelziger Schimmel auf fauligen Lebensmitteln.
C Ein fauler Mensch.

411. Wie schützt Sonnencreme vor Sonne?

A Durch Filtereigenschaften.

➜ Es gibt zwei verschiedene Arten von Sonnencremes: die mit chemischen Schutzfiltern und die mit mechanischen Filtern. Sonnencremes mit chemischen Filtern bilden einen Film auf der Haut, der die UV-Strahlen ablenkt und auf der Haut eine chemische Reaktion auslöst, die Sonnenstrahlen in Wärme umwandelt. Damit diese Cremes wirken, sollte man sich mindestens eine halbe Stunde vor dem Sonnenbad eincremen. Manche Menschen reagieren auf diese Art von Sonnencremes allergisch. Deshalb gibt es Sonnencremes mit mechanischen Filtern. Winzige Metallkörnchen aus Zink- oder Titandioxid legen sich dabei wie ein Schutzfilm über die Haut und werfen die Strahlen wie ein Spiegel zurück. Der Vorteil dieser Cremes ist, dass sie sofort wirken.

412. Warum stellen wir einen Weihnachtsbaum auf?

B Als Symbol für Fruchtbarkeit und Schutz.

➜ Da es für die Geburt Jesu – der Grund, warum wir Weihnachten feiern – kein genaues Datum gibt, hat man Weihnachten einfach auf den Tag der Wintersonnenwende gelegt. Das ist der 25. Dezember. Dieser Tag wurde schon lange vor Christi Geburt mit großen Feuern und einem üppigen Fest gefeiert, um die Sonne zu begrüßen und sich von der Finsternis des Winters zu verabschieden. Zu diesem Fest haben die Menschen ganz früher Obst- oder grüne Zweige – die sogenannten Wintermaien – als Symbol für Fruchtbarkeit und Schutz ins Haus geholt. Weil es aber nicht immer gelang, die Obstzweige rechtzeitig zum Fest zum Blühen zu bringen, stellte man irgendwann einfach immergrüne Zweige auf, zum Beispiel Kiefern oder Fichten. Vermutlich stammt daher auch der Brauch mit dem Weihnachtsbaum.

413. Warum finden wir manche Klamotten cool und andere nicht?

B Weil wir die Menschen cool finden, die sie tragen.

➜ Wir finden meistens Dinge cool, weil wir die Menschen cool finden, die diese Dinge haben. Weil das die Hersteller von Klamotten wissen, sorgen sie durch Werbung dafür, dass sie mit ihren Produkten ein bestimmtes Lebensgefühl vermitteln. Zum Beispiel schickt die Firma berühmten Popstars, Schauspielern oder anderen Menschen, die in der Öffentlichkeit stehen und ein bestimmtes Image haben, eines ihrer Bekleidungsstücke. Auf Plakaten und in Werbespots tragen immer nur die Leute, die gerade als cool gelten, dieses Kleidungsstück. Firmen investieren Millionen, nur um herauszufinden, was gerade als cool gilt.

414. Wie kann man herausfinden, wie viele Zuschauer eine Fernsehsendung gesehen haben?

C Das wird anhand der Einschaltquoten ermittelt.

➜ Sendungen, die von vielen Zuschauern gesehen werden, haben hohe Einschaltquoten, weniger beliebte Sendungen haben niedrige Einschaltquoten. In Deutschland werden die Einschaltquoten von der „Gesellschaft für Konsum, Markt- und Absatzforschung", kurz GfK genannt, ermittelt. Dafür hat die GfK über 5000 repräsentative Haushalte ausgewählt. Darunter sind Familien, Singles, Paare, junge, alte, gebildete, weniger gebildete, wohlhabende und ärmere Menschen. Insgesamt sollen diese Haushalte dieselben Fernsehgewohnheiten haben wie die Menschen in ganz Deutschland. In diesen 5000 Haushalten ist an den Fernsehgeräten ein spezielles Messinstrument, das sogenannte GfK-Meter, angeschlossen. Jeder ab drei Jahren, der an diesem Fernsehgerät fernsieht, hat einen eigenen Knopf auf der eigens dafür hergestellten Fernbedienung. Dieser Knopf muss immer gedrückt werden, wenn der Fernseher ein-,

um- oder ausgeschaltet wird. Die Informationen, die das GfK-Meter aufzeichnet, werden per Telefonleitung an das Nürnberger Rechenzentrum der GfK geschickt. Daraus wird dann errechnet, wie viele Menschen welche Sendungen gesehen haben. Die Zahlen sind dabei aber nie ganz exakt. Das GfK-Meter merkt zum Beispiel nicht, ob ein Zuschauer während einer Sendung aus dem Zimmer geht, eingenickt ist oder sich unterhält, anstatt konzentriert in die Röhre zu gucken. Welche Haushalte ein GfK-Meter besitzen, ist ein sehr streng gehütetes Geheimnis. Denn sonst wäre es nicht auszuschließen, dass die Quoten manipuliert würden.

415. Bekommt man vom Fernsehen eckige Augen?

B Nein, die Augen werden aber überanstrengt.

→ „Hör auf mit dem Fernsehen, sonst bekommst du noch eckige Augen!" Viele Kinder hören diese Warnung immer wieder, wenn sie sehr lange vor dem Fernseher sitzen. Aber kann man wirklich eckige Augen bekommen? Natürlich nicht – die Augen sind und bleiben rund! Grundsätzlich schadet das Fernsehen den Augen nicht. Wer lange fernsieht und sehr nah vor dem Fernseher sitzt, dem tun jedoch hinterher die Augen weh. Das liegt daran, dass die Augen dann überanstrengt sind. Egal, wie lange und wie oft man fernsieht – auf den Abstand zum Fernseher kommt es an! Je größer der Bildschirm ist, umso größer muss der Abstand sein. Als Faustregel gilt: Bei einer Bildschirmgröße von 50 Zentimetern sollte man circa 1,5 Meter vom Fernseher entfernt sitzen. Insgesamt gilt: Wer öfter kurze Zeit mit dem richtigen Abstand vor dem Fernseher sitzt, schadet seinen Augen nicht. Wer aber jeden Tag viele Stunden mit der Nase vor dem Gerät verbringt, riskiert, dass er bald deutlich schlechter sieht.

Info:

Wissenschaftler haben nachgewiesen, dass Kinder, die sehr viel fernsehen, sich schlecht konzentrieren können, unruhig sind, an Schlafstörungen leiden und häufig in der Schule Probleme haben. Viele „Fernseh-Kinder" sind zudem zu dick: Sie bewegen sich wenig und essen viel zu viele Chips und Süßigkeiten.

416. Was ist eine Zeitungsente?

C Eine falsche Zeitungsmeldung.

→ Es gibt verschiedene Erklärungen, wie dieser Begriff entstanden ist. Eine führt tatsächlich ins Tierreich. Entenweibchen gelten nämlich als recht unzuverlässig, wenn es ums Brüten ihrer Eier geht. Daher kommt vermutlich der französische Ausdruck „donner des canards" für „lügen", „schwindeln". Wörtlich übersetzt heißt diese Wendung „Enten geben". Nach dieser Version soll sich der Ausdruck „Zeitungsente" für Fehlmeldungen schon im 19. Jahrhundert in Deutschland durchgesetzt haben. Doch es gibt noch weitere Erklärungen: In Großbritannien werden Zeitungsmeldungen, von denen die Redakteure nicht genau wissen, ob sie stimmen, mit den zwei Buchstaben „N. T." gekennzeichnet. N. T. ist die Abkürzung für „not testified" („nicht geprüft"). Spricht man diese Abkürzung auf Deutsch aus, dann entsteht das Wort „Ente". Eine weitere Theorie führt den Ausdruck auf eine Aussage von Martin Luther (1483–1546) zurück. Laut der Gebrüder Jacob (1785–1863) und Wilhelm (1786–1859) Grimm soll Luther einmal gesagt haben: „So kommt es doch endlich dahin, dass statt des Evangeliums und seiner Auslegung von blauen Enten gepredigt wird." Die „blauen Enten" standen für etwas, was in Luthers Augen falsch war, also für eine Irrlehre. Fest steht nur: „Zeitungsenten" sind in jedem Fall eine schlimme Sache. Schließlich sollte man sich darauf verlassen können, dass Zeitungen keine Unwahrheiten verbreiten.

417. Warum leuchten die Ampeln in den Farben Rot, Gelb und Grün?

A Weil es auffällige Farben sind.

→ Vor 200 Jahren wurde in England die Eisenbahn eingeführt. Um die Fußgänger zu warnen, lief ein Mann mit einer roten Fahne vorneweg. So entstand die rote Farbe als Zeichen für „Gefahr im Verkehr". 1868 wurde in London die erste rot-grüne Ampel aufgestellt. Grün wählte man, weil es die gegensätzliche Farbe von Rot ist. Später wählte man Gelb dazu, weil diese Farbe als einzige so kräftig leuchtet wie Rot und Grün. In Deutschland wurde 1924 die erste rot-gelb-grüne Verkehrsampel in Berlin auf dem Potsdamer Platz aufgestellt.

418. Warum bleibt die Zunge bei Kälte an Metall kleben?

A Weil die Speichelflüssigkeit bei Frost am Metall festfriert.

→ Streckt man seine Zunge im Winter bei Frosttemperaturen an ein Eisengeländer, dann bleibt sie in Sekundenschnelle kleben. Streckt man die Zunge heraus, dann entsteht um die Zunge herum eine dünne Luftschicht. Eisen leitet die Wärme schneller ab als die Luft. Da die Zunge dick mit Speichelflüssigkeit umgeben ist, frieren die Oberflächen sofort fest zusammen. Dadurch, dass das Metall die Wärme abzieht, wird die Zunge blitzschnell heruntergekühlt. Es kann eine ganze Weile dauern, bis der Körper so viel Wärme nachgeschoben hat, dass sich die Zunge wieder lösen lässt.

419. Warum muss ich mit Messer und Gabel essen?

A Weil seit 150 Jahren der Gebrauch von Besteck üblich ist.

→ Viele Menschen auf der Welt essen bis heute mit den Fingern. Wenn man sich die gesamte Menschheitsgeschichte vor Augen hält, dann ist auch in unserem Kulturkreis das Essen mit Messer und Gabel noch relativ neu: Erst im 19. Jahrhundert begannen die Menschen in Europa mit Besteck – so wie wir es heute kennen – zu essen. Damals galt es als besonders vornehm, mit Messer und Gabel zu essen. Die Adeligen und ihr Hofstaat, wollten sich durch ihre kultivierten Sitten vom einfachen Volk abheben. Später wurde dieser Brauch auch von den Bürgern übernommen. Seit Beginn der Industrialisierung vor rund 150 Jahren hat sich der Gebrauch von Messer, Gabel und Löffel schließlich in allen Schichten der Bevölkerung durchgesetzt. Damals war es erstmals möglich, Gabeln, Messer und Löffel maschinell und verhältnismäßig preiswert herzustellen. Jeder Haushalt konnte sich nun Bestecke kaufen. Heute ist bei uns das Essen mit Besteck eine Selbstverständlichkeit. Wenn jemand den richtigen Umgang mit Messer und Gabel nicht beherrscht, dann sagt man ihm schlechte Tischmanieren nach. In vornehmen Restaurants findet man oft eine ganze Reihe von verschiedenen Messern, Gabeln und Löffeln neben dem Teller. Manchmal weiß man dann aber nicht, welches Besteck man für welches Gericht benutzen soll. Für solche Fälle gibt es eine einfache Regel: sich von außen nach innen „durcharbeiten". Das bedeutet, dass man beim ersten Gang das Besteck nimmt, das ganz außen in der Reihe der Messer, Gabeln und Löffel liegt. Wenn abserviert und der zweite Gang aufgetischt wird, kommen der nächste Löffel, die nächste Gabel und das nächste Messer in der Reihe zum Einsatz. Man kann sich aber auch am Tischnachbarn orientieren.

420. Wie haben sich Menschen verabredet, bevor es Uhren gab?

B Sie orientierten sich am Sonnenstand.

→ Früher haben sich die Menschen an der Natur orientiert. Sie haben die Sonne beobachtet, den Mond und die Jahreszeiten. Statt zu sagen: „Wir treffen uns um 15 Uhr", sagten die Menschen damals eben: „Wir treffen uns am Tag des Vollmonds, wenn die Sonne untergeht." Sicherlich hat das nicht immer so perfekt funktioniert, wie es heute mithilfe von Uhren möglich ist, aber dafür hatten die Menschen damals etwas, das uns heute fehlt: Zeit. Wenn die Verabredung nicht gleich zur Stelle war, dann hat man eben gewartet.

421. Wie viel Blei ist in einem Bleistift?

C Gar keines.

→ In einem Bleistift steckt überhaupt kein Blei. Die silberne Schreibmine im Inneren bestand schon immer aus Grafit. Im 18. Jahrhundert wurde der Grafit mit Schwefel und Harz vermischt. Dadurch zerbrachen die Minen nicht mehr so schnell. Der Ausdruck Bleistift stammt vermutlich aus dem Mittelalter, wo man runde Bleischeiben zum Zeichnen benutzte.

422. Was ist ein Faulpelz?

B Pelziger Schimmel auf fauligen Lebensmitteln.
C Ein fauler Mensch.

Als Faulpelz bezeichnen wir jemanden, der den ganzen Tag nichts tut. Dieser Ausdruck stammt aus dem 13. Jahrhundert. In der Schweiz hat man den Schimmelpilz, der auf faulenden Gegenständen wächst, als Pelz bezeichnet. Ein Faulpelz entsteht also, wenn etwas zu lange herumliegt und schimmelt.

423. Warum wird im Sommer die Uhr vorgestellt?

A Damit die Menschen im Sommer früher aufstehen.
B Damit es früher dunkel wird.
C Um Energie zu sparen.

424. Warum hat der Tag 24 Stunden?

A Das haben die Babylonier festgelegt.
B Weil diese Zahl bei den Azteken als heilig galt.
C Das wurde von den Pharaonen festgelegt.

425. Warum ist Freitag der 13. ein Unglückstag?

A Dieser Aberglaube geht auf die Normannen zurück.
B Das ist in Wirklichkeit ein Glückstag.
C Weil besonders viele schwarze Katzen unterwegs sind.

426. Woraus sind die Dinge der Erde gemacht?

A Aus einer Mischung aus Wasser, Staub und Sand.
B Aus winzigen Bausteinen, den Atomen.
C Aus Millionen von kleinen Fasern.

427. Warum wird die Geschwindigkeit von Schiffen in Knoten gemessen?

A Weil es früher noch keine Tachos gab.
B Das kommt vom spanischen Wort „knotar".
C Die Wikinger zogen ihre Schiffe mit verknoteten Seilen übers Meer.

428. Was ist eigentlich das Grundgesetz?

A Das Grundgesetz enthält die Zehn Gebote.
B Die Regelung des Grundbesitzes.
C Es regelt die Rechte und Pflichten des menschlichen Umgangs.

429. Wie wird man Papst?

A Er ist von Gott auserwählt.
B Er wird von den Kardinälen gewählt.
C Er wird von den Bürgern Roms gewählt.

430. Wie fliegt ein Schwein durchs Weltall?

A Das gibt es nur im Film.
B Es wird per Satellit ins Weltall geschossen.
C Gemeinsam mit Astronauten in einem Raumschiff.

431. Wie bluten Schauspieler in Filmen?

A Die Schauspieler beschmieren sich mit Ketchup.
B Sie verletzen sich tatsächlich.
C Sie benutzen Filmblut.

432. Warum kommt eine Frau „unter die Haube"?

A Im alten Rom bekam die Braut eine bestickte Haube geschenkt.
B Im Mittelalter trugen verheiratete Frauen eine Haube.
C In der Bibel trug Maria bei der Hochzeit mit Josef eine weiße Haube.

423. Warum wird im Sommer die Uhr vorgestellt?

C Um Energie zu sparen.

→ Ursprünglich hatte der Amerikaner Benjamin Franklin 1783 die Idee, die Uhr im Sommer einfach vorzustellen, um Energie zu sparen. In Deutschland wurde die Sommerzeit 1980 eingeführt. Wenn die Menschen im Sommer eine Stunde länger schlafen, ist es schon hell draußen und sie müssen kein Licht mehr anknipsen. Außerdem kann man abends eine ganze Stunde länger draußen sein, bevor es dunkel wird. Allerdings ist es auch ein ziemlicher Aufwand, zweimal im Jahr alle Uhren umzustellen. Auch Züge müssen angehalten werden, um den Fahrplan der neuen Uhrzeit anzupassen.

424. Warum hat der Tag 24 Stunden?

A Das haben die Babylonier festgelegt.

→ Die Babylonier haben den Tag in zwei Hälften eingeteilt, die jeweils zwölf Stunden haben. Sie haben auch festgesetzt, dass die Stunde 60 Minuten und die Minute 60 Sekunden hat. Das liegt daran, dass bei den Babyloniern die Grundlage für alle Berechnungen immer die Zahl 60 war – so wie es bei uns die Zahl 10 ist.

425. Warum ist Freitag der 13. ein Unglückstag?

A Dieser Aberglaube geht auf die Normannen zurück.

→ Dieser Aberglaube geht vermutlich auf die Normannen zurück. Sie kannten zwölf Götter, die allesamt sehr freundlich waren. Als die Normannen auf ihren Raub- und Plünderungszügen später mordeten und viel Unheil verbreiteten, kam ein 13. Gott dazu, der stellvertretend für das Böse stand. Bei den Christen galt der Freitag als Unglückstag, weil an diesem Tag Jesus gekreuzigt worden war. Da viele Normannen später Christen wurden, war für sie Freitag der 13. eine Kombination, die viel Unglück verhieß. Dieser Aberglaube hat sich bis heute hartnäckig gehalten.

426. Woraus sind die Dinge der Erde gemacht?

B Aus winzigen Bausteinen, den Atomen.

→ Alle Dinge auf unserer Erde, egal ob es ein Fuß, ein Fernseher, ein Glas oder die Erde selbst ist, bestehen aus Milliarden von winzigen Bausteinen. Diese Bausteine nennt man Atome. Man kann sie mit dem bloßen Auge nicht sehen, weil sie so klein sind. Und selbst diese Atome sind noch aus viel kleineren Bausteinchen zusammengesetzt, den Neutronen, Protonen und Elektronen. Bestimmte Atome gehen mit anderen Verbindungen ein. Dann entstehen wieder neue Bausteine, die Moleküle. Ein Wassertropfen besteht zum Beispiel aus Milliarden von Wassermolekülen, die dadurch entstanden sind, dass sich die Atome von Wasserstoff und Sauerstoff miteinander verbunden haben. Wenn man Atome auseinandersprengt, dann entsteht sehr viel Energie. Aus der kann man in Atomkraftwerken Strom gewinnen. Die Strahlen, die entstehen, wenn man Atome spaltet, sind allerdings sehr gefährlich. Deshalb muss man große, dicke Schutzmauern aus Beton um die Atomkraftwerke herumbauen.

427. Warum wird die Geschwindigkeit von Schiffen in Knoten gemessen?

A Weil es früher noch keine Tachos gab.

→ Früher gab es noch keine Tachos oder Kilometeranzeigen in Schiffen. Wenn Seeleute nun wissen wollten, wie schnell ihr Schiff fährt, dann gab es dafür einen Trick: Sie befestigten eine Leine am Schiffsmast und machten in regelmäßigen Abständen Knoten in die Leine. Dann befestigten sie am anderen Ende des Seils ein Brett und warfen es ins Wasser. Jetzt musste der Seemann nur noch zählen, wie viele Knoten in welcher Zeit durch sein Finger glitten. So konnten die Seeleute früher feststellen, ob ihr Schiff schneller oder langsamer unterwegs war als am Vortag. Heute ist fast jedes Schiff mit modernen Messgeräten ausgestattet – die Geschwindigkeit misst man jedoch immer noch in Knoten. Ein Knoten entspricht 1852 Metern – oder einer Seemeile.

428. Was ist eigentlich das Grundgesetz?

C Es regelt die Rechte und Pflichten des menschlichen Umgangs.

→ Das Grundgesetz ist das wichtigste Gesetz in Deutschland. Es besteht aus Artikeln, in denen steht, wie die Menschen miteinander umgehen sollen und was der Staat alles regelt. Die ganze politische und rechtliche Ordnung Deutschlands stützt sich auf das Grundgesetz (GG). Nach dem Zweiten Weltkrieg sollte Deutschland ein demokratisches und freiheitliches Land werden. Dazu musste es eine Verfassung geben, also eine Sammlung von Gesetzen, die die Grundwerte und -rechte in einem Staat festlegt. 65 Männer und Frauen, der sogenannte Parlamentarische Rat, arbeiteten das Grundgesetz aus. Es gilt in vielen Teilen bis heute. Es ist nicht einfach, das Grundgesetz zu ändern. Zwei Drittel der Mitglieder des Parlaments müssen damit einverstanden sein. Und manche Grundrechte dürfen überhaupt nicht verändert werden, wie zum Beispiel Artikel eins. Darin heißt es: „Die Würde des Menschen ist unantastbar." Über das Grundgesetz gibt es immer wieder heftigen Streit, zum Beispiel ob der Tierschutz im Grundgesetz stehen soll oder nicht. Seit 2002 ist im Grundgesetz festgelegt, dass der Staat die Tiere schützen muss. Das gibt es in keinem anderen Land in Europa. Es gibt sogar ein besonderes Gericht, das darauf achtet, ob die Grundrechte gewahrt bleiben: Das ist das Bundesverfassungsgericht in Karlsruhe. Jede Partei und jeder Bürger kann dort Grundrechte einklagen– das gilt auch für Kinder!

429. Wie wird man Papst?

B Er wird von den Kardinälen gewählt.

→ Der Papst, das Oberhaupt der katholischen Kirche, wird gewählt. Theoretisch kann jeder männliche römisch-katholische Christ Papst werden. Er muss zunächst zum Bischof von Rom gewählt werden. In einem abgeschlossenen Raum, dem Konklave, wählen die Kardinäle in einem recht komplizierten Verfahren dann den Papst.

430. Wie fliegt ein Schwein durchs Weltall?

A Das gibt es nur im Film.

→ Um einen Menschen oder einen Gegenstand durch die Gegend fliegen zu lassen, muss man ihn einfach nur vor eine einfarbige blaue Wand stellen und mit der Kamera aufnehmen. Dort macht der Schauspieler dann entsprechende Flugbewegungen oder wird von einer Windmaschine angeblasen. In der Nachbearbeitung wird dann der blaue Hintergrund quasi ausgeschnitten und durch einen anderen ersetzt. Das heißt, filmt man ein Schwein vor einer blauen Wand und ersetzt später die blaue Wand durch Aufnahmen vom Weltall, dann sieht das im Film später aus, als würde das Schwein durchs Weltall fliegen. Dieses Verfahren nennt man übrigens Blue Box.

431. Wie bluten Schauspieler in Filmen?

C Sie benutzen Filmblut.

→ Dieses Filmblut gibt es in verschiedenen Ausführungen – je nachdem, für welchen Spezialeffekt es eingesetzt wird. Bei Schusswunden im Film wird dem Schauspieler an der Stelle, wo der Einschuss erfolgen soll, eine kleine Kapsel mit Filmblut unter der Kleidung oder am Körper befestigt, die zum Platzen gebracht wird. Es gibt bestimmte, ungefährliche Farbkapseln, die Schauspieler im Mund haben und einfach zerbeißen, wenn sie bluten sollen. Die Farbe färbt dann den Speichel rot und es sieht aus, als würde der Schauspieler aus dem Mund bluten. Bei großen Wunden wird das Blut im Film meist mit einem winzigen Schlauch herausgepumpt, der fast unsichtbar unter der künstlich geschminkten Wunde liegt.

Experiment:

Rezept für Filmblut

Aus zwei Esslöffeln dunkelroter Lebensmittelfarbe, 80 ml heißem Wasser und Kakaopulver kannst du dein eigenes „Filmblut" herstellen. Je nachdem, wie dickflüssig es sein soll, mischst du mehr oder weniger Kakaopulver darunter.

432. Warum kommt eine Frau „unter die Haube"?

B Im Mittelalter trugen verheiratete Frauen eine Haube.

→ Wenn eine Frau heiratet, dann sagt man: „Sie kommt unter die Haube." Dieser Ausdruck stammt aus dem Mittelalter. Dort mussten die verheirateten Frauen ihr Haar unter einer Haube verstecken. Nur Unverheiratete durften ihr Haar unbedeckt tragen. Heute müssen die Frauen solch äußerliche Symbole nicht mehr tragen.

433. Wächst unsere Nase, wenn wir lügen?

A Ja, Menschen mit besonders langen Nasen lügen viel.
B Ja, sie schwillt allerdings kaum sichtbar an.
C Ja, aber nur bei ungeschickten Lügnern.

434. Verbrennt sich ein Feuerspucker den Mund?

A Ja, aber nur leicht.
B Nein, weil die Flamme gar nicht im Mund entsteht.
C Nein, weil der Feuerspucker vorher mit Löschmittel gurgelt.

435. Was sind Statisten?

A Menschen, die beim Statistischen Bundesamt arbeiten.
B Menschen, die die Stabilität von Gebäuden ausrechnen.
C Menschen, die einen Film erst so richtig glaubwürdig machen.

436. Warum ist das Wetter immer am Wochenende schlecht?

A Weil dann weniger Abgase in die Luft geblasen werden.
B Das ist nur ein Gerücht.
C Weil so viele Menschen mit dem Auto ins Grüne fahren.

437. Wie funktioniert ein Wetterhäuschen?

A Es empfängt per Schallwellen die Wettervorhersage.
B Die Figuren bestehen aus temperaturempfindlichen Kunststoffen.
C Die Figuren können die Luftfeuchtigkeit messen.

438. Warum ist Motorradfahren so gefährlich?

A Weil die Fahrer nur durch Helm und Kleidung geschützt sind.
B Weil die Fahrer das Gleichgewicht oft nicht halten können.
C Weil Motorräder durch die schmalen Reifen leicht umkippen.

439. Warum schwimmt Eis auf Wasser?

A Weil Luft in die Wasserbausteine gelangt.
B Weil Eis leichter als Wasser ist.
C Weil das Eis nach oben gedrückt wird.

440. Warum haben Golfbälle Dellen?

A Weil sie windschlüpfriger werden und deshalb weiter fliegen.
B Um die Bälle besser von anderen unterscheiden zu können.
C Damit sie besser in der Hand liegen.

441. Was ist ein Computervirus?

A Ein kleines Programm, das dem Computer großen Schaden zufügt.
B Der Schmutz auf der Tastatur.
C Man bekommt ihn, wenn man zu lange vor dem Computer sitzt.

442. Warum haben Indianer keinen Bart?

A Sie sind von Natur aus unbehaart.
B Die wenigen Haare, die sie bekommen, reißen sie sich aus.
C Weil sie viele weibliche Hormone besitzen.

443. Warum streiten Menschen?

A Um lautes Sprechen zu trainieren.
B Um ihren Körper fit zu halten.
C Weil sie verschiedene Meinungen haben.

444. Was ist ein Piercing?

A Ein Brandzeichen.
B Eine Verletzung.
C Ein Schmuckstück.

433. Wächst unsere Nase, wenn wir lügen?

B Ja, sie schwillt allerdings kaum sichtbar an.

→ Wenn man lügt, dann werden im Körper bestimmte Reaktionen ausgelöst. Wir atmen schneller und unser Herz schlägt schneller. Dadurch wird mehr Blut durch die Adern gepumpt und die kleinen Blutgefäße werden größer. Deshalb schwillt auch die Nase ein ganz klein wenig an. Das ist aber so gering, dass man es jemandem nicht ansehen kann.

434. Verbrennt sich ein Feuerspucker den Mund?

B Nein, weil die Flamme gar nicht im Mund entsteht.

→ Ein Feuerspucker verbrennt sich den Mund nicht, da er das Feuer gar nicht ausspuckt. Die Flamme entsteht außerhalb seines Mundes. Viele Feuerschlucker spülen vor dem Spucken ihren Mund mit Milch, um die Schleimhäute im Mund durch einen Fettfilm zu schützen. Sie nehmen einen Schluck einer schwer entflammbaren Flüssigkeit in den Mund – zum Beispiel Petroleum. Dann pusten sie diese Flüssigkeit so aus, dass sie fein zerstäubt wird. Dadurch wird das Petroleum leicht entflammbar und entzündet sich an der Fackel, die vor den Mund gehalten wird. Es entsteht der Eindruck, als würde der Feuerspucker Feuer spucken. Ein Feuerspucker muss aufpassen, dass der Wind ihm nicht die Flamme ins Gesicht bläst. So einfach es klingt, man sollte niemals versuchen, selbst Feuer zu spucken. Es gibt eigene Seminare, um das Feuerspucken zu erlernen, da es sehr viel Übung erfordert und sehr gefährlich ist.

435. Was sind Statisten?

C Menschen, die einen Film erst so richtig glaubwürdig machen.

→ Statisten oder Komparsen übernehmen eine wichtige Aufgabe beim Film. Wären die Hauptdarsteller die ganze Zeit alleine im Bild zu sehen, dann würde das sehr unnatürlich und merkwürdig aussehen. Spielt eine Szene beispielsweise in einem Café, dann sitzen die Menschen um die Hauptdarsteller nicht rein zufällig im Bild. Sie wurden eigens dafür engagiert. Der Regisseur gibt ihnen genaue Anweisungen, was sie wann tun sollen, damit die Szene möglichst natürlich aussieht. Statisten verdienen einen Bruchteil dessen, was der Filmstar bekommt – obwohl sie oft genauso lange im Bild sind. Für viele bietet dieser Job die Möglichkeit, einmal hinter die Kulissen des Films zu blicken – und vielleicht sogar von einem Regisseur entdeckt zu werden.

436. Warum ist das Wetter immer am Wochenende schlecht?

A Weil dann weniger Abgase in die Luft geblasen werden.

→ Es ist tatsächlich so, dass das Wetter in den Industrieländern am Wochenende meistens schlechter ist als unter der Woche. Am Montag beginnen die Fabriken, wieder schädliche Abgase auszustoßen, Bürogebäude und Geschäfte werden beheizt und Autokolonnen rollen zur Arbeit. Durch diese vielen Abgase heizt sich die Atmosphäre auf und es wird wärmer. Zum Wochenende hin sinken die Abgase und damit sinkt auch die Temperatur. Bei geringeren Temperaturen ist auch die Regenwahrscheinlichkeit höher. Sonntag ist in der Regel der kälteste Tag der Woche. Forscher haben diese Zusammenhänge viele Jahre beobachtet und kamen wirklich zu diesen Erkenntnissen.

437. Wie funktioniert ein Wetterhäuschen?

C Die Figuren können die Luftfeuchtigkeit messen.

→ Mit einem Wetterhäuschen kann man das Wetter vorhersagen: Tritt das kleine Männchen nach vorne, wird das Wetter schlechter, kommt die Frau nach vorne, wird es schöner. Natürlich haben die kleinen Plastikfiguren keine hellseherischen Fähigkeiten oder gar Kenntnisse in Meteorologie (Wetterkunde). Sie haben nur beide unterschiedliche Fühler für Feuchtigkeit eingebaut. Der Fühler des Männchens ist empfindlicher, deshalb kommt er hervor, wenn die Luftfeuchtigkeit zunimmt. Nimmt sie ab, tritt er zurück und die Frau kommt nach vorne.

438. Warum ist Motorradfahren so gefährlich?

A Weil die Fahrer nur durch Helm und Kleidung geschützt sind.

➔ Motorräder sind sehr leistungsfähige Fahrzeuge: Viele Motorräder fahren genauso schnell wie Autos. Wenn es um die Beschleunigung geht, dann sind viele Motorräder sogar noch schneller als Autos. Doch was passiert, wenn ein Motorrad auf ein Fahrzeug aufprallt oder gegen ein Hindernis, zum Beispiel einen Baum, fährt? Motorräder haben – anders als Autos – kein Blech außen herum, das Fahrer und Beifahrer schützt. Und sie haben weder Airbags noch Sicherheitsgurte. Darum tragen Motorradfahrer Schutzkleidung und einen Helm. Wenn ein Motorrad stürzt und Fahrer und Beifahrer zum Beispiel durch die Luft geschleudert werden oder unter ein Auto geraten, dann kann sie jedoch selbst die beste Kleidung und der stabilste Helm nicht vor Knochenbrüchen und schweren Verletzungen schützen. Und zwei weitere Aspekte machen das Motorradfahren so besonders gefährlich: Autofahrer schätzen die Geschwindigkeit von Motorrädern oft falsch ein, weil sie im Vergleich zu Autos relativ klein erscheinen. Motorradfahrer werden sogar häufig übersehen. Dazu kommt, dass Motorradfahren sehr viel Spaß macht. Viele Motorradfahrer werden dabei oft leichtsinnig. Sie verfallen einem regelrechten Geschwindigkeitsrausch und fahren sehr riskant. Vor allem bei riskanten Überholmanövern bringen sie sich und andere Verkehrsteilnehmer dann sehr leicht in Gefahr.

439. Warum schwimmt Eis auf Wasser?

B Weil Eis leichter als Wasser ist.

➔ Wenn Wasser gefriert, dann dehnt es sich aus. Das kennen wir, wenn wir versehentlich eine Flasche Wasser im Gefrierfach liegen lassen – sie platzt, weil sich das Eis ausdehnt. Wenn sich das Wasser ausdehnt, dann sind die Bausteine des Wassers nicht mehr so eng zusammen und es besitzt eine geringere Dichte. Dadurch ist Eis leichter als Wasser und schwimmt obenauf.

440. Warum haben Golfbälle Dellen?

A Weil sie windschlüpfriger werden und deshalb weiter fliegen.

➔ Ziel des Golfspiels ist es, den Ball möglichst weit zu schlagen. Deshalb wurde ein Ball entwickelt, der weiter fliegt als andere. Die Vertiefungen auf der Oberfläche des Golfballs machen den Ball windschlüpfriger. Ein ganz normaler, glatter Ball würde etwa dreimal kürzer in der Luft bleiben. Die Dellen in den Golfbällen heißen übrigens Dimple. Golfbälle können Geschwindigkeiten von über 300 Stundenkilometern erreichen.

441. Was ist ein Computervirus?

A Ein kleines Programm, das dem Computer großen Schaden zufügt.

➔ Computerviren sind kleine Programme, die einen Computer krank machen können. Sie können auf verschiedenste Arten in einen Computer gelangen, zum Beispiel über eine CD oder ein Programm. Am häufigsten werden sie jedoch über das Internet übertragen. Die meisten Computerviren sind so programmiert, dass sie sich – wenn sie einmal einen Computer erobert haben – automatisch über E-Mails weiterverbreiten. Man kann diese Viren nicht erkennen und mit jeder harmlosen Nachricht gibt man sie an den nächsten Computer weiter. Es gibt harmlose Viren, die beispielsweise nur eine Textnachricht verbreiten. Gefährliche Viren breiten sich im Computer aus und löschen wichtige Dateien. Nicht immer merkt man das sofort. Der Computervirus versteckt sich eine Weile und startet sein vernichtendes Programm erst viel später. Schützen kann man sich vor solchen Viren nur durch Programme, die darauf spezialisiert sind, Viren zu erkennen. Viele Computer besitzen auch eine sogenannte Firewall, eine Schutzmauer aus Programmen, die unbekannte Dateien gar nicht erst in den Computer hineinlässt. Da die Programmierer solcher Viren diese Schutzmechanismen kennen, finden sie immer wieder neue Wege, damit sie ihre Krankheitserreger trotzdem weiterverbreiten können.

442. Warum haben Indianer keinen Bart?

B Die wenigen Haare, die sie bekommen, reißen sie sich aus.

→ Bei den Indianern war es ein alter Brauch, sich die Barthaare auszureißen. Das ist eine recht schmerzhafte Angelegenheit – doch die Indianer haben an sich keine besonders ausgeprägte Körperbehaarung. Deshalb fiel es ihnen offenbar nicht so schwer.

443. Warum streiten Menschen?

C Weil sie verschiedene Meinungen haben.

→ Aufgrund ihrer Ausbildung, ihres Berufes, ihres Alters und der Kultur, in der sie leben, vertreten Menschen oft sehr unterschiedliche Meinungen über eine Sache. Dass Menschen verschiedene Ansichten haben und darüber sprechen, ist gut: Denn wenn man sich mit anderen austauscht, kommt man – fast nebenbei – auf neue Ideen und originelle Lösungen. So gesehen, ist ein Streit nichts anderes als ein Meinungsaustausch: Einer sagt dem anderen, was er über eine Sache denkt. Anschließend trägt der andere seinen Standpunkt vor. Bei einem Streit geht es aber meistens nicht nur darum, dass der andere erfährt, wie man über etwas urteilt. Wer streitet, will seinen Gesprächspartner davon überzeugen, dass seine Meinung die bessere ist! Viele Menschen sind sehr emotional, wenn sie streiten. Dann lassen sie sich von ihren Gefühlen hinreißen und schreien und schimpfen. Das Problem bei einem solchen Streit ist, dass er sich leicht zu einem ernsten Konflikt entwickeln kann. Ständig anderen zu sagen, wie man über dieses oder jenes denkt, ist nervenaufreibend. Andererseits sollte man Auseinandersetzungen nicht immer und um jeden Preis aus dem Weg gehen. Wer seinen Ärger nur herunterschluckt, kann ernsthaft krank werden.

Info:

Damit ein Streit fair bleibt und zu einer guten Lösung für alle führt, sollte man einige Regeln beachten:

- **Erst zuhören, dann reden.**
- **Die eigene Meinung begründen.**
- **Andere Meinungen akzeptieren.**
- **Beim Thema bleiben.**
- **Kompromisse finden.**
- **Keine Gewalt. Auch Beleidigen und Kränken sind tabu!**

444. Was ist ein Piercing?

C Ein Schmuckstück.

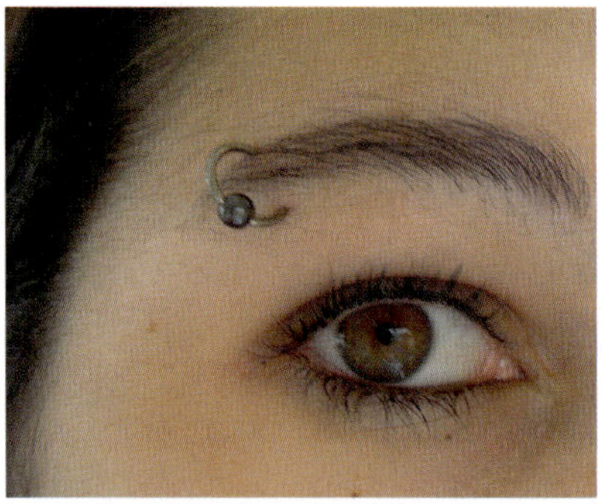

→ Piercing ist englisch und bedeutet „durchstechen", „durchstoßen". Ursprünglich kommt diese Art der Körperverzierung von den Naturvölkern. Bei den Indios war das Piercing ein Zeichen der Zugehörigkeit zu einem bestimmten Clan oder einer Familie. In Afrika steckten sich die Frauen einen Aluminiumstab durch die Ohren, um böse Geister fernzuhalten. In den 1980er-Jahren steckten sich die Punks als Zeichen ihres Protests gegen die Gesellschaft Sicherheitsnadeln durch die Haut. Damit wollten sie den Normalbürger schockieren. Heutzutage ist das Piercing einfach nur ein Schmuckstück. Mehr als zwei Millionen Deutsche haben eines oder mehrere. Die Gründe dafür sind unterschiedlich: Sie wollen entweder auffallen, finden es schön oder eifern einer Modeerscheinung nach. Auch wenn das Piercing nur ein kleines Loch zurücklässt, das meistens wieder zuwächst, wenn das Metall entfernt wird, so kann Piercen doch eine gefährliche Angelegenheit werden. Wenn beim Stechen unsauber gearbeitet wird oder die offene Wunde nicht richtig versorgt wird, dann können gefährliche Entzündungen entstehen. Bei Piercings durch die Zunge können wichtige Nerven getroffen werden. Sämtliche Piercings im Mund können außerdem die Zähne schädigen.

Bildnachweis

www.fotolia.de: Aquari, Roberto 50; Arslan, Selcuk 114; atadesigner 102; bambam10 112; Bazsi Bazsika007 80; bilderbox 17; Bock, Martina 77; Bond, Mark 73; Buckin, Andrew 132; Calcagno, Claudio 40; Cerny, Martin 57; Cruciana, Lowrence 37; Daniel, Pascaline 104; Delahaye, Jerome 144; Erkol, Ismail 8; Figus, Elisabetta 36; Gil, Jose 117; Grondin, Julien 66; Hette, Stepháne 148; imem 10; Kaulinis, Pablo 60; Klaasen, Andre 112; Klebsattel, Rolf 136; Lammeyer, Thomas 38; lechatmachinette 56; Lefevre, Jean François 85; Létant, Michel 21; Markov, Georgy 18; Marmion, Rob 22; matka_Wariatka 54; Mills, Jim 60; Muellek, Josef 117; Muellek, Josef 49; Negovelov, Igor 12; Neish, Nicolette 52; Pettigrew, Michael 76; Pettinger, Daniel 68; photomax 113; Pothier, Nathalie 158; Radosavljevic, Adam 129; rafost 33; Schalke, Melissa 81; Schoettler, Christian 108; smart wizard 46; Southerland, Carl 154; Stacey, Doug 109; Stockvisions 52; Swanson, Lorraine 34; TebNad 137; Tiraboschi, Stefano 77; Victoria, Graça 20; Vision-Images 9; waugi 9; Zahid, Ahmed 64; Zorn, Martin 152

Impressum

Text: Heike Huwald, Isabel Liebers, Elke Schwalm
Chefredaktion: Dr. Angela Sendlinger
Redaktion: Anna Häring
Produktion: Wolfram Friedrich
Abbildungen: dpa Picture-Alliance, Frankfurt; www.fotolia.de (s. Bildnachweis); www.pixelio.de
Titelabbildungen: Mauritius Bildagentur, Mittenwald; www.fotolia.de
Gestaltung: Axel Ganguin
Umschlaggestaltung: Pixelcolor, Hartmut Baier

ISBN 978-3-8174-6302-2
5463022

Besuchen Sie uns im Internet: www.compactverlag.de